कथा-समय में तीन हमसफ़र

[आलोचना]

कथा-समय में तीन हमसफ़र

निर्मला जैन

राजकमल प्रकाशन
नयी दिल्ली पटना इलाहाबाद

मूल्य : ₹ 300

पहला संस्करण : 2011

प्रकाशक : राजकमल प्रकाशन प्रा. लि.
1-बी, नेताजी सुभाष मार्ग
नई दिल्ली-110 002

शाखाएँ : अशोक राजपथ, साइंस कॉलेज के सामने, पटना-800 006
पहली मंजिल, दरबारी बिल्डिंग, महात्मा गांधी मार्ग, इलाहाबाद-211 001

वेबसाइट : www.rajkamalprakashan.com
ई-मेल : info@rajkamalprakashan.com

आवरण : महेश्वर

मुद्रक : बी.के. ऑफसेट
नवीन शाहदरा, दिल्ली-110 032

KATHA-SAMAY MEIN TEEN HAMSAFAR
Criticism by Nirmala Jain

ISBN : 978-81-267-2075-0

अपने पुराने दोस्त-दुश्मन राजेन्द्र यादव
के लिए, जिनके प्रेरित करने से
इस पुस्तक की रचना हो सकी

अनुक्रम

ज़रूरी है यह कहना

यादों में लौटना, भूली-बिसरी बातों के सूत्रों को एक-एक कर नए सिरे से जुटाना, आख्यान के रूप में उन्हें सँजोकर उनके बीच एक बार फिर जीना बड़ा रोमांचक होता है। जो एक साथ हमारे प्रत्यक्ष बोध और स्मृति का हिस्सा हों—व्यक्ति या घटनाएँ, उनमें हमारी वृत्तियों की संलग्नता रसात्मक स्मरण और रसात्मक प्रत्यभिज्ञान का अनुभव कराती है। ऐसा आचार्य रामचन्द्र शुक्ल कहते थे। जीवन के कई दशक अध्यापन से जुड़े रहने के कारण आचार्य के निरन्तर बौद्धिक साहचर्य ने साहित्यिक विवेक में कुछ जोड़ा ही, घटाया नहीं। इसे वे अभागे नहीं समझ सकते जो अपनी बौद्धिक विपन्नता पर परदा डालने के लिए गाहे-बगाहे आचार्यत्व और अध्यापन कर्म पर दुलत्ती झाड़ते रहते हैं।

यह कहना इसलिए ज़रूरी है कि जिनकी रचनाशीलता को समझने की यह कोशिश है, वे तीनों ही मेरी हमसफ़र रही हैं। कमोबेश राज़दार भी। तीनों उम्र में मुझसे बड़ी हैं। मन्नू भंडारी और उषा प्रियंवदा कुछ कम, कृष्णा सोबती कुछ ज़्यादा। इसलिए उनके प्रति आदरमिश्रित स्नेह का भाव लगातार बना रहा है। जितनी छूट और नोक-झोंक मन्नू और उषा के साथ अब भी होती है, उसकी तुलना में कृष्णा जी से न जाने कहाँ से एक झीनी सी परदेदारी अनायास पैदा हो जाती है और हम आर-पार से बात करने लगते हैं। गोकि ऐसे प्रसंगों की कमी कभी नहीं रही जिनमें हमने घंटों शिरकत की है। दुख-सुख बाँटे हैं। उम्र के तकाज़े और भौगोलिक दूरियों के कारण अब भी फोन पर बात होती है तो मिनटों में नहीं सिमटती। लगता है जो बतिया रहा है वह आवाज़ के पीछे अदृश्य नहीं, कल्पना में सामने है।

यह भूमिका इस बात की सफ़ाई देने के लिए, कि रिश्तों की प्रकृति ने मेरी पाठकीय समझ में कभी हस्तक्षेप नहीं किया। मैंने बराबर अपेक्षित दूरी

बनाए रखकर तीनों को पढ़ा—आम पाठक की हैसियत से। आपसदारी कम होती तो शायद उन पर कलम ज़्यादा चलाई होती। ऐसा नहीं है कि कलम चली ही नहीं। पर जब चली तो दोस्ती के मुलाहिज़े बलाए ताक रखकर, अपर पक्ष की नाराजगी का खतरा मोल लेकर। इस हद तक कि कभी यह जानने की कोशिश भी नहीं की कि मेरी प्रतिक्रिया पर उधर क्या प्रतिक्रिया हुई। पर इस बात का सन्तोष है और गर्व भी कि साहित्यिक मसलों ने कभी हमारी दोस्ती में दरार पैदा नहीं की—'मोहि न नारि, नारि के रूपा' को झुठलाते हुए। यह भी तो सच है कि जब इन तीन महिला रचनाकारों ने लिखना और मैंने इन्हें पढ़ना शुरू किया, तब वे मेरे लिए सिर्फ़ लेखिकाएँ थीं जिनकी आरम्भिक पहचान सिर्फ़ उनकी कहानियाँ थीं। समय छठे दशक का मध्य था।

इस सन्दर्भ में कथा-साहित्य के तत्कालीन परिदृश्य को याद कर लेना गैर मुनासिब न होगा। कथाकारों में जैनेन्द्र का ताप धीमा ज़रूर पड़ गया था, पर तब भी वे इस क्षेत्र की सबसे महत्त्वपूर्ण हस्ती थे। आनेवाली पीढ़ी अपने को स्थापित करने के लिए उन्हें विस्थापित करने की इच्छा से कुलबुला रही थी। 'नयी कहानी' आन्दोलन की अगुआई करने के लिए हरावल दस्ते का काम जिन्होंने अपने जिम्मे लिया था उनके नाम और काम से सब परिचित हैं। उस इतिहास और उनकी कारगुज़ारियों को यहाँ दोहराना ज़रूरी नहीं। ज़रूरत है सिर्फ़ यह याद करने की कि मोहन राकेश, राजेन्द्र यादव और कमलेश्वर के साथ कृष्णा सोबती, मन्नू भंडारी और उषा प्रियंवदा की आरम्भिक रचनाएँ इन्हीं के समानान्तर वजूद में आ चुकी थीं।

कृष्णा सोबती मोहन राकेश की हमउम्र थीं। दोनों का जन्म 1925 में हुआ। उषा प्रियंवदा और मन्नू भंडारी राजेन्द्र यादव से सिर्फ़ एक वर्ष छोटी। यादव खुद कृष्णा जी से उम्र में तीन वर्ष छोटे थे। कमलेश्वर राजेन्द्र से तीन वर्ष और उषा और मन्नू से एक वर्ष छोटे थे।* गरज यह कि रचना-यात्रा में ये हमसफ़र थे पर 'नयी कहानियों' को स्थापित और प्रेमचन्द-जैनेन्द्र मार्का कहानियों को स्थापित-विस्थापित करने की इनकी ज़द्दोज़हद के दौरान तीनों

* इन कथाकारों की उम्र का यह ब्यौरा खुद उनके वक्तव्यों या कृतियों में प्रकाशित परिचय के आधार पर दिया गया है। इसमें एकाध वर्ष का हेर-फेर हो सकता है। यह सफाई इसलिए ताकि कोई सिरफिरा, जिसकी विद्वत्ता रचनाकारों और रचनाओं के जन्म/प्रकाशन वर्ष तय करने तक सीमित हो, चुनौती देने की हिमाकत न करे।

महिला रचनाकारों ने न किसी मंत्रणा में हिस्सा लिया, न योजनाबद्ध ढंग से उखाड़-पछाड़ की। पुरुष रचनाकारों ने भी इस प्रसंग में इनकी हिस्सेदारी को गैर-ज़रूरी समझा होगा। सच्चाई तो यह है कि इनका जैसा नोटिस लिया जाना चाहिए था, उसकी भी कोई पहल 'नयी कहानी' के पैरोकारों ने नहीं की। उन्होंने भी नहीं, जिन्होंने बाद में 'स्त्री-विमर्श' की बैसाखी के नाम पर अपने को प्रतिष्ठित किया। महिला रचनाकारों की यश-लिप्सा का लाभ उठाकर अपने को चर्चाओं के केन्द्र में बनाए रखा। यह बात अलग है कि उन्होंने जिनकी सरपरस्ती का बीड़ा उठाया, उन्हें उसका वास्तव में लाभ हुआ या नहीं। बाज़ारवाद के माहौल में अतिरंजित विज्ञापनों के साये में फलते-फूलते माल का जो हाल होता है, वही ऐसी रचनाओं का हुआ, यह दीगर बात है।

उस दौर की इन महिला कथाकारों पर गौर करें तो 'नए' कथा साहित्य के इतिहास के कुछ दिलचस्प तथ्य उभरते हैं। कृष्णा सोबती ने 'नफीसा' और 'लामा' जैसी पात्र-केन्द्रित छोटी-छोटी कहानियाँ तो 1944 में ही लिखनी शुरू कर दी थीं। यह बात अलग है कि उनमें इन पात्रों के प्रति विगलित मन की करुणा का प्रवाह भर था, जिसमें न कुछ नया था, न प्रभावी। पर इन्हीं कृष्णा जी ने देश के विभाजन के कुल एक वर्ष बाद (1948 में) जब 'सिक्का बदल गया' जैसी पक्की-पोढ़ी कहानी लिखी तो वह कहानी-कला की दृष्टि से एक लम्बी छलाँग थी। याद करें कि देश के बँटवारे के साल में राजेन्द्र यादव की पहली कहानी 'देशद्रोही' 'कर्मयोगी' नाम की पत्रिका में छपी थी और कमलेश्वर की (सम्भवतः) पहली कहानी 'कॉमरेड' 'अप्सरा' नाम की किसी पत्रिका में। उनके मॉडल शायद जाने-अनजाने यशपाल रहे होंगे। राकेश उन दिनों 'सरिता' नुमा पत्रिकाओं के लिए कहानियाँ लिखते थे और रेडियो-नाटकों पर हाथ आजमा रहे थे।

'सरिता' उस समय निपट घर-गृहस्थी में सिमटी पाठिकाओं की पत्रिका नहीं समझी जाती थी। मध्यवर्ग के औसत पढ़े-लिखे पाठकों के बीच उसकी साख अन्य पत्रिकाओं से कम नहीं थी; बल्कि उसका संस्करण औरों की तुलना में कहीं बड़ी संख्या में छपता था। उस दौर के तमाम कथाकारों की शुरुआती रचनाएँ 'सरिता' के माध्यम से सामने आईं। और तो और, उषा प्रियवंदा की एक दर्जन से ऊपर कहानियाँ 'सरिता' के अंकों में 1952 से 1959 के बीच नियमित रूप से छपती रहीं। यह अलग मसला है कि उन्हें अपेक्षित प्रतिष्ठा

तब मिली, जब वे 'धर्मयुग', 'कल्पना' और 'ज्ञानोदय' जैसी पत्रिकाओं में छपने लगीं।

मन्नू भंडारी ने लिखना कुछ देर से शुरू किया, वह भी झिझक और संकोच के साथ। उनकी पहली कहानी 'मैं हार गई', जिसे उन्होंने गुपचुप तरीके से उस दौर के यशस्वी सम्पादक भैरवप्रसाद गुप्त के पास 'कहानी' पत्रिका में छपने के लिए भेज दिया था, 1954-55 के आसपास लिखी गई थी। ज़ाहिर है, गुप्त जी की स्वीकृति से उन्हें मान्यता तो मिली जिससे उनका आत्मविश्वास जगा, पर प्रसिद्धि उन्हें भी कुछ वर्ष बाद ही मिली।

कुल जमा किस्सा यह कि 'नयी कहानी' को सुनियोजित आन्दोलन के रूप में चलाने की योजना जिन लोगों ने बनाई उन्हीं के समानान्तर बिना किसी आन्दोलनात्मक तेवर या मुद्रा अख़्तियार किए ये तीनों महिलाएँ पूरी निष्ठा और समर्पित मनोभाव से कहानियाँ लिख रही थीं। यह कहना ज़्यादा सही होगा कि इनकी आरम्भिक रचनाएँ अपने पुरुष हमराहियों की तुलना में बेहतर ही थीं। उनमें लगभग वे सारी विशेषताएँ मौजूद थीं जिनके आधार पर 'नयी कहानी' के पुरोधा अपनी अलग पहचान का डंका पीट रहे थे और पूर्ववर्ती कहानियों को तरह-तरह के तर्क़ों के हवाले से खारिज़ करते जा रहे थे।

मैंने जब 1954 में हिन्दी साहित्य की दुनिया में दुबारा प्रवेश किया (एम.ए. हिन्दी में दाखिला लेने के साथ) तब भी कथा-साहित्य में प्रेमचन्द और जैनेन्द्र का दबदबा कायम था। इसलिए नहीं कि वे ही पाठ्यक्रम का हिस्सा थे, बल्कि इसलिए कि उनके स्थानापन्न के रूप में कोई बड़े नाम तब तक उभरकर जड़ें नहीं जमा पाए थे। परिवर्तन का अहसास हो चला था। कविता और कथा-साहित्य दोनों की फ़िजा बदल रही थी। पर अन्ततः इस परिवर्तन की दिशा और स्वरूप क्या होगा, यह पूरी तरह स्पष्ट नहीं था। जयशंकर प्रसाद की ललित शैली में रचित रोमानी भाव-बोधवाली कहानियों का जादू बरकरार था। सामान्य जन-जीवन पर केन्द्रित निराला की यथार्थ-बोधवाली कहानियाँ तब तक चर्चा के केन्द्र में नहीं थीं। प्रगतिशीलों में यशपाल, उत्तर-छायावादियों में भगवतीचरण वर्मा, प्रयोगशीलों में अज्ञेय भी अलग तर्ज़ की कहानियाँ लिख रहे थे।

प्रेमचन्द की प्लाटवादी कहानियों के परम्परागत शिल्प को तोड़कर उसे

नया रूप तो जैनेन्द्र पहले ही दे चुके थे। उनकी कहानियों में प्रेमचन्द के संरचित कथानक की जगह व्यक्ति ले चुका था। एक 'असाधारण सहज' व्यक्ति जो अज्ञेय के 'आत्म सजग' व्यक्ति जैसा विशिष्ट नहीं था। वे अज्ञेय की तरह 'कला-चेतस' कहानियाँ भी नहीं लिखते थे; बल्कि साग्रह 'सहज' होने का प्रयास करते प्रतीत होते थे। यह बात अलग है कि विशिष्टता के आग्रह और क्रमशः जटिल से जटिलतर होते चले जाने के बावजूद अज्ञेय ने कई अविस्मरणीय कहानियाँ लिखीं। वे पाठक से साझेदारी के लिए गहरी समझ और विशिष्ट बौद्धिक स्तर की अपेक्षा रखती हैं। पर दोनों में दिलचस्प परिवर्तन यह हुआ कि आरम्भ में 'पाजेब', 'मास्टर साहब', 'एक गौ' जैसी सहज सफल कहानियाँ लिखनेवाले जैनेन्द्र क्रमशः 'तत्सत', 'विज्ञान', 'अविज्ञान' जैसी घोर विचारसंकुल कहानियाँ लिखने लगे और अज्ञेय 'विशिष्ट' की तनावपूर्ण मानसिकता से निकलकर सहज और व्यक्तिगत होने का प्रयास करने लगे, पर विचार कुल मिलाकर दोनों पर हावी रहा।

छठे दशक के आरम्भ में मनोविश्लेषण शास्त्र की वैचारिकता के आधार पर पात्र-रचना करके उनके अनुसार घटनाओं को संयोजित कर कहानियाँ बुननेवाले इलाचन्द्र जोशी भी कहानी के परिदृश्य पर उपस्थित थे। पात्रों की सारी असामान्यता और विलक्षणता और शिल्प पर मार्सल प्रूस्त तथा जेम्स जायस के प्रभाव के बावजूद उनकी अनदेखी करने का चलन उस समय नहीं था। कहानी को विचारानुसार विन्यास देना उनकी भी विशेषता थी।

विचाराधारित कहानियाँ लिखने की जो मार्क्सवादी दृष्टि यशपाल ने अपनाई थी, उसकी विविधता हैरत में डालनेवाली है। एक सुनिश्चित जीवन दर्शन को विचार के रूप में और तदनुरूप शिल्प को अभिव्यक्ति के लिए अपनाने के बावजूद उन्होंने अनेक सशक्त और मार्मिक कहानियाँ लिखीं। उनकी गिनती पाँचवें दशक के बीच सबसे महत्त्वपूर्ण कहानीकारों में की जाती है। उनके अलावा अमृतराय, राहुल, रांगेय राघव और भगवतशरण उपाध्याय जैसे कथाकारों की एक पूरी पीढ़ी मार्क्सवादी दृष्टि से प्रेरित कहानियाँ लिख रही थी।

बीसवीं सदी का पाँचवाँ दशक राष्ट्रीय और अन्तरराष्ट्रीय, दोनों स्तरों पर राजनीतिक दृष्टि से बहुत घटना-संकुल और उथल-पुथल-भरा दौर था। राजनीतिक हलचलों के अलावा सामाजिक-आर्थिक मोर्चे पर भी स्थिति बहुत

बेहतर नहीं थी। विश्वव्यापी आर्थिक मन्दी, महँगाई, मुद्रास्फीति और चोर-बाज़ारी के अलावा साम्प्रदायिक हिंसा और 'शरणार्थी' समस्या, सब इसी बीच बड़े दुर्दान्त रूप में सामने आए। खास बात यह थी कि इन तमाम समस्याओं के मूल में चूँकि राजनीति थी, इसलिए जीवन की हर गतिविधि में राजनीति की चेतना और केन्द्रीयता दिखाई पड़ने लगी। प्रगतिवाद का क्षीण होता हुआ स्वर एक बार फिर बुलन्द होकर साहित्य की सबसे सशक्त प्रवृत्ति के रूप में उभरा। राजनीतिक उद्वेलन का प्रभाव हिन्दी के अलावा उर्दू और पंजाबी की कहानियों में भी समानान्तर रूप में लक्षित होने लगा।

सन् पचास के बाद अन्तरराष्ट्रीय परिदृश्य पर घटित होनेवाले परिवर्तनों से, राष्ट्रीय सन्दर्भ में भी प्रगतिशील सोच में आस्था क्षीण होने लगी। दूसरे महायुद्ध के बाद रूस की भीतरी स्थिति, चीन के साथ उसके बढ़ते तनाव और भारत और चीन के सम्बन्धों में क्रमशः आनेवाले बदलाव ने प्रगतिशील आन्दोलन की जड़ें हिला दीं। पर हिन्दी कहानी में एक ओर यशपाल और दूसरी तरफ़ अज्ञेय अपनी-अपनी जगह बनाए खड़े थे।

इन्हीं परिस्थितियों के बीच हिन्दी कथा-साहित्य में उस परिवर्तन की शुरुआत हुई जिसने आगे चलकर 'नयी कहानी' आन्दोलन के रूप में अपनी पहचान बनाई। इस पहचान को परिभाषित करनेवाले सूत्र अलबत्ता तत्काल नहीं, समय के साथ क्रमशः उभरे। पहले रचनाएँ आईं, उनकी पहचान को रेखांकित कर, प्रवृत्ति के रूप में व्याख्यायित करनेवाली सैद्धान्तिकी बाद में। शुरुआत पूर्ववर्ती और वरिष्ठ समवर्तियों से अपनी रचनाओं को अलगाने के आग्रह से हुई। इनका तर्क था कि जिन कहानियों में ऐतिहासिक-सामाजिक परिदृश्य और चेतना थी, उनमें व्यक्तिगत प्रामाणिकता नदारद थी (यथा प्रेमचन्द और यशपाल में) और जहाँ व्यक्तिगत प्रामाणिकता थी (प्रसाद, जैनेन्द्र, अज्ञेय आदि में) वहाँ ऐतिहासिक-सामाजिक संचेतना की चिन्ताजनक अनुपस्थिति थी। ऐसी परिस्थिति में 'नयी कहानी' में व्यक्ति और समाज की पारस्परिकता को अपनी रचनाओं का आधार बनाने का दावा किया गया। इन कथाकारों ने व्यक्ति को तटस्थ-निरपेक्ष रूप में नहीं, सामाजिक यथार्थ के बीच, दोनों की पारस्परिकता में रखकर देखने की कोशिश की। ग्रहण और अभिव्यक्त करने का अन्दाज़ अपना-अपना था। एक पूरी पीढ़ी अपनी-अपनी निजता और अलगपन को लिए-दिए इस साझा सोच में हिस्सा ले रही थी।

इस एक अभिधा 'नयी कहानी' (जिसका अर्थ-विस्तार पूरे कथा-साहित्य के लिए हो चला था) के भीतर आनेवाले कथाकारों की विविधता हैरत में डालनेवाली थी।

इस परिवर्तनकामी अभियान में जिन तीन महिला रचनाकारों के नाम उभरे, उन्होंने कभी कोई परचम नहीं लहराया, सैद्धान्तिक फिकरेबाज़ी नहीं की। 'स्त्रीवाद' या 'महिला लेखन' के नाम पर कोई आरक्षित वर्ग नहीं खड़ा किया। किसी अतिरिक्त रिआयत की अपेक्षा नहीं की। आलम यह है कि अब भी 'स्त्री-विमर्श' के विज्ञापनधर्मी माहौल में, सोच के इस सीमित दायरे में अपनी रचनाओं के अध्ययन से उन्हें एतराज और खीज ही होती है।

'नए' कथा-साहित्य की सबसे बड़ी विशेषता यह है कि उसमें व्यक्तिगत और अनुभूत सत्य की प्रामाणिकता को बरकरार रखते हुए, सामाजिक परिवेश और समय के वृहत्तर सत्य को भी व्यंजित करने का प्रयास किया गया। इनके प्रवर्तकों का मानना था कि कुल मिलाकर 'नयी कहानी' आधुनिक या समकालीन जीवन को 'जीने, उसे विभिन्न स्तरों पर समझने, उसके अर्थ तलाश करने, सार्थकता-निरर्थकता खोजने की कहानी है।' परिवेश में बदलाव के साथ व्यक्ति के सम्बन्धों में जो संक्रमणता आती है उससे न पूरी तरह संगति बैठाना आसान होता है और न उसे उसकी समग्रता में समझ पाना। परम्परा और संस्कार एक झटके से अलग नहीं होते। नयों पर उनकी छाया धीरे-धीरे सिमटती है। परिणामतः भीतर जो बेचैनी और द्वन्द्व पैदा होता है, उसे व्यक्त करने के लिए परम्परासिद्ध विन्यास और साँचे असंगत और नाकाफ़ी मालूम होने लगते हैं। परिवर्तन के अनुपात में रचना में प्रयोगशीलता और नयापन पैदा होता है।

अपना-अपना जीवन

मन्नू भंडारी और उषा प्रियंवदा के सामाजिक परिवेश में कम, पर पारिवारिक स्थितियों में काफी अन्तर था। मन्नू भंडारी विद्वान पिता प्रसिद्ध कोशकार श्री सम्पतराय भंडारी की छत्रछाया में पली-बढ़ीं और शिक्षित हुईं। उषा ने शैशव में ही पिता को खो दिया। विधवा माँ ने तीन बेटियों के पालन-पोषण का दायित्व वहन करते हुए जिन नातेदारों के परिवारों में शरण ली, वहाँ लड़कियों को पढ़ाने-लिखाने का चलन तो था ही नहीं, उनके और लड़कों के बीच दैनंदिन व्यवहार में भी भेद-भाव बरता जाता था। ऐसे में कहानी कहने और बाद में लिखने का संस्कार उन्होंने कैसे पाया, इसका बयान उन्होंने कुछ ऐसे किया है : ''माँ की स्मरण शक्ति अद्भुत रूप से तीक्ष्ण और विस्तृत थी, और पूरे परिवार के सदस्यों में, रस ले-लेकर, रोचक रूप से औरों के किस्से और कार्यकलाप का वर्णन बहुत प्रचलित था, शायद वही शैली अनायास, सहज और स्वाभाविक रूप से मेरी विरासत में आई।'' प्रतिकूल परिस्थितियों के बावजूद शिक्षा तो उन्होंने नियमित रूप से पूरी की। पर अपनी आरम्भिक कहानियों के बारे में उनका यह कहना एकदम सही है कि ''मेरी प्रारम्भिक कहानियों में अधिकतर स्त्री पात्र समाज और परिस्थितियों से उबर नहीं पाए, उनमें एक प्रकार की हताशा भरी स्वीकृति थी। जो पुस्तकें मेरे मस्तिष्क का पोषण कर रही थीं उनमें त्याग, उदारता, निःस्वार्थ और अपने सुख का हनन ही चित्रित था।''

संघर्षमय जीवन के अनुभवों के साथ लिजलिजी भावुकता और जीवन में निःस्वार्थ समर्पण को तरजीह देनेवाली पुस्तकों की सोहबत ने 'सरिता' काल के दौरान ऐसी कहानियों को जन्म दिया जिसमें भीतर से अनवरत प्रवाह की तरह उमड़ते कथानकों और चरित्रों को तराश या काट-छाँटकर, मोड़-तोड़कर

प्रस्तुत करने का विचार लेखिका के मन में आता ही नहीं था। बाद में उन कहानियों को उषा प्रियंवदा ने गम्भीरता से सुरक्षित रखने की ज़रूरत भी नहीं समझी। नतीजतन उनमें से पचास प्रतिशत कहानियाँ अब उपलब्ध नहीं हैं। उस पीढ़ी की इन तीनों महिला रचनाकारों में आत्मालोचन का यह विवेक अद्भुत है। 'निन्दक नियरे राखिए' की तर्ज़ पर, इनका आलोचक तो इनके अन्तर्मन का ही वासी था जिसने बराबर तीसरी आँख से अपनी खामियों को परखा और अपनी राहें समय रहते बदल लीं। इनकी लोकप्रियता और स्थायी कीर्ति की यह बड़ी वजह थी।

आरम्भिक दौर से निकलकर जब उषा उच्चतर शिक्षा के लिए इलाहाबाद विश्वविद्यालय पहुँच गईं तो यह परिवर्तन उन्हीं के शब्दों में 'संकुचित गढ़ैया' में पड़ी मछली का जैसे 'अचानक अथाह जलराशि' को पा लेना था। वहाँ हरिवंशराय बच्चन, सुमित्रानन्दन पंत और रघुपति सहाय जैसे कवि और शायर थे। कहानीकार और सम्पादक श्रीपतराय थे जिनके माध्यम से हुसैन और रामकुमार जैसे चित्रकारों की कला के बारे में जानकारी सुलभ थी। माध्यम थे उनके अपने बहनोई अंग्रेज़ी के मशहूर प्रोफेसर और फिराक़ के छोटे भाई यदुपति सहाय। उषा की पढ़ाई अपनी बड़ी बहन कमला सहाय की देखरेख में हॉस्टल में रहकर पूरी हुई। वातावरण साहित्य-कलामय। पूरी-पूरी शामें इन्हीं रचनाकारों की बातचीत सुनते बीतती थीं। आधी शताब्दी से भी कुछ अधिक समय से उषा की मित्रता के दौरान मैंने उनमें जो हाज़िर-जवाबी और विनोदप्रियता देखी है, उसकी दीक्षा बकौल खुद, उन्हें इन्हीं हस्तियों की सोहबत में मिली।

इस ब्योरे से समझ में आता है कि कुछ वर्षों के अन्तराल के बाद जब कहानी लिखने का सिलसिला दुबारा शुरू हुआ तो उषा प्रियंवदा की कहानियों की शैली और विन्यास में परिवर्तन आ गया था। यह अन्तर 1954-55 से 'कल्पना', 'ज्ञानोदय' और 'कहानी' पत्रिकाओं में छपी उनकी कहानियों में दिखाई पड़ने लगा था। वे 'पैरेम्बुलेटर' और 'ज़िन्दगी और गुलाब के फूल' 1956 में लिख चुकी थीं। दोनों कहानियाँ 'कहानी' पत्रिका में छपी थीं। उसी साल लेडी श्रीराम कॉलेज में अंग्रेज़ी विभाग में लेक्चरर नियुक्त होकर वे दिल्ली आ गईं जहाँ मेरा उनसे पहले ही दिन परिचय हुआ जो क्रमशः प्रगाढ़ मित्रता में विकसित होता गया।

उस समय तक वे उषा सक्सेना नाम से ही लिखती थीं, और सच्चाई यह है कि कहानीकार के रूप में उनकी कोई विशेष पहचान तब तक कायम नहीं हुई थी। कुछ वर्ष बाद वे पारिवारिक दबावों के कारण इलाहाबाद लौटकर वहीं विश्वविद्यालय में पढ़ाने लगीं। पर इस बीच मित्रता का सूत्र इतना मजबूत हो चुका था कि हम एक-दूसरे की उपलब्धियों पर ध्यान देने लगे थे। फिर भी उन्होंने 1958 में 'पूर्ति' कहानी की रचना करके अपने नाम के साथ सक्सेना की जगह कब 'प्रियंवदा' लगा लिया, इसका कोई खास नोटिस हममें से किसी ने नहीं लिया। वे अपने रचनाकार व्यक्तित्व को बड़ी विनम्रता और संकोच से वहन करती थीं। शायद इसका कारण उस समय तक साहित्य के क्षेत्र में जैनेन्द्र, अज्ञेय, पंत, बच्चन, भगवतीचरण वर्मा, दिनकर, नवीन, महादेवी वर्मा जैसे तमाम वरिष्ठों के दबदबे का कायम होना था। कहानी के क्षेत्र में 'नयी कहानी' जैसी कुछ आन्दोलनात्मक शुरुआत करने की कसमसाहट तो शुरू हो चुकी थी, पर उसका कोई निश्चित स्वरूप खड़ा नहीं हो पाया था। राजेन्द्र यादव उस समय कलकत्ता और आगरा के बीच आते-जाते रहते थे, मोहन राकेश जालन्धर में और कमलेश्वर इलाहाबाद में थे।

कृष्णा सोबती उस दौरान दिल्ली में थीं और निश्चित अन्तरालों पर कहानियाँ लिख रही थीं। 1948 में 'सिक्का बदल गया' लिखकर अपनी पहचान बना चुकी थीं। इसके अलावा अपनी अधिकांश छोटी-बड़ी कहानियाँ लिख लेने के बाद, 1956 में 'बादलों के घेरे' लिखकर कहानियों की रचना से विदा लेने की मनःस्थिति में थीं। किसी आन्दोलन से उनका कोई रिश्ता नहीं था। शहर के वरिष्ठ रचनाकारों से परिचय अवश्य रहा होगा पर जहाँ तक मेरी जानकारी है उन हलकों में उनकी विशेष आवाज़ाही नहीं थी। स्वभाव से संकोची पर संजीदा, एक खास किस्म के आभिजात्य और कुछ अलग-सी वेशभूषा में लिपटी वे कनॉट प्लेस के गलियारों में या रेस्तराँ में तो दिखाई पड़ती थीं पर साहित्यिक बिरादरी की महफ़िलों में हिस्सेदारी के लिए नहीं जानी जाती थीं।

हम सिर्फ़ इतना जानते थे कि महिला रचनाकारों में उनकी साख और रुतबा है। 'सिक्का बदल गया' और 'बादलों के घेरे' उनकी धाक जमाने के लिए काफी थीं। इसलिए भी कि उनका नोटिस अज्ञेय जैसे पारखी ने लिया था। उनके बाकी लेखन से कोई खास परिचय उस समय तक नहीं हुआ था।

मन्नू तो तब तक लगभग गुमनामी की स्थिति में, कलकत्ता में रहकर, इक्की-दुक्की कहानियाँ लिखकर, उनके छपने पर पुलकित-सन्तुष्ट होती रहती थीं। ऐसे माहौल में उषा सक्सेना नाम की एक अल्पज्ञात लेखिका कब लगभग चार बरस दिल्ली में उस समय तक एक सामान्य समझे जानेवाले कॉलेज में अंग्रेज़ी पढ़ाते हुए कुछ कहानियाँ लिखकर वापस इलाहाबाद चलती बनीं, किसी ने इस बात पर ध्यान ही नहीं दिया।

कहानीकार के रूप में उषा प्रियंवदा की पहचान 'नई कहानियाँ' में प्रकाशित उनकी कहानी 'वापसी' से बनी। वह भी एक धमाके की तरह। इसलिए कि आलोचक प्रवर नामवर सिंह ने उसे श्रेष्ठ रचना ठहराते हुए अपना मत उसके पक्ष में दे दिया था। कहानी तुरन्त विवाद के घेरे में आ गई और बहस निर्गुण की कहानी और 'वापसी' के बीच श्रेष्ठता के मापदंड को लेकर होने लगी। तब हमें पहली बार उषा के लेखन को गम्भीरता से लेने की ज़रूरत का एहसास हुआ। और पाठक की हैसियत से 'वापसी' से उलटी यात्रा शुरू हुई। दिलचस्प बात यह है कि लेडी श्री राम कॉलेज के दौर में हम उन्हें शिब्बन लाल सक्सेना की बहन के रूप में ज़्यादा जानते थे। वे उस समय सांसद थे। अपनी ठसक और साफ-सुथरी छवि के कारण प्रसिद्ध थे और फिरोजशाह रोड पर अपने छोटे भाई के परिवार और विधवा मामी (उषा की माँ) और उनकी बेटियों के साथ रहते थे। छोटे भाई की पत्नी भी तब जीवित नहीं थी। और अपनी तथा उनकी तीनों बेटियों सहित पूरी गृहस्थी को चलाने का दायित्व प्रियवंदा जी के कन्धों पर था। राजनीति और सामाजिक जीवन के प्रति समर्पित शिब्बन लाल जी ने विवाह नहीं किया था। प्रायः दौरे पर रहते थे पर अनुपस्थिति में भी उनका रोब घर में बरकरार रहता था। बहुत दिनों तक हमें यह जानकारी भी नहीं हुई कि वे उषा के फुफेरे भाई हैं। कहने का आशय यह कि ऐसी पारिवारिक संरचना में हिन्दी की अपने में सिमटी एक संकोची उदीयमान लेखिका की अपने रचनाकार व्यक्तित्व की पहचान बनाने की दिशा में कोई खास प्रयत्न करने का जैसे सवाल ही नहीं उठा। वैसे भी 'सरिता' और उसमें लगातार छपनेवाले लेखकों को बौद्धिक वर्ग बहुत गम्भीरता से नहीं लेता था।

बहरहाल, 'वापसी' की प्रसिद्धि के बाद जल्दी ही उषा ने अमेरिका प्रस्थान किया—शोध-कार्य के लिए और कुछ ही वर्षों के भीतर विस्कांसिन

विश्वविद्यालय में वे अमेरिकी विद्यार्थियों के पहले भारतीय फिर हिन्दी साहित्य पढ़ाने के दायित्व से जुड़ गईं। इस तरह साहित्य की दुनिया से, विशेषकर हिन्दी साहित्य की दुनिया से उनका नाता टूटने से बच गया।

उषा प्रियंवदा ने अमेरिका पहुँचने के बाद 'पहले वर्ष नए अनुभव और नई हताशाओं के बीच लिखी गईं' 'एक और विदाई' और 'वनवास' नाम की जिन दो कहानियों का ज़िक्र अपनी संम्पूर्ण कहानियों की भूमिका में किया है, वे इस संग्रह में नहीं हैं। बाद की कहानियों में वे सिर्फ़ 'भावस्थल' पर आनेवाले परिवर्तनों का ज़िक्र करती हैं। अपनी पूरी क़था-यात्रा में भाषा- शिल्प संरचना के स्तर पर किन्हीं परिवर्तनों या चुनौतियों का संकेत उन्होंने अपने लेखन के सन्दर्भ में नहीं किया।

कृष्णा सोबती ने अपनी निजी ज़िन्दगी के बारे में काफ़ी समय तक खुलकर न कुछ कहा न लिखा। ऐसे तमाम अवसर आए जब उनके साथ लम्बी बातचीत हुई। खासकर जब वे 'ज़िन्दगीनामा' के कॉपीराइट वाले मसले में उलझी थीं। पर मुझे हमेशा लगा कि 'शी इज़ ए वैरी प्राइवेट पर्सन'। आप उनसे बातचीत करते हुए उसी हद तक जा सकते हैं जहाँ तक वे सहयोग करें। बिना कुछ कहे-सुने एक मुकाम पर पहुँचकर आपको लगेगा कि एक 'नो एंट्री' की तख्ती आपके और उनके बीच उग आई है और बातों का सिरा वहीं ठिठककर आगे बढ़ने से इनकार कर रहा है।

बहुत दिनों तक हमें उनके जन्म का वर्ष ही नहीं मालूम था। उनके निजी जीवन के बारे में जानकारी उतनी ही मिल पाती थी जितनी वे खुद दे दें। उनकी पारिवारिक पृष्ठभूमि के बारे में मेरे मन में बराबर जिज्ञासा रहती थी। जो पुख्तगी कृष्णा सोबती की कलम में है, उसका सिरा मुझे हमेशा उनके व्यक्तित्व से जुड़ा दिखाई पड़ता था। एक ऐसा आत्म जिसमें असमंजस के लिए गुंजाइश कम ही रही होगी। उनके सम्पर्क में आने पर लगता था कि ज़िन्दगी के फैसले उन्होंने उसी तरह ठोक-बजाकर लिए होंगे जैसे रचनाओं में अभिव्यक्ति के।

बहरहाल, 'अन्यथा' के लिए की गई एक बातचीत के माध्यम से जो ब्योरे सामने आए, उनसे उनके बारे में अपनी समझ में कुछ और इज़ाफ़ा हुआ। उनके अपने शब्दों में 'आँखें खोलते ही विविधताओं के तीन अकाउंट मेरे नाम के इम्पीरियल बैंक में खुल गए।'

ननिहाल और ददियाल, दोनों घरों का रिश्ता पंजाब की सर-ज़मीन से। एक का रंग ठेठ ग्रामीण—खेत-खालिहानवाला, जहाँ 'मुंडेरों पर खड़े मोटे गाढ़े में खुरदुरे लोग—मज़बूत कद-काठीवाली गर्मीली मुटियारें।' दूसरा यानी ददियाल उदयनगरी गुजरात चिल्लियाँ वाले मैदानवाले ऐतिहासिक शहर में खड़ी हवेली के सारे ताम-झाम से लैस जिस पर 'चढ़त का वक्त गुज़र चुका था और धीरे-धीरे उतार पसर रहा था।' परिस्थितियों के दबाव में दादा रायसाहब दीवान जी. सी. सोबती नौकरी के सिलसिले में गुजरात से निकलकर रावलपिंडी होते हुए आख़िर कलकत्ते आ टिके। कृष्णा जी के पिता जी और चाचा सब वहीं बड़े हुए। राजधानी कलकत्ता से दिल्ली आ गई, तो सरकारी अमले के साथ परिवार छह महीने दिल्ली और छह महीने शिमला रहने लगा। छुट्टियों में वतन जाना होता, तो ज़्यादा महत्त्वपूर्ण यह था कि 'कभी उसे अपनी और कभी पराई आँखों से देखते।' उस पर से गुज़र चुके 'गुलज़ार और वीरान मौसमों' की याद के साथ 'अपनी हवेली का पता हम में खास तरह का स्वाभिमान जगाता। सोबती स्ट्रीट, डिस्ट्रिक्ट गुजरात, पंजाब।' यह पता जिस खुशहाली का संकेत देता है, उसने परिवार में आत्माभिमान के साथ अपनी 'देसी' शख्सियत का बीज भी बोया होगा। सरकारी मुलाज़िम होने के बावजूद पिता ने बचपन में जो सीख दी, वह गौरतलब है : 'पम्मी पुम्मी कपड़े पहनकर यह कभी न सोचना कि तुम अंग्रेज़ लग रहे हो। हम अंग्रेज़ नहीं हैं। हम देसी लोग हैं। हिन्दुस्तानी...हम देसी हैं और देसी ही रहेंगे।'

बचपन से ही कृष्णा जी ने इस फ़र्क को समझा और अपने ज़ेहन में जगह दी : 'देसी और अंग्रेज़ के फ़र्क को देखते-बूझते हम छह-छह महीने बड़े हो रहे थे।' यही नहीं, उनकी परवरिश 'कड़े अनुशासन' और 'काफ़ी आज़ादी' के समतोल को कायम रखकर हुई जिसमें 'किसी के हिस्से भी अतिरिक्त लाड़-चाव कम ही आता', क्योंकि 'बड़ों का कायदा कुछ ऐसा' था। पढ़ने के लिए न पत्र-पत्रिकाओं की कमी रही न किताबों की। भाषाओं में उर्दू-अंग्रेज़ी का 'काफ़ी खजाना' तो पिताजी के पास ही था पर हिन्दी की किताबों का स्रोत आर्य-समाज के जलसे होते थे। उनकी पढ़ाई उस समय दिल्ली के नामचीन स्कूलों में हुई जिनमें अंग्रेज़ी का दबदबा था।

कुल मिलाकर कृष्णा जी ने बचपन के जिस पारिवारिक माहौल और जीवन-शैली का ज़िक्र किया है, उससे यह आसानी से समझ में आ जाता है

कि उनके व्यवहार में शाहखर्ची, सलीके और शाइस्तशी के साथ जो अनुशासन और पुख्तगी दिखाई पड़ती है उसमें उनकी परवरिश का बहुत योगदान रहा। पारिवारिक रहन-सहन और रख-रखाव के जो ब्यौरे चर्चा के दौरान दर्ज़ हुए हैं उनमें बिखरे संकेत कृष्णा जी के व्यक्तित्व और लेखन दोनों की बनत को समझने में मददगार होते हैं।

कृष्णा जी का कहना है : 'मेरे पास दो जोड़ी आँखें थीं—एक माँ की गहरे संयमवाली महत्त्वाकांक्षी और दूसरी कायदे-करीने से हर दिन को जी भरकर सन्तुष्टि से जीनेवाली पिताजी की।'

कृष्णा जी की स्मरण-शक्ति हैरत में डालनेवाली है। और उससे ज़्यादा हैरत में डालनेवाली बात है बचपन के छोटे-बड़े अनुभवों के साथ अपने व्यक्तित्व के निर्णायक सूत्रों की तारतमिकता को समझकर स्वीकार करना।

बीमारी को महसूस करने की लिखत के बारे में पिता की नसीहत जिसे उन्होंने 'अतिशयोक्ति से दूर रहने' के पहले पाठ की तरह देखा और नाश्ते की मेज़ के सामने माँ का व्यवहार : "उनकी ओर से इसमें कोई हस्तक्षेप नहीं होता। माँ की इस मुद्रा में खामोश निगरानी रहती मगर लाड़-प्यार की मुखरता नहीं। हमें न यह अटपटा लगता और न ही अखरता। माँ की इस भंगिमा ने **अपने बारे में खुद सोचना सिखाया। किसी भी अतिरिक्त से उबरकर हमें स्वावलम्बी बनने का संस्कार दिया। किसी के कहे, दबाव में कुछ न करने का अहसास दिया। इसके साथ वह विवेक भी जो जहाँ तक हो सके 'दूसरे' और अपने बीच के अधिकार का उल्लंघन नहीं करता।**"

एक खास किस्म के औचित्य-बोध के साथ अपने फ़ैसले खुद लेने का साहस, जो उनके भीतर कभी-कभी हठीलेपन की शक्ल अख़्तियार कर लेता है। ऐसा हठ जो अपने सही होने के गहरे आत्मविश्वास से पैदा होता है। अपने फ़ैसलों के बारे में इसी आश्वस्ति के कारण वे बरसों किसी उपन्यास की पांडुलिपि को सहेजकर रखने के बाद प्रकाशित करने के विचार को दर-किनार कर देती हैं। वे तमाम सरकारी-गैरसरकारी सम्मानों, पुरस्कारों को विनम्रतापूर्वक अस्वीकार कर देती हैं। प्रकाशन-विभाग की सरकारी नौकरी की दफ़्तरी दिनचर्या और तौर-तरीकों से आज़िज़ आकर रिटायरमेंट की उम्र आने से पहले अपना इस्तीफ़ा थमा देती हैं। और तो और लेखकों के कॉपीराइट के बुनियादी सवाल पर पचीस वर्ष तक अमृता प्रीतम जैसी शख़्सियत से लोहा ले सकती

हैं—तमाम मित्रों और शुभचिंतकों की, ऐसा न करने की सलाह के बावजूद। उनके फ़ैसलों से मतभेद हो सकता है, होता रहा है, पर उनकी नीयत के बारे में सन्देह नहीं किया जा सकता। मैं नहीं जानती, कि अपने किसी फ़ैसले को गलत मानकर उसे बदलने या सुधारने की स्थिति उनके सामने आई या नहीं? और अगर आई तो उन्होंने उस स्थिति में क्या किया? पर इतना तय है कि उनमें दूसरों की राय और फ़ैसलों को बाइज़्ज़त स्पेस देने की उदारता है।

कृष्णा जी के लेखन की एक और बड़ी विशेषता है जो उन्हें अपनी हमसफ़र दोनों लेखिकाओं से ही नहीं दूसरे कथाकारों से अलग पहचान देती है। यह खासियत है विषयों की विविधता—विशेष रूप से औपन्यासिक विन्यास की रचनाओं में। अपनी हर रचना में वे नई ज़मीन की तलाश करती हैं—ए ऽ नए सरोकार, नए वास्तुशिल्प और नए भाषायी तेवर के साथ। यही वजह है कि जब भी उनकी किसी नई रचना की घोषणा होती है तो पाठकों को उसका इंतज़ार रहता है। उन्होंने कभी तोल के भाव नहीं लिखा। उनके लिखे के पीछे लम्बी तैयारी का मंज़र साफ़ दिखाई पड़ता है। शायद इसकी वजह यह रही कि उन्हें "क्षमताओं और सीमाओं की जुगलबन्दी में हर कृति एक नया इम्तहान, एक नया जोखिम" मालूम होती थी। कहना न होगा, जोखिम उठाने के लिए जितना साहस चाहिए, उतना ही धीरज भी। कृष्णा जी में इन दोनों की कमी कभी न रही।

जहाँ तक उनके सरोकारों का दायरा है, उसके बारे में कृष्णा जी का यह कथन ध्यान देने लायक है : "लेखक के पास अनुभव का बड़ा विस्तार होना उसे अच्छे पाठ की संरचना का प्रशिक्षण और जुर्रत देता है। वह सलीका भी कि शब्द को संयम से कैसे प्रवाहित करना है। शैली में रचना के स्पन्दन को कैसे प्रवाहित करना है। अपनी लम्बी जीवन-यात्रा में मेरे पास अपने जिए हुए समय की ऐसी असंख्य विस्मयकारी घटनाएँ और किस्से हैं जो लिखित में प्रस्तुत कर दूँ तो दिलचस्प पाठ्य-सामग्री बन सकते हैं। उन्हें लिखने की बात कभी सोची नहीं क्योंकि रोमांस-रोमांच-रोमान मात्र साहित्य का कथ्य नहीं अगर उसमें उसकी आत्मा नहीं।" महत्त्व अनुभव के व्यापक दायरे का ही नहीं, उसमें से चुनाव के विवेक, और सलीके और संयम से उसे भाषायी लिबास देने का भी है। भोगने-चुनने और बुनने के इस सोपानिक क्रम में कृष्णा जी ने बड़े साहस और विवेक से संतरण किया है। इस एहसास के साथ कि जो

हो इसमें लेखकीय अनुशासन बराबर बना रहे।

परवरिश के दौरान अंग्रेज़ और अंग्रेज़ियत से लगातार मुठभेड़ ने उन्हें अपने देसीपन के प्रति और ज़्यादा सजग बनाया। उनकी पीढ़ी में भी विदेश की ज़रा-सी आबोहवा लगते ही वहाँ के साहित्य का कच्चा-पक्का उलथा कर हिन्दी का भंडार भरनेवालों का अभाव नहीं था। वह बीमारी आज भी अवसर पैदा करके अपने विदेशी साहित्य की जानकारी का सही-गलत प्रदर्शन करके रौबियाने वालों के रूप में मौजूद है। ऐसे में ठेठ देसी काट की सर्जनात्मकता का कैसा मूल्य और मान होगा, कहने की ज़रूरत नहीं। कृष्णा जी की रचनाओं में यह ठेठ देसीपन बड़ा आश्वस्तकारी मालूम होता है। गाँव, कस्बे, शहर, पहाड़—जहाँ जिसने उन पर अपनी छाप छोड़ी, उनके अनुभव-संसार में प्रवेश कर अपनी जड़ जमा ली, वही उनकी कलम की नोक पर आ विराजा—बड़े मनन, मंथन और तैयारी के साथ।

मन्नू भंडारी का जीवन भी पूरे परिवार में गुज़रा। उनका जन्म भानपुरा में ज़रूर हुआ था, पर तीन वर्ष की आयु में ही परिवार अजमेर चला आया। पिता स्वयं विद्वान्, प्रख्यात कोशकार होने के अलावा स्वयं इतिहास-ग्रंथों के लेखक थे। राजस्थान के जैन परिवार की पृष्ठभूमि के बावजूद, बेटियों की शिक्षा में उनकी गहरी रुचि थी। दो भाइयों और तीन बहनों में सबसे छोटी होने के कारण मन्नू सबकी लाड़ली रही होंगी, यह सहज अनुमान लगाया जा सकता है।

मन्नू ने जब तक इंटर पास किया, दोनों बड़े भाई नौकरी के सिलसिले में और बहनें विवाह करके कलकत्ते आ गए थे। उन्हीं के साथ मन्नू का भी कलकत्ता आना हुआ। बाकी पढ़ाई कलकत्ते रहकर, पर व्यावहारिक बाधाओं के कारण प्राइवेट परीक्षाएँ देकर पूरी हुई। बी.ए. कलकत्ता से और एम.ए. बनारस से। पढ़ने-लिखने में उनकी रुचि भले ही पैतृक दाय के रूप में जन्मी हो, पर लिखने की तरफ़ उनका रुझान कलकत्ते में ही हुआ। वहाँ के सामाजिक जीवन की इसमें महत्त्वपूर्ण भूमिका रही। यह ध्यान देने की बात है कि उस दौर में भी, अलग-अलग स्थितियों में उनके रचनात्मक रुझान को बढ़ावा देने में पारिवारिक माहौल का योगदान है। कृष्णा जी और मन्नू दोनों को पिता से प्रोत्साहन मिला और उषा को अपनी माँ से। स्त्रियों की शिक्षा, उनकी आज़ादी और अधिकारों के बारे में जिस सोच का बीज पुनर्जागरण के दौरान

पड़ चुका था, वह आज़ादी की लड़ाई से पोषित होकर, लहलहा रहा था। आर्थिक आत्मनिर्भरता की दिशा में मध्यवर्ग के परिवारों की स्त्रियों ने अपने कदम बढ़ा लिए थे। यही नहीं वैवाहिक जीवन के बारे में भी इन सभी ने अपने फ़ैसले खुद ही लिए।

यह बात अलग है कि असमय पिता की मृत्यु हो जाने के कारण उषा का बचपन संघर्ष में गुज़रा और मन्नू को राजेन्द्र यादव से विवाह का फ़ैसला लेने पर पिता के घनघोर विरोध का सामना करना पड़ा। पर ध्यान देने की बात यह है कि उनका विरोध वर के विजातीय होने के कारण उतना नहीं, बल्कि लेखक नाम के एक निखट्टू विकलांग व्यक्ति को अपनी अच्छी भली कमाऊ बेटी सौंप देने के प्रस्ताव के कारण रहा। उषा और कृष्णा जी ने तो इस प्रसंग को जब तक चाहा स्थगित किया और अन्ततः स्वेच्छया अपने विवेक से जीवन-साथी का चुनाव किया।

मन्नू अपने जीवन की संघर्ष-गाथा का खुलासा 'एक कहानी यह भी' लिखकर कर चुकी हैं। यहाँ उसे दोहराने की न ज़रूरत है न औचित्य। जब मेरा मन्नू, राजेन्द्र दम्पती से परिचय हुआ, उस समय तक (1965) वे सारी व्यावहारिक कठिनाइयों के बावजूद साहित्यमय जीवन जी रहे थे। कई वर्ष तक हम लोग पारिवारिक स्तर पर एक-दूसरे के सुख-दुख में सहभागी रहे।

मन्नू को अपने लेखन के बारे में मैंने कभी हड़बड़ी में नहीं देखा। न लिखने की, न छपने की, न समीक्षा कराने की। उस समय लोकार्पणों का वह दौर-दौरा तो था ही नहीं, जिसके बिना आज कोई लेखकीय अनुष्ठान पूरा नहीं होता। यह बात कमोबेश कृष्णा सोबती और उषा प्रियवंदा पर भी लागू होती है। किसी विषय को कहानी का विषय बनाने से पहले, वह उनके अनुभव का पूरा या अधूरा हिस्सा ज़रूर रहा होगा, यह उनकी कहानियों को पढ़ने के बाद सहज महसूस किया जा सकता है।

मन्नू ने कहानियाँ लिखने का जो सिलसिला 1957 के आसपास शुरू किया, वह 1978 तक सिलसिलेवार चलता रहा। बीच में 'एक इंच मुस्कान' का आधा भाग यानी छह अध्याय राजेन्द्र यादव के साथ सहयोगी प्रयास के रूप में (1961), 1971 में 'आपका बंटी' उपन्यास और 1979 में 'महाभोज'। इस बीच उन्होंने नाटक 'बिना दीवारों के घर' पर भी कलम चलाई और शरतचन्द्र के उपन्यास 'स्वामी' के संवाद भी लिखे। अलग-अलग क्षेत्रों में ये

प्रयोग परिस्थितिवश किए गए और इसमें उन्हें खासी सफलता भी मिली। इसकी वजह शायद यह थी कि उनकी नज़र में उनके 'पाठक की अहमियत' बहुत रही। उन्होंने पाठकों में एक अदृश्य आलोचक की उपस्थिति स्वीकार करके लिखा और उसकी राय के पीछे बदनीयती खोजकर अपने को सही ठहराने की कोशिश नहीं की। यही नहीं उनकी रचनाएँ आत्मालोचन के ताप में भी पक-पककर निखरती रहीं। अपने नाटक 'बिना दीवारों के घर' के बारे में उन्होंने कहा कि "नाटक के तीन-चार प्रदर्शन देखने के बाद मुझे उसमें कई कमियाँ महसूस हो रही थीं, इसलिए मैंने प्रकाशक से आग्रह करके उसका पुनर्प्रकाशन रुकवा दिया।"

आत्ममुग्धता शायद इन लेखिकाओं के स्वभाव में ही नहीं थी। इनकी सफलता और क्रमशः बढ़ती लोकप्रियता का रहस्य अपने को एक आलोचक के नज़रिए से बराबर संशोधित करते चलने के आग्रह में छिपा था। अपने तीसरे संग्रह 'यही सच है' के बारे में मन्नू ने लिखा है कि "दूसरे संग्रह के बाद आठ साल का अन्तराल भले ही रहा हो पर इसमें कोई सन्देह नहीं कि कहानी की बढ़ी हुई समझ, साहित्यकारों के बीच निरन्तर उठते-बैठते रहने से नज़रिए में आए परिवर्तन के कारण इस संकलन की कहानियों के स्तर में निश्चय ही थोड़ी परिपक्वता आई। 'यही सच है' की कहानियाँ अधिक सधी हुई और अधिक मँजी हुई हैं। इकहरे की जगह द्वन्द्वग्रस्त पात्र...संवेदना की गहराई...भाषा शैली का निखार—यह राय मेरी नहीं, पाठकों और समीक्षकों की है।" यह कथन उनके तीसरे संकलन पर ही नहीं, उससे पहले की रचनाओं पर भी सार्थक और बेबाक टिप्पणी है।

इस सावधानी को लेखिका की 'विनम्रता' के खाते में डालकर खारिज़ नहीं किया जा सकता। रचना-कर्म और पाठकों के प्रति गहरा दायित्वबोध ही इन कथाकारों की मानसिकता का नियामक था। पारिवारिक और स्वास्थ्य सम्बन्धी विवशताओं के कारण मन्नू का लिखना धीरे-धीरे कम हुआ और फिर लगभग बन्द ही हो गया। इस बात का अफसोस रहने पर भी मन्नू में इस बात का विवेक बराबर बना रहा है कि बिना अनुकूल मनःस्थिति और अपेक्षित तैयारी के, उन्होंने लिखने के लिए चलताऊ लेखन कभी नहीं किया।

अवसर के अनुरोध से लिखी उनकी कहानियों को किसी घटना या अनुभव की प्रेरणा से लिखी कहानियों से साफ़ अलगाया जा सकता है, गोकि

ऐसा कम ही हुआ। 'बंजर अवधि' के दौरों में उन्होंने बरबस फसल उगाने का लोभ नहीं पाला, यह उनकी प्रतिष्ठा के लिए अच्छा ही हुआ।

कोई घटना, कोई स्थिति अनुभव का हिस्सा बनकर जब तक मन्नू की संवेदनीयता पर दबाव न बनाए वे लिखने के लिए प्रेरित नहीं होतीं। अपने रचनात्मक जीवन में ऐसा दबाव उन्होंने आख़िरी बार 1977 में महसूस किया। 'बेलची कांड' के कुख्यात हरिजन दाह वाले प्रसंग में। पर इस विवेक के साथ कि "यह सारी घटना मुझे लिखने के लिए प्रेरित तो बहुत कर रही थी पर बिना किसी ठोस वैचारिक आधार के मात्र भावुकता के आवेग पर कोई रचना लिखना मेरे लिए सम्भव ही नहीं था।"

घटना से प्रेरित आनुभविक आवेग को वैचारिक विवेक से नियमित करके ही उन्होंने उसे औपन्यासिक विन्यास दिया—'महाभोज' के रूप में। 'महाभोज' के बाद उन्होंने कुछ गिनी-चुनी कहानियाँ ज़रूर लिखीं पर लम्बी चुप्पी के बाद अन्ततः लिखा अपना आत्मकथ्य 'एक कहानी यह भी' जिसकी रचना के पीछे कहानी से ज़्यादा 'भी' का महत्त्व था—सिक्के का दूसरा चेहरा। उनकी इस रचना की खूबी इतनी ही है कि यह 'स्त्री विमर्श' के लटकों-झटकों या गहन बौद्धिक भंगिमाओं से मुक्त उनके स्त्री-मन का सीधा सच्चा बयान है जिसमें न साहसिक अतिरंजना है न आत्मसुरक्षात्मक सतर्कता। इसलिए स्थितियों और घटनाओं के ब्यौरे में किसी हेराफेरी या चतुराई का एहसास भी नहीं होता। इस 'कहानी' के बाद वे फिर विराम की स्थिति में हैं। कौन जाने कब किस प्रेरणा से इस बंजर दौर में फिर से सृजन के अंकुर फूट निकले।

छठे दशक में : साथ-साथ और अलग-अलग

छठा दशक देश में नेहरू-युग की उठान का दशक था। देशवासियों के लिए उम्मीदों और आश्वस्ति का दशक। बाहरी खतरों की आमद तो क्या, ठीक-ठीक आहट भी तब तक सुनाई नहीं पड़ी थी। स्वाभाविक था, ऐसे दौर में परिवारों की, रिश्तों की, उनके बनने-बिगड़ने की, बीते ज़माने को याद करने की कई कहानियाँ इन तीनों लेखिकाओं की कलम से उतरीं। खास बात थी इनकी मार्मिकता, कहीं-कहीं हृदयस्पर्शी भावमयता। 'दोज वर द डेज़' (ऐसे भी दिन थे) वाली मानसिकता से पैदा होनेवाली कहानियाँ।

कृष्णा जी की कई कहानियों की बनत कुछ ऐसी ही है जिनमें वे बाहरी स्थितियों के बरक्स पात्रों की मनःस्थिति में पैठने का प्रयास करती नज़र आती हैं। 'गुलाब जल गँडेरियाँ', 'बहनें', 'कुछ नहीं कोई नहीं' और फिर 'बादलों के घेरे'। सब का रंग और ढंग अलग। स्थितियाँ अलग। 'गुलाब जल गँडेरियाँ' में मोहल्ले के वातावरण और खोमचे की आवाज़ों के बीच मरती एकाकी विधवा का दर्द तो 'टीलों ही टीलों' में पहाड़ी परिवार की दुर्घटनाजन्य पीड़ा। इससे पूरी तरह अलग ढंग की कहानी है 'कुछ नहीं कोई नहीं'– सम्बन्धों के व्यर्थता-बोध की कहानी। और अन्त में 'बादलों के घेरे', जिसे कृष्णा जी की कहानियों में 'सिक्का बदल गया' के बाद बहुत ख्याति मिली। गोकि उसमें वैसा कुछ नहीं है, जो जैनेन्द्र जी की कहानियों से किसी उल्लेखनीय प्रस्थान का एहसास जगाता हो। आगे चलकर 'तिन पहाड़' में प्रेम, सुख, चाह की आकांक्षा के भाव में बँधे किसी यात्रा-वृत्तान्त के से अहसास के बीच, नियति के हाथों ज़िन्दगी के अँधेरे-उजालों के बीच घिरे जिन पात्रों की कथा कही गई, उसका एक सिरा 'बादलों के घेरे' से जुड़ता है।

गिनती में कृष्णा सोबती ने उषा और मन्नू दोनों से कम कहानियाँ लिखीं। 1960 तक आते-आते तो उन्होंने कहानियों की बजाय औपन्यासिक बनावट की लम्बी कहानियाँ या लघु उपन्यास लिखने शुरू कर दिए, जिनमें 'यारों के यार' और 'ए लड़की' की बनावट में कहानीपन ज़्यादा है और 'तिन पहाड़' और 'मित्रो मरजानी' में औपन्यासिकता। पर एक विशेषता बाकी दोनों की आरम्भिक कहानियों से कृष्णा सोबती की कहानियों को अलग और विशिष्ट बनाती है, वह है अनुभव की प्रगाढ़ता। व्यक्ति (नफीसा, लामा, भोले बादशाह), स्थिति (बहनें, बदली बरस गई, बादलों के घेरे) या घटना (सिक्का बदल गया, आज़ादी शम्मोजान की और टीलो ही टीलो), कहानी का प्रस्थान बिन्दु चाहे जहाँ हो, पर उस पर गहन संवेदनात्मक अनुभव की छाया दिखाई पड़ती है। जब ऐसा होता है तो शैली में भी सर्जनात्मकता पैदा होती है। वे बयान कम करती हैं प्रस्तुत ज़्यादा। उनके किरदार दृश्यों में, भरे-पूरे वातावरण में विचरते दिखाई पड़ते हैं। पाठक उन्हें महसूस कर सकता है—संवादों में, मुद्राओं में साकार। ज़रूरत पड़े तो उपमाओं के माध्यम से भी : 'एक दूसरा प्यार होता है, जो पहाड़ के सूखे बादलों की तरह उठ-उठ आता है और बिना बरसे ही भटक-भटककर रह जाता है।' (बादलों के घेरे) या फिर कुछ ऐसे : "ऊपर पहुँची। सब ओर अँधेरा था। त्रिशूल की ओर आँखें फैलाईं। पहाड़ की काली ऊँचाई के सिवाय कहीं कुछ न था। हवा बहे चली जा रही थी—साँय-साँय—। हाथ-पैर धोकर, लैम्प की धीमी रोशनी में खाना खाया। सोने लगी, तो अन्दर-बाहर फैले अँधियारे और अकेलेपन को देखकर भी सिरहानेवाली खिड़की बन्द करने को मन नहीं हुआ। थकी थी, पर नींद जल्दी नहीं आई। कुछ ऐसा लगा कि मैं यहाँ हूँ और नहीं भी।" (पहाड़ों के साये तले) उनके 'कामदार भीखमलाल' नाम के अनुरूप कुछ ऐसे हैं : "कामदार भीखमलाल ने बालों पर गहरा हाथ फेरा, कोने में पड़ी लकड़ी की पेटी पर से उठाकर साफा सिर पर रखा और दहलीज़ के पास पड़ी जूती पहनकर बाहर निकल आए। माथे पर कामदारी के तेवर थे। तेवरों के नीचे किन्हीं खुफिया परदों में से झाँकती दो आँखें थीं और आँखों को रौबदार बनाता हुआ सिर से लिपटा बहुत बड़ा साफा था। उनकी जूती की एड़ियाँ घिसी हुई थीं, लेकिन चाल में दम था।" एक मुकम्मल चित्र, जो इंसान को कल्पना में साकार कर दे।

ये कहानियाँ समय के जिस दौर में लिखी गईं, उसी बीच उषा प्रियंवदा

ने भी लिखना शुरू कर दिया था। 1952-53 के बीच उनकी तीन कहानियाँ प्रकाशित हुईं : आश्रिता (1952), दोस्त (1953) और मान-हठ (1953)। कहानियाँ कुछ और भी प्रकाशित हुई थीं—पत्रिकाओं में। पर उषा जी ने अपनी 'सम्पूर्ण कहानियाँ' में उन्हें शामिल नहीं किया। पर उनकी बनत का अन्दाज़ा उपर्युक्त कहानियों की चर्चा से लगाया जा सकता है। तीनों कहानियाँ पुराने ढर्रे की फार्मूलाधर्मी रचनाएँ हैं। पहली (आश्रिता) में चाचा-चाची पर आश्रित एक अनाथ बालिका की दुर्दशा पर करुणाद्रवित होता चाची का बेबस भतीजा शेखर, जो न घर में उस पर होनेवाले अत्याचारों से उसे बचा पाता है और न अट्ठारह साल की उम्र में एक लड़की के पिता, 40 साल के विधुर से उसके विवाह को रोक सकता है। 'दोस्त' कामकाजी पतियों की महिला मित्रों के बारे में घरेलू पत्नियों के शक्की मिजाज़ पर टिप्पणी है। तीसरी कहानी 'मान-हठ' में एक सामान्य मध्यवर्गीय परिवार की सुन्दर लड़की के धनी, पर कुरूप लड़के के साथ बिना देखे अनमेल विवाह की समस्या उठाई गई है जो वास्तव में समस्या है ही नहीं। क्योंकि सवाल वहाँ दोनों पक्षों में 'मान-हठ' का ज़्यादा है जो आठ वर्षों के विलगाव के बाद एक अस्वाभाविक परिस्थितिजन्य संयोग पर आकर अतार्किक ढंग से हल हो जाता है। भारतीय समाज की रवायतों के अनुरूप लड़की पुनर्विवाह नहीं करती पर पुरुष कर लेता है। लेखिका शायद कहना यही चाहती है कि इस समाज में यह सम्भव है क्योंकि 'मुकुल पुरुष है। वह अपनी दुनिया बार-बार बसा सकता है। पर अमृता?' कहानी इसी प्रश्न पर समाप्त हो जाती तो बात और थी। पर ऐसा होता नहीं। आठ साल बाद वही मुकुल एक नन्हे शिशु को लिए अमृता के द्वार पर उपस्थित होता है। उसके बाद जो होता है, उसमें कुछ भी अप्रत्याशित नहीं है। पत्नी की मृत्यु के बारे में कारुणिक भावुकता से भरा एक संवाद और हृदय परिवर्तन का आजमाया हुआ नुस्खा : "अमृता एकटक उसे देख रही थी। आठ सालों में वह बहुत बदल गया था। बरसों का बीमार-सा, टूटा-टूटा, खोया-खोया, उदास और बेहद अकेला। उसके दर्द ने उसे एक स्निग्ध, अलौकिक आकर्षण दे दिया था, जिसे केवल अमृता की ही आँखें देख सकीं।" यानी अमृता को पति के रूप में एक आत्मविश्वासी और आत्मभिमानी मजबूत इंसान नहीं, थका-हारा, टूटा, बेहद अकेला-सा व्यक्ति चाहिए था, जो उसकी दया और करुणा का पात्र हो सके, उसकी अनुकम्पा का याचक।

कथ्य में ही नहीं, इन कहानियों की प्रस्तुति में भी कहीं कोई ऐसी नवीनता नहीं है जो हिन्दी कथा-यात्रा में किसी मोड़ का आभास देती हो। इन्हें पढ़ना किसी अनुभव से नहीं, किन्हीं सामाजिक सम्बन्धों के सम्भावित रूप की कल्पना या सुनी-सुनाई बातों से निर्मित अवधारणाओं से गुज़रने जैसा होता है।

'मान-हठ' के दो वर्ष बाद उषा की प्रिय कहानी 'फिर वसन्त आया' छपी। प्रिय इसलिए कि उन्होंने अपने पहले कथा-संग्रह का नामकरण इसी कहानी पर किया। स्थितियाँ एकदम अलग, पर फार्मूला वही। इस बार दो प्रेमी। शायद एक-दूसरे के जीवन में आनेवाले प्रथम स्त्री और प्रथम पुरुष के बीच का भावनात्मक लगाव। उस समय के मध्यवर्गीय परिवारों की आम सच्चाई। भाइयों के दोस्त और बहनों की सहेलियाँ ऐसे प्रेम की पींगें बढ़ाने के लिए बड़े उपयुक्त पात्रों की भूमिकाएँ निभाते थे। जीवन में हो न हो, पर इस थीम पर लिखी जानेवाली कहानियों में अक्सर बाधाएँ इसके बाद आनी शुरू होती थीं जिनका दुखान्त या तो आत्महत्याओं में होता था या सुखान्त परिस्थितिजन्य अस्थायी वियोग के बाद संयोगजन्य मिलन में। 'मान-हठ' का विवाहित जोड़ा और 'फिर वसन्त आया' के बिछड़े प्रेमी इसी फार्मूले के तहत दुबारा मिलते हैं—शेष जीवन सुखपूर्वक बिताने के लिए दोनों ही आठ साल बाद। दोनों कहानियों में बिछुड़ों का मिलना महज इत्तफ़ाक है।

उषा जी की कहानियों में परिपक्वता 'ज़िन्दगी और गुलाब के फूल' और 'पैरेम्बुलेटर' की रचना के साथ आनी शुरू हुई। दोनों कहानियों का कथानक अलग है। एक में भाई-बहन के बीच और दूसरी में पति-पत्नी के बीच पुरुष की बेकारी से पैदा आर्थिक तंगी के कारण रिश्तों की प्रकृति में आनेवाला बदलाव। इन कहानियों में समस्या का आधार ही बदलकर अर्थ नहीं हो गया, कलात्मक दृष्टि से भी प्लाट के अन्त न संयोगधर्मी हैं, न बरबस आरोपित। दोनों कहानियाँ 1956 में लिखी गई थीं। इन वर्षों के बीच उनकी अभिव्यक्ति में आनेवाला अन्तर भी साफ़ लक्षित होता है। वे पहले की तरह समाख्यान और संवादों के माध्यम से कहानी कहती नहीं चलतीं, पूरा परिदृश्य निर्मित करने लगती हैं। निम्न मध्यवर्ग के परिवारों में आर्थिक कठिनाई से सम्बन्धों की प्रकृति में बदलाव को पात्रों के संवादों, उनकी भंगिमाओं, परिवेश के ब्यौरों—सबके माध्यम से सहज परिघटित होते देखा जा सकता है—प्रभावी रूप में।

उषा जी की कहानियों का ग्राफ उत्तरोत्तर बढ़ते हुए अन्ततः 'वापसी' और 'मछलियाँ' जैसी कहानियों में उत्कर्ष पर पहुँचता है। इसलिए नहीं कि नामवर सिंह ने 'वापसी' को उस वर्ष की श्रेष्ठ कहानी का खिताब बख्शा था, जिस पर खासा विवाद भी हुआ था। अपनी 'सम्पूर्ण कहानियाँ' की भूमिका में उषा ने इस कहानी की रचना-प्रक्रिया का खुलासा किया। ज़रूरी नहीं कि रचनाकार के द्वारा अपनी किसी रचना के बारे में दिए गए ऐसे वक्तव्य से सहमति हो, पर 'वापसी' के बारे में उनका कथन महत्त्वपूर्ण है। अनुभूति से अभिव्यक्ति तक की यात्रा करते हुए वास्तविक घटनाओं और अनुभवों का कैसे कायाकल्प हो जाता है, यह वक्तव्य उस प्रक्रिया को स्पष्ट तो करता ही है, किसी अनुभव के साथ रचनाकार कैसे एक साथ होता और नहीं होता, इस पर भी रोशनी डालता है। रचना में रूपान्तरित होकर वास्तविक पात्र और घटनाएँ ठीक-ठीक वही होते भी हैं और नहीं भी होते, पर वे वास्तविकता का बोध ज़रूर कराते हैं। 'अनुभूति की प्रामाणिकता' का आशय इतना ही होता है। रचनाकार की सर्जनात्मक सामर्थ्य यथार्थ और सम्भावित के बीच के अन्तराल को पाटने में व्यक्त होती है, यथावत् चित्रण में नहीं। 'वापसी' कहानी के पीछे भी ठोस वास्तविकता का कहानी में रूपान्तरण जिस रूप में हुआ, उसके बारे में उषा जी का यह अनुभव ध्यान देने लायक है। कहानी के गजाधर बाबू के पीछे जिन सम्बन्धी की 'ठोस छवि और जीवन था', उनका तो बकौल लेखिका अन्त में देहान्त हो गया था। पर उन्हीं के अनुसार : "कहानी लिखते समय मेरे मन में एक प्राणी का अकेलापन और परिवार में अपनी उचित जगह न पाने की पीड़ा ही थी, पर उसमें कल्पना और स्मृति का ऐसा मिश्रण था कि कोई भी उन्हें पहचान न सका। मेरी अन्तर्दृष्टि, संवेदनशीलता और बाह्य जगत् गजाधर बाबू के चरित्र में इतने घुलमिल गए थे कि वह मेरे सम्बन्धी न रहकर एक नए, अपने में ही सम्पूर्ण प्राणी बन गए थे। कहानी के घटनाक्रम और सम्बन्धी के जीवन में कोई भी साम्य न था, मेरी कल्पना और सृजनशीलता ने एक परिचित व्यक्ति की छाया का आभास मात्र लेकर गजाधर बाबू को जन्म दिया।"

दरअसल कहानी में गजाधर बाबू का जन्म नहीं, पुनर्जन्म हुआ। उनका जन्म तो उस सम्बन्धी के रूप में वास्तविक जीवन में बहुत पहले हो चुका था जिसकी स्मृति लेखिका के अवचेतन के गह्वर में दबी पड़ी थी–'एक ऐसे व्यक्ति

के अकेलेपन और परिवार में उचित जगह न पाने की पीड़ा' के रूप में जिस पर कहानी का ताना-बाना अनेक रूपों में बुना जा सकता था। उन्होंने खुद स्वीकार किया है कि : ''यह बात मेरी समझ में बहुत बाद में आई कि कदाचित बच्चों को लेकर दूर चले जाने का कारण पति-पत्नी के मन का मिलाप न हो पाना भी सम्भव था।'' यह बात भले ही बाद में समझ आई हो पर इस सम्भावना का संकेत लेखिका के जाने-अनजाने, कहानी में मौजूद है। कहानी के अन्त में पत्नी उनके साथ चलने के प्रस्ताव को तर्क देकर ठुकरा देती है और उनके चले जाने पर बेटे से उसके इस कथन से कि वह 'बाबूजी की चारपाई कमरे से निकाल दे। उसमें चलने तक की जगह नहीं है।' पति-पत्नी के बीच सम्बन्धों की प्रकृति का सहज अन्दाज़ा लगाया जा सकता है।

घर-गृहस्थी में वृद्ध, रिटायर सदस्यों के असंगत और लगभग दयनीय हो जाने की थीम पर लिखी गई पहले की कहानियों से यह कहानी इस मायने में विशिष्ट है कि इसके मुख्य पात्र के पास एक विकल्प है फिर से नौकरी करने का और सार्थक और आत्मसम्मान की ज़िन्दगी की दुबारा शुरुआत करने का। यह चुनाव उनके प्रति सम्मानमिश्रित करुणा जगाता है, उन्हें दयनीय नहीं बनाता। दूसरी बात जो इसे विश्वसनीय बनाती है, वह यह तथ्य कि परिस्थितियों के साथ समझौता करके अपने लिए जगह बना लेने की जैसी क्षमता उस दौर के मध्यवर्गीय परिवारों की स्त्रियों में होती थी, वैसी पुरुषों में नहीं। बहुत सम्मानजनक स्थिति गजाधर बाबू की पत्नी की भी नहीं है। पर घर-गृहस्थी के कामों में उसकी उपयोगिता और उनकी अपनी व्यवहार-बुद्धि से ऐसी व्यवस्था सम्भव होती है जिसमें फालतू सिर्फ़ गजाधर बाबू ही होते हैं। परिवार के ऐसे सदस्यों के प्रति घोर संवेदनहीन होते जाने की यह कहानी, जीवन-मूल्यों में आनेवाले बदलावों की तरफ़ भी बड़े प्रभावी ढंग से इंगित करती है। कहानी के तमाम संवाद और घटनात्मक ब्यौरे इसके साक्षी हैं।

मन्नू भंडारी ने इन दोनों से कई वर्ष बाद लिखना शुरू किया तब भी जैसा उन्होंने खुद कहा है, उनकी आरम्भिक कहानियाँ 'उगली हुई कहानियाँ' ही हैं। इस अर्थ में नहीं कि उन्होंने जीवनानुभवों को कच्चे माल की तरह उनमें ज्यों-का-त्यों उगल दिया है, बल्कि इसलिए कि उनका उत्स अनुभव से नहीं, विचार से हुआ प्रतीत होता है। दरअसल उनकी ये कहानियाँ 'उगली हुई' नहीं, 'बनी हुई' यानी बनावटी कहानियाँ मालूम होती हैं। पहली कहानी 'मैं हार गई'

'वास्तविक और कल्पित के बीच द्वन्द्व' में आकांक्षित की 'हार' यानी कल्पना के अनुकूल एक आदर्श नेता के चरित्र के निर्माता रचनाकार के प्रयास के असफल होने की कहानी है। शेष दो कहानियों 'श्मशान' और 'अभिनेता' में स्त्री-पुरुष सम्बन्धों की विडम्बना की कथा कही गई है। इन कहानियों में से 'श्मशान' विवाहित जीवन के सम्बन्धों में पुरुष की क्रूरता और ढोंग की कथा है और 'अभिनेता' के विवाह-पूर्व के छल की। कहानियों की विशेषता इतनी भर है कि उनमें रचनाकार ने महज वाचक के रूप में कहानी न कहकर उनमें नाटकीयता पैदा करने का कौशल आजमाया है। पहली में वह खुद एक लेखक की नाटकीय भूमिका अख़्तियार करके नाटकीय अदा में पाठकों को जगह-जगह सम्बोधित करती चलती है। 'देखिए, आप बीच में ही यह मत पूछ बैठिए कि आठवीं का बच्चा इन सबको कैसे समझ सकता है?...' लेखिका बड़े सजग भाव से पूरी कहानी में खुद यह भूमिका निभाती चलती है। 'मैं चिल्ला उठी, जानते हो, तुम किससे बातें कर रहे हो? मैं तुम्हारी स्रष्टा हूँ, तुम्हारी निर्माता! मेरी इच्छा से बाहर तुम्हारा कोई स्वतंत्र अस्तित्व नहीं।' कहानी वास्तविकता बनाम कल्पना की लड़ाई में वास्तविकता की जीत की कहानी तो कहती ही है, यह भी स्पष्ट करती है कि रचना पूरी तरह रचनाकार के संकल्प या अवधारणा के अधीन रहे, यह ज़रूरी नहीं। शुरुआत के बाद बहुत सम्भव है कि वह स्वचालित गति से कला के अपने नियमों के अनुरूप किसी दूसरे रास्ते से अलग मंज़िल पर पहुँच जाए।

बाकी दोनों कहानियों में अभिव्यक्ति की युक्तियाँ अलग और अपने ढंग की हैं। 'श्मशान' कहानी में एक के बाद एक यानी दो पत्नियों की मृत्यु पर करुण-क्रन्दन करके पुनर्विवाह करनेवाले ढोंगी पुरुष की कहानी 'श्मशान' भूमि और सामने खड़ी पहाड़ी के बीच संवाद के रूप में कही गई है।

तीसरी कहानी 'अभिनेता' में भी लगभग उसी युक्ति का प्रयोग किया गया है जिसका 'मैं हार गई' में वह पहले प्रयोग कर चुकी थीं। 'अभिनेता' शीर्षक की इस कहानी का पहला ही वाक्य है : 'वह बड़ी कामयाब और गजब की अभिनेत्री थी, अपनी कला में माहिर।' और उसके बाद वही नाटकीय अन्दाज़ : 'मगर ठहरिए। यह तो कहानी की शुरुआत ही गलत हो गई।' और अन्त : 'मैं नहीं जानती, उसके बाद रंजना का क्या हुआ, दिलीप का क्या हुआ। मैं तो इसी में खुश हूँ कि मेरी कहानी का शीर्षक सार्थक हो गया।'

आदि-अन्त की इस नाटकीय मुद्रा से कहानी के विन्यास में कोई नाटकीयता या विडम्बनात्मक स्थिति पैदा नहीं होती। कहानी में एक विवाहित पुरुष के द्वारा एक के बाद एक स्त्रियों को प्रेम के भुलावे में छलने की दास्तान है—सीधी-सादी वाचन शैली में।

उनकी इन आरम्भिक कहानियों की खासियत यह है कि इनमें एक ऐसी शख़्सियत उभरती दिखाई पड़ती है, जो खासी आत्मसजग और चौकन्नी है—अपनी रचनाओं के कथ्य और रचनात्मक विन्यास दोनों के बारे में। यही वजह है जिसके कारण उनकी कहानियों का ग्राफ उत्तरोत्तर ऊँचाई की तरफ़ बढ़ता गया। मन्नू ने आगे चलकर दो बेहद सफल उपन्यास लिखे। एकाध-नाटक रूपान्तर भी किया, परन्तु कहानियाँ वे लगातार और पूरी निष्ठा से लिखती रहीं।

कृष्णा जी ने दिशा बदलकर संस्मरण-लेखन की राह पकड़ी, जो 'हम हशमत' शीर्षक से दो खंडों में प्रकाशित हुए। उषा प्रियंवदा ने भी 'पचपन खम्भे लाल दीवारें' की सफलता से उत्साहित होकर उपन्यास-लेखन पर ज़्यादा तवज्जोह देनी शुरू की। समय के नियमित अन्तरालों पर उनके छोटे-बड़े पाँच उपन्यास प्रकाशित हुए। पर मन्नू ने, जब तक उनका लिखना जारी रहा, कहानियाँ नियमित रूप से बराबर लिखीं, भले ही गति में पहले जैसी तेजी न रही हो। अपने समग्र की भूमिका में उन्होंने उल्लेख किया है कि उनका अन्तिम कहानी संग्रह 1978 में आया, पर कहानियाँ तो वे उसके बाद भी लिखती रहीं जिसके प्रमाण उनकी 'सम्पूर्ण कहानियाँ' के अन्त में छपी दो कहानियाँ हैं। एक 'नायक, खलनायक और विदूषक' जो 1986 में 'हंस' के प्रवेशांक के लिए लिखी गई थी और दूसरी 'नमक' जो 'इंडिया टुडे' में 1992 में छपी। कुछेक कहानियाँ इसके आसपास और भी लिखी गई थीं। उसके बाद तो स्वास्थ्य गड़बड़ा जाने से उन्होंने लेखन से छुट्टी पा ली। बमुश्किल तमाम दस वर्ष में एक 'आत्मकथ्य' लिखा जिसमें रचनात्मकता कितनी है और सूचनाधर्मिता कितनी, यह किसी से छिपा नहीं है।

नए कहानीकारों के बीच

कुल मिलाकर 'नयी कहानी' आन्दोलन के पैरोकारों और उनके अलावा भी

ज़िन पुरुष कथाकारों ने प्रेमचन्द-जैनेन्द्र के बाद कथा-साहित्य की परम्परा को आगे बढ़ाया उनके बीच इन तीनों महिला रचनाकारों का दर्ज़ा किसी से कमतर नहीं है। वस्तुतः इनके समानान्तर लिखनेवाले पुरुष कथाकारों की आरम्भिक रचनाएँ इनकी तुलना में कुछ ज़्यादा बचकानी या अधपकी ही दिखाई पड़ती हैं। छठे दशक के दौरान लिखी गई कहानियों की तुलना से यह बात स्पष्ट हो जाएगी। वे चाहे राजेन्द्र यादव हों या कमलेश्वर। मोहन राकेश ने अलबत्ता गिनती में भले ही कम लिखा हो, पर उनमें कमजोर कहानियाँ गिनाने भर के लायक ही होंगी।

इन तीन महिलाओं की कहानियों की दीर्घकालीन लोकप्रियता की एक बहुत बड़ी वजह यह है कि इन्होंने बराबर 'महिला-लेखन' की छाप का अतिक्रमण किया। पारिवारिक-सामाजिक स्थितियों, चरित्रों और समस्याओं पर लिखी इनकी तमाम कहानियों में स्थितियों के प्रति आश्वस्ति का भाव नहीं है, पर ये कहानियाँ न तो महज 'शिकायती' कहानियाँ हैं न इनमें अतिरंजित विद्रोह या साहसिकता की मुद्रा है और न ही इनकी रचना पुरुष को खलनायक की स्थायी भूमिका में खड़ा कर लक्ष्यबेधक तेवर से की गई है। भले ही कहानी का शीर्षक 'नायक, खलनायक और विदूषक' हो या उपन्यास का शीर्षक 'मित्रो मरजानी'।

'नारीवाद' के नाम पर बाद में जो ब्रांडधर्मी, अतिरंजित उत्साही लेखन फूला-फला, उस ढंग का नारीवाद अगर इनकी रचनाओं में नहीं है तो यह उनके लेखन और 'नारीवाद' दोनों के लिए अच्छा है।

उस बीच मेरा होना

मुझे आज भी 1955-56 का समय याद है। कृष्णा जी अपनी चिर-परिचित पोशाक में कनाट-प्लेस के बरामदों में अक्सर दिखाई पड़ती थीं। कभी-कभी नरेश मेहता के साथ। उस समय तक मेरा उनसे क्या, किसी भी रचनाकार से निजी परिचय नहीं था। पहली बार जब उन्हें सामने से आते देखा तो उनकी वेशभूषा ने ध्यान आकर्षित किया। इससे पहले कि मैं कुछ कहूँ, मेरी सहपाठिन मधुमालती जो उस समय आकाशवाणी में नाटकों में भाग लेने के साथ उद्घोषिका भी थी, खुद ही धीरे से बोली, 'देख, वह जो सामने से आ रही

हैं, गरारे वाली महिला, कृष्णा सोबती हैं।' उसके कहते-कहते कृष्णा जी बगल से निकल गईं। मेरा ध्यान दो बातों की तरफ़ गया। एक उनकी पोशाक और दूसरी उनकी निगाह। वे बराबर ज़मीन पर नज़र जमाए चल रही थीं। उनकी वह छवि कुछ कुतूहल-मिश्रित भाव से मेरे मन में टँकी रह गई। हम दोनों उसके बाद उनकी कहानियों की चर्चा करने लगे, जिसकी जानकारी उस समय मुझसे ज़्यादा मालती को थी। तब तक कृष्णा जी की बीस के आसपास कहानियाँ आ चुकी थीं जिनमें 'सिक्का बदल गया' (1948) और 'बादलों के घेरे' (1955) ज़्यादा प्रसिद्ध हुई थीं। विभाजन की घटना से जुड़ी अमानवीय स्थितियों पर अधिकांश कथाकार लिख चुके थे। सामाजिक परिदृश्य में भी स्थिरता आ चुकी थी। बदलती सामाजिक स्थितियों के बीच बनते-बदलते मानवीय सम्बन्धों की भीतरी-बाहरी तहों को उकेरने की प्रवृत्ति कथा-साहित्य में बढ़ चली थी।

उस समय मेरे मन पर न मन्नू के लेखन की कोई छाप थी न उनकी विशेष प्रसिद्धि ही हुई थी। पहली बार मन्नू को कलकत्ता में भारतीय परिषद के वार्षिक अधिवेशन के अवसर पर देखा 1961 में। किसी ने शाम की चाय के मौके पर एक छोटे से कद की, साँवली सी महिला की तरफ़ इशारा करके कहा, 'देखो, वह मन्नू भंडारी हैं।' मन्नूजी घूम-घूमकर परिचितों से बतिया रही थीं। मन में कुछ ऐसा उत्साह नहीं हुआ कि आगे बढ़कर परिचय का लेन-देन करूँ।

उषा प्रियंवदा से उससे पहले 1956 में लेडी श्रीराम कॉलेज में परिचय हो चुका था—सहयोगी के रूप में। कथाकार के रूप में पहचान बहुत बाद की बात है। हम बस सहयोगी थे और मित्र थे। साथ में एक तीसरी थीं जो अर्थशास्त्र पढ़ाती थीं। उनका सम्बन्ध भी दिल्ली से था। पर हमारे बीच कॉलेज सम्बन्धी मामलों, घर-परिवार और शहर के सामाजिक जीवन को छोड़कर बातचीत का सामान्य विषय नहीं होता था। उषा उस समय भी कहानियाँ लिखती रही होंगी—'सरिता' छाप। पर उन्होंने उनका ज़िक्र करने और अपने 'लेखिका' होने की शेखी बघारने की कोशिश कभी नहीं की।

हमने तीसरी की उपस्थिति के कारण साहित्य पर शायद ही कभी बात की हो। मुझे तो यह भी अजब लगता था कि विषय अंग्रेज़ी होने के बावजूद उषा ने प्रेमचन्द से सम्बद्ध विषय पर पी-एच.डी. क्यों की? मैं मन-ही-मन इसे

उनकी पिछड़ी मानसिकता समझती थी।

बहरहाल, उषा ने तीन वर्ष के बाद ही शहर छोड़ दिया और वे इलाहाबाद और फिर अमेरिका प्रस्थान कर गईं। जिधर ध्यान दिल्ली में उनके संग साथ रहते नहीं गया था और न ही उन्होंने कभी जताने की कोशिश की उस तरफ़ सहसा ध्यान 'वापसी' कहानी की प्रसिद्धि के बाद गया और फिर सम्बन्ध का सूत्र उनकी रचनात्मकता से जुड़ गया। वह सम्बन्ध समय के साथ दृढ़तर होता गया, परवान चढ़ा और आज भी उसी तरह कायम है। उनकी हर रचना से बराबर जुड़ाव बना रहा है।

मन्नू के साथ तो उनके दिल्ली आने के एक-दो वर्ष बाद ही—1967 के आसपास, पारिवारिक मित्रता के रूप में सम्बन्ध बना—पहले औपचारिक फिर घनिष्ठ। तमाम प्रसंगों में हमने पारिवारिक और वैयक्तिक स्तर पर यह सम्बन्ध निभाया और अब भी निभा रहे हैं। भला हो टेलीफोन नाम के यंत्र का जिससे वाचिक सम्पर्क निरन्तरता में बना हुआ है। हर तरह की ख़बरों का रोज़नामचा होता है हमारे बीच—जिसमें साहित्य और साहित्यकार सब शामिल रहते हैं। उसके खुलासे पर छोटी-मोटी पुस्तिका लिखी जा सकती है।

खास बात यह है कि साहित्यिक बिरादरी की तमाम ख़बरें, नए प्रकाशन, उन पर अच्छी-बुरी, सही-गलत, प्रायोजित और सहज समीक्षाएँ, साहित्यिक गोष्ठियों के आँखों देखे हाल—यह सारी सामग्री अलग-अलग स्रोतों से हम दोनों तक पहुँचती है और हम उनकी अदला-बदली कर अपनी जानकारी बढ़ा लेते हैं और मन-रंजन की ज़रूरत भी पूरी कर लेते हैं। दूरभाष ख़बरों की प्रसार-सेवा का शायद सबसे कारगर माध्यम है हम 'सयानों' के बीच।

खंड-1

कहानियाँ : समानान्तर और अलग-अलग

प्रतिमान का सवाल और रचना-प्रक्रिया

किसी दार्शनिक-सूत्र या तयशुदा आइडिया के अनुसार स्थितियों और पात्रों की कल्पना करके उसे कथा-विन्यास में ढालना, एक प्रकार की रचना-प्रक्रिया है। इस ढंग से नियोजित घटनाएँ और स्थितियाँ स्वानुभूत न होने के कारण न प्रामाणिक होती हैं न विश्वसनीय। वे किसी पूर्वनिर्धारित विचार के प्रतिफलन का माध्यम भर होती हैं, नए कथाकारों ने इस पद्धति का विरोध किया। अनुभूति की प्राथमिकता पर किसी-न-किसी रूप में सभी ने बल दिया।

इस दौर में अनुभव की प्रामाणिकता की लगातार दुहाई देते हुए इसे लगभग कथा-समीक्षा के प्रतिमान का दर्ज़ा दे दिया गया। अपनी रचना-प्रक्रिया का खुलासा इन तीनों महिला रचनाकारों ने भी किया पर प्रौढ़ावस्था में। आरम्भिक दौर में सैद्धान्तिक गुत्थियों से उलझने का प्रयास इनमें से किसी ने नहीं किया। यह दिलचस्प बात है कि मन्नू ने 1992 में आत्म-कथ्य लिखने की जो शुरुआत की थी, उसका सिलसिला कई वर्ष चला। 2002 में जब उनकी समग्र कहानियाँ एक ज़िल्द में सामने आईं, तो 'आत्मकथ्य' से ही कुछ अंश निकालकर उन्होंने इस संग्रह की भूमिका लिखी। इस भूमिका में मन्नू ने अपनी 'कथा-यात्रा' को सिलसिलेवार समझाने या कहूँ कि खुद समझने की कोशिश की। यह 'कथा-यात्रा' एक बेबाक बयान है। मन्नू की कहानियों की समझ के लिए यह भूमिका बहुत कारगर साबित होती है। इसमें व्यक्ति मन्नू ने अपने से बाहर रचनाकार मन्नू को खँगाल-खँगालकर समझने की कोशिश की है। इस बयान के साथ मन्नू की सभी कहानियों का तालमेल बैठ जाए, यह ज़रूरी नहीं। हो सकता है कि उनकी मुकम्मल समझ के लिए कुछ जोड़-घटा करने की ज़रूरत महसूस हो। पर इसमें वह कुंजी मौजूद है जो मन्नू की लोकप्रियता का रहस्य खोलने में मददगार होती है।

'भोगा हुआ यथार्थ' या 'अनुभूति की प्रामाणिकता' जैसे पदों का खुलासा मन्नू ने अपने ढंग से किया है। उनके भीतर के आलोचक ने फ़ैसला सुनाया, 'मेरी वे ही रचनाएँ ज़्यादा सशक्त या सजीव हैं जिनको मैंने स्वयं भोगकर लिखा है।' यह संवाद उनके पिछले दौर की रचना 'तीसरा आदमी' के एक लेखक पात्र का है। यही पात्र एक क्षण ठहरकर 'देखने', 'महसूस करने और लिखने' के बीच की घुमावदार और जटिल प्रकृति को स्पष्ट करता है, ''बड़ा विचित्र प्रोसेस होता है यह भी। जिन स्थितियों में हम पूरी तरह इनवॉल्व्ड होते हैं, वहाँ भी कभी-कभी बड़ी निर्ममता से काटकर हमें अपने को तटस्थ रखना पड़ता है। और कहीं-कहीं बिना किसी लगाव के भी पूरी तरह इनवॉल्व्ड होने का अभिनय करना पड़ता है।'' यानी इस मामले में लेखक को बड़ा निर्मम होना पड़ता है : 'सतीश की माँ की मौत पर जब सारा घर बैठकर रो रहा था, बिलख रहा था, मेरा मन सारी स्थिति से अनछुआ रहकर उस पर कहानी बुन रहा था।' 'भोगे हुए यथार्थ' का मतलब वस्तुस्थिति के साथ जस-का-तस सीधा सम्बन्ध नहीं होता। स्थितियों के बीच होने में न होना और न होने में होना भी एक तरह का इनवाल्वमेंट है, जिसका फ़ैसला वास्तविक स्थिति को कलात्मक स्थिति में रूपान्तरित करने की अपेक्षाओं के दबाव से होता है। 'तीसरा आदमी' के आलोक ने स्थितियों के बीच होने न होने की इस आँखमिचौनी को बड़ा 'खतरनाक खेल' कहा है। यह एहसास रचना-कर्म के प्रति गहरे दायित्वबोध के बिना पैदा नहीं हो सकता।

दिलचस्प बात है, जीवन के वास्तविक परिवेश के साथ अपनी रचनात्मक प्रक्रिया के सम्बन्ध का खुलासा उषा प्रियंवदा ने भी 2006 में प्रकाशित अपनी 'सम्पूर्ण कहानियाँ' की भूमिका में किया : ''मैं वही लिखती हूँ जिससे मैं परिचित हूँ—यानी भारत और विदेश का परिवेश। मेरे चारों ओर की घटनाएँ, लोग, उनके जीवन की उलझनें और समस्याएँ हर समय मेरी सृजनता को प्रभावित करती हैं, उन सबके सम्मिश्रण से पात्र एक आकार लेकर मानस को ऐसा जकड़ लेते हैं कि उन्हें नाम, मानव प्रवृत्तियाँ देकर, विभिन्न घटनाओं को पिरोकर एक कहानी अपने आप बन जाती है। बस, उसे लिखने का काम मेरा होता है। मैं अपने प्रति अन्याय करूँगी यदि मैं किसी-किसी कहानी या घटना में अनायास उतर आए 'स्व' को नकारूँगी।'' उन्होंने अपनी बात की पुष्टि उदाहरणों से की, 'जैसे 'शून्य' में राहुल का अपराध-बोध और पिता की मृत्यु

पर विघटन, जो मैंने अपनी माँ की मृत्यु के बाद लिखी।'

कृष्णा सोबती ने प्रत्यक्ष अनुभव से रचनात्मक अभिव्यक्ति की अन्तर्यात्रा की बड़ी संजीदा व्याख्या की है। 'अन्यथा' पत्रिका के लिए की गई बातचीत में अपने हमराही रचनाकारों की तरह उन्होंने भी स्वीकार किया कि : 'मैं गहरे अनुभव को कथ्य का निर्णायक मानती हूँ' पर वे आगे इसकी व्याख्या करती हैं, ''फिर भी विश्वास और ईमानदारी से कह सकती हूँ कि अनुभव मात्र वह कच्चा माल नहीं जिससे कथ्य का ताना-बाना बुना जाता है।...कथानक या कथ्य में से जो मुखर होता है वह लम्बे समय तक आपके अवचेतन में मलबे के ढेर की तरह पड़ा रहता है। कभी अचानक आप उसके सुनसान से हलकी-सी आहट सुनते हैं।'' ज़रूरी नहीं कि ऐसी हर आहट रचनात्मक परिणति के लिए दबाव बनाए। चुनाव का अधिकार तो उसका होता है जो सर्जक है। कृष्णा सोबती के निकट 'रचनात्मक पाठ की प्रयोगधर्मिता कुछ ऐसे रहस्यमय तत्त्वों में रहती है कि मैं चाहूँ तो उसे सुनूँ, न चाहूँ तो मचल मार लूँ।'

कृष्णा जी ने रचना-कर्म के लम्बे अनुभव से इस सत्य को आत्मसात किया कि यदि 'कलम की उड़ान से, संयोग से या उतावलेपन से घटनाक्रम सामने खुल जाए तो उस रचना पर मैं कभी कलम नहीं उठाती। मुझे पहली पंक्ति के साथ किसी अनजान गहरे में उतर कुछ पाना होता है।'

कहना न होगा कि गहरे में यह उतरना सतही अनुभवों के परे जाना होता है। जो प्रत्यक्ष है, उसके पीछे जो अप्रत्यक्ष है, कहे-सुने के पीछे जो अनकहा और अनसुना है, परत-दर-परत उसे पाने की, उसकी थाह लेने की गहन साधना है। यदि ऐसा नहीं होता तो कुछ वैसा ही घटित होता है जिसे मन्नू ने अपनी आरम्भिक दौर की कहानियों का ज़िक्र करते हुए बार-बार 'उगली हुई कहानियाँ' कहा है। मन्नू ने भी जीवन की व्यापक कार्यशाला में बड़े विनम्र, 'शिष्य' भाव से, कुछ सीखने, कुछ पाने की मानसिकता से प्रवेश किया, उस पर कब्जा जमाने की या पहले से ही हर बात की जानकारी रखने की अहंमन्यता से नहीं। शायद इसी कारण उनकी कहानियों का ग्राफ़ उत्तरोत्तर अधकचरेपन से प्रौढ़ता की ओर बढ़ा। अभिव्यक्ति में प्रौढ़ होती गई उनकी रचनाओं में भी पारदर्शिता बराबर बनी रही। दरअसल 'पारदर्शी' मन्नू का प्रिय शब्द है जिसका प्रयोग उन्होंने कई बार विशेषण के बतौर अलग-अलग प्रसंगों

में अपनी समग्र कहानियों की भूमिका में किया है।

उषा प्रियंवदा के पास कृष्णा सोबती जैसी विविधता, विज़न और लेखन के प्रति वैसा सचेत समर्पण भले ही न हो, पर बल उनका भी अनुभवों को उनके सतहीपन में पकड़ने के बजाय, घटनाओं और पात्रों की भीतरी गुहाओं में प्रवेश करने पर रहता है। अपने पिछले उपन्यास 'भया कबीर उदास' की एक समीक्षा पर अपनी प्रतिक्रिया व्यक्त करते हुए उन्होंने मुझे लिखे एक निजी पत्र में इस बात का खुलासा किया। उपन्यास एक कैंसरग्रस्त महिला की अन्तर्यात्रा पर लिखा गया है। उपन्यास पर भारतीय पाठकों से अपेक्षित प्रतिक्रिया न मिलने पर निराशा के स्वर में उन्होंने यह आशंका जताई कि सम्भवतः भारतीय पाठक में आन्तरिक परतों में पैठनेवाली कृतियों को सराहनेवाले नज़रिये की कमी या अभाव हो गया है। बातों की परदेदारी को वे अक्सर 'अमेरिकन तरीका' कहा करती हैं। सवाल उनके मानने न मानने का नहीं, उनकी कहानियों की बनावट का है। मुझे उषा की जगह कृष्णा जी और मन्नू के बीच मालूम होती है। कृष्णा जी की रचनाओं में अनुभव और अभिव्यक्ति के बीच का अन्तराल दोनों की तुलना में कहीं अधिक रहता है। समय के साथ अनुभव के प्रति अपनी संलग्नता, निजत्व से वह जैसे धीमी प्रक्रिया में अपने को वाज़िब दूरी तक मुक्त कर लेती हैं। उनकी स्थिति किसी कक्ष के भीतर या बाहर खड़े व्यक्ति के बजाय कुछ-कुछ देहरी पर खड़े होकर दोनों ओर का जायजा लेनेवाले व्यक्ति की होती है—चाहें तो इसे सापेक्ष-निरपेक्षता की साधना कह सकते हैं।

कृष्णा जी ने खुद अनुभव से अभिव्यक्ति तक की अपनी रचना-प्रक्रिया को तार-तार करके समझा और समझाया है। अलग-अलग रचनाओं में यह प्रक्रिया एक जैसी हो, यह ज़रूरी नहीं। उसी तरह जैसे यह भी सम्भव है कि कभी किसी देखे-सुने की परिणति किसी रचना में हो ही नहीं। सर्जक के कोण से इस प्रक्रिया को देखने पर उनका निष्कर्ष कुछ ऐसा होता है : "किसी भी कृति की संरचना न मात्र निज के अनुभव से, न आँखों के सामने घटित हो चुके से, न दूसरों से सुने-सुनाए से, कि चिलमन में से झाँकती वह बहुत लम्बे अरसे तक ख़ामोशी से पड़ी रहती है। कभी उसमें से कुछ भी उभरता नहीं। और कभी अपवाद सिर उठाते हैं।" उन्होंने अपनी बात को अपनी दो रचनाओं के उदाहरण से समझाया। 'ऐ लड़की' जिसके 'महीन धागों का ताना-पेटा,

लेखक के पास नहीं, माँ के पास सुरक्षित था।' उस माँ के पास जो दूसरी स्त्री बनकर बेटी की जीवन-यात्रा को देख रही थी। अपने भीतर जज़्ब कर रही थी। उस बोध की तरह जो पिछवाड़े से कोई भी माँ अपने आगे की पीढ़ी में चीन्हती है। ध्यान देने की बात यह है कि 'इस टेक्स्ट की गूँथ लेखक के पहले हाथ के अनुभव में नहीं थी और माँ का समय उनके निर्वासन का था।'

रचना-कर्म में बार-बार जिस अनुभव और उसकी प्रामाणिकता पर 'नयी कहानी' के दौर में बल दिया गया, उसकी कृष्णा सोबती ने जैसी व्याख्या की है, वह गौरतलब है। 'अनुभव' आख़िर कैसा? इसके लिए उनकी नज़र में "विशेष महत्त्वपूर्ण हो उठता है यह तथ्य भी कि क्या आप अपनी आँख से चीज़ों को देखने-परखने के आदी हैं या अपने से हटकर भी उनकी पहचान करते हैं?...क्या आप अपनी जिज्ञासाओं को ही मानव-मन की गहराइयाँ समझकर उन्हें लिखने लगते हैं?" लेखक की दौड़ निश्चय ही इन सीमाओं से परे जानी चाहिए। कथन की सम्प्रेषणीयता ही उसका एकमात्र औचित्य नहीं। यहीं कृष्णा सोबती मन्नू भंडारी और उषा प्रियंवदा से अलग हो जाती हैं।

मन्नू ने रचनाओं के सन्दर्भ में अपने प्रिय विशेषण 'पारदर्शी' का प्रयोग, अलग-अलग प्रसंगों में कई बार किया है। किसी भी रचना की 'पारदर्शिता' का गहरा रिश्ता सम्प्रेषणीयता से होता है। मन्नू भले ही सम्प्रेषणीयता को रचना का 'एकमात्र औचित्य' न मानती हों, पर उनकी लोकप्रियता का मुख्य आधार उनकी सहज-सम्प्रेषणीयता ही है। उनके अनुसार रचना के मूलरूप का आधार, 'कोई वास्तविक घटना या व्यक्ति' ही होता है; जबकि कृष्णा जी का मानना है कि 'आप पात्र की उपस्थिति से अपनी दूरी, अपने से उसकी नज़दीकी पर अंकुश लगाते हैं तो आप अपने रचनाकार को मदद करते हैं। रचना की रचनात्मकता मात्र वृत्तान्त नहीं।' सपाट, स्थूल वास्तविकता के आर-पार आनेवाले उतार-चढ़ाव की "सतह तले कुछ ऐसा भी बिछा-ठिठका रहता है जो अपने होने में बहुत कुछ समेटे-सँजोए रहता है जिसे सिर्फ़ आँख ही नहीं देखती; डुबकी मारकर गोताखोरी की तरह गहराई में जाकर आपको कुछ मूल्यवान समेटना होता है जिसे सत्य कहा जाता है, समझा जाता है।"

अपनी बात को 'मित्रो मरजानी' की रचना-प्रक्रिया के हवाले से कृष्णा जी ने स्पष्ट किया : "मित्रो व्यक्ति की जिस छटपटाहट की प्रतीक है,

वह यौन-उफान ही नहीं, व्यक्ति की अस्मिता का भी अक्स है जिसे नारी की पारिवारिक महिमा में भुला दिया जाता है। हाथ की मेहनत और देह से सुखदान, इतना-सा ही है उसका यशोगान।'' कृष्णा जी ने उस 'वास्तविकता' का खुलासा भी किया, जिससे शायद इस कृति का बीज पड़ा–डूँगर के पास एक 'हरियाली क्यारी' सी कायावाली स्त्री। सुघड़ गदराया बदन और 'आँखों में ललचाती आदिम ढीठ'। पास आते ठेकेदार से चुहल-भरा संवाद और फटकार ऐसी कि पथरीले पठार पर नुकीली बिजली चमक गई–'जाप कर, जाप कर शर्बती का, कच्ची पक्की होंस से तभी छुटकारा मिलेगा, ठेकेदार।' पूरी घटना ने पीछे छोड़ी शब्दों की वह कड़ी जो गाहे-बगाहे लेखक के कान में फुसफुसाती रही–'तन बड़ा कि मन'? कहने को मन और पाने को तन, और फिर यह बोध, ''इसी अँगियारी नोक पर दुनिया स्थित है।...जिस देह से हरसिंगार झरते हैं, उसी द्वारा आत्मा की मूल निधि को उगाया जाता है। उसकी वसूली की जाती है। देह में रूह की प्रतिष्ठा होती है तो क्या उसकी अवहेलना बदगुमानी नहीं?''

बरसों बाद 'शहर की पुरानी खस्ता बस्ती में से गुज़रते हुए' किसी के झीखने-कलपने की आवाज़ कानों पर ठुक गई, 'अम्मा, अपने बेटे को किसी वैद्य-हकीम के पास ले जा। यह लीला इसके बस की नहीं।' फिर, चटाक-चटाक और उसके बाद वही आवाज़, 'मारो, मारकर गाड़ दो मुझे। इस सन्ताप से तो छुट्टी हो।' वास्तविकता के इन दो टुकड़ों के बीच पसरा वर्षों का अन्तराल। वक़्त के दो सिरों पर दो संवाद–दोहरी टक्कर–'एक ही आदिम लय के दो टुकड़े'। दो अलग-अलग सतहों पर इंकार और स्वीकार। 'भला इस माँग की भी कितनी विसात होगी? औकात कितनी होगी उस छलकती-धड़कती चाहत की, जो पाप और पुण्य से बड़ी है और उनके दावों तक से बाहर है।' इसी बेचैनी से जन्मी मित्रो, एक भरे-पूरे मंच पर एक परिवार के घर-आँगन के बीचोबीच जो अपने में सम्पूर्ण-संसार है। लेखिका के अनुसार, "मित्रो, कल्पना की सृष्टि नहीं! इसी से मित्रो के प्राण में जितना खम था, उसकी टक्कर में जितना दम था, उतने गहरे अंकुश लेखक पर भी लगते चले गए। मित्रो के स्वरूप में किनारों को उलाँघती-तोड़ती बाढ़ को रोकने के लिए नहीं, उसके उन्मुक्त बहने के लिए ही लेखक ने लिखकर अपनी भूमिका निभाई।''

ऐसे पात्रों और स्थितियों की रचना न महज लेखकीय कौशल से सम्भव

होती है, न किसी एक व्यक्ति, घटना या स्थिति भर से। यह उभार लेती है 'विभिन्न सामाजिक मूल्यों के घर्षण से, आपसी खटखटाहट-टकराहट से– घर-गृहस्थी की परिक्रमा के ऐन बीचोबीच।' इसलिए लिखते समय भले ही कृष्णा जी के निकट योजनाबद्ध ढंग से कुछ न रहा हो, सिवा 'संयुक्त परिवार की बंदिश' के, पर ऐसा 'कुटुम्ब-परिवार जो अपने होने में ही सम्पूर्ण नहीं होता। उसकी चौखट के अन्दर उसकी नींवों और शहतीरों में जलजले उठते रहते हैं।' मित्रो एक ऐसा ही जलजला है, जिसने अपनी पहचान महज 'मित्रो' नहीं, 'मित्रो मरजानी' के रूप में कायम की। 'मित्रो' का कहानी के विन्यास में जी उठना शिल्प और कौशल का नहीं, सामाजिक टकराहटों पर, मानवीय मूल्यों पर आँख रखने का मामला है। कहना न होगा कि कृष्णा जी का यह लघु उपन्यास अपने समय के कथा-साहित्य में किसी जलजले से कम न था। पर वे इस मुकाम तक वर्षों की साधना और अभ्यास के बाद पहुँची थीं।

समय से रिश्ता : किसका और कैसा

भारतीय समाज में जाति, वर्ग, परिवेश, आर्थिक स्थिति जैसे तमाम कारणों से बड़ी विविधतापूर्ण संरचनाएँ और समस्याएँ जन्म लेती रही हैं। इनमें कुछ परम्परा से चली आती समस्याएँ या विषय हैं जिन्हें इन तीनों लेखिकाओं ने बिलकुल अलग-अलग ढंग से अपनी कहानियों का विषय बनाया। इनमें एक विषय था पीढ़ियों के अन्तराल के कारण ज़िन्दगी के बारे में सोचने और फ़ैसले लेने के ढंग में अलगाव। मन्नू की लोकप्रिय कहानी 'त्रिशंकु' इसी समस्या पर टिकी है। असमंजस का केन्द्र है माँ जिसके भीतर अपने अलावा पिछली पीढ़ी के नाना और अगली पीढ़ी की बेटी मौजूद है। एक उसके संस्कार का हिस्सा है और दूसरा आनेवाले ज़माने के आधुनिक-बोध की दस्तक। दोनों से मिलकर जो घोल तैयार होता है, वह असमंजस के रूप में माँ की चेतना पर हावी है। माँ यदि संस्कार से पूरी तरह पल्ला नहीं झाड़ सकी है तो उसका एक बड़ा कारण जीवन की लय है। उसका रिश्ता उस पीढ़ी से है जो विलम्बित लय में जीवन जीती है, जिसने वह तेजी नहीं पकड़ी है जो आनेवाली पीढ़ी की पहचान बन चुकी है। उस पीढ़ी की जिसका जीवन ही 'स्पीड' (गति) से परिभाषित होता है और इस गति की तेजी से मूल्यांकित होता है। ऐसी जीवन-शैली में निरर्थकता या अनुपयोगिता का आभास होते ही परम्पराओं/संस्कारों को त्यागने में वर्तमान युवा पीढ़ी को कोई संकोच नहीं होता। यह आज का सच है, पिछली शताब्दी के छठे-सातवें दशक का नहीं।

ठीक इसी तरह संयुक्त परिवारों में बूढ़ों की हैसियत निरर्थक इकाई के रूप से घटकर बोझ होते-होते अब अमानवीयता की हदें पार करने लगी है। यह भी एक ऐसा विषय है जिसने कम-से-कम आधी शताब्दी तक रचनाओं को प्रेरित किया है। परिवार की संरचना, सदस्यों की स्थिति और भूमिकाएँ,

उनकी उपयोगिता, पारिवारिक संस्कृति, इन सबसे प्रभावित होता है बुजुर्गों के प्रति दृष्टिकोण। ऐसी रचनाएँ प्रायः बहुत मार्मिक होती हैं। उनकी प्रभावात्मकता इस बात से तय होती है कि लेखक अपने 'मैं' को किस हद तक 'पर' में स्थानान्तरित करने में सफल हो पाता है। ये कहानियाँ प्रायः उसके दृष्टिकोण से लिखी जाती हैं जो रचना का विषय भी होता है। रचनाकार के पक्ष में यह एक तरह के आत्मनिषेध या कम-से-कम तटस्थ द्रष्टा की भूमिका अख़्तियार करने का सवाल होता है।

कहानी का आधार कितना भी ठोस और वास्तविक हो, उसके साथ रचनात्मक सम्बन्ध एकदम सीधा—जस का तस नहीं होता। रचना करना 'देखने' से 'महसूस' करने और 'लिखने' के बीच सीधी एकरेखीय यात्रा नहीं होती। उसकी प्रकृति काफ़ी घुमावदार और जटिल होती है। रचनाकार का कौशल इस अनुभव को उसकी समग्रता में सम्प्रेषित कर पाने की सफलता से प्रमाणित होता है। जटिल से जटिल एहसास को सीधे-सादे दो टूक ढंग से कह डालने में मन्नू को बड़ी महारत हासिल है।

मन्नू की कहानियाँ घटनाओं और उनकी कारक स्थितियों पर केन्द्रित होती हैं। अन्त प्रायः असमंजसमुक्त, जहाँ से विकल्पों की राहें नहीं खुलतीं। वे भाषा की सादगी और पारदर्शिता से सीधे लक्ष्य-भेद करती हैं। इसलिए न बहुत ब्यौरे जुटाती हैं और न ही शिल्प की बारीकियाँ साधती हैं—विशेषकर आरम्भिक दौर की रचनाओं में—जिनके बारे में उन्होंने खुद स्वीकार किया है कि 'कलात्मक शिल्प, बिम्ब, प्रतीक, 'तराश' ये सारी बातें मेरी समझ के दायरे के बाहर थीं।' यह बात अलग है कि जैसे-जैसे अभ्यास बढ़ता गया, शिल्प में भी विविधता आती गई। 'तीन निगाहों की एक तसवीर' शिल्पगत प्रयोग की शायद पहली कहानी है जिसमें एक पात्र के माध्यम से आख्यान और डायरी शैलियों का मिला-जुला प्रयोग किया गया है। 'चश्मे' कहानी में उन्होंने कहानी के भीतर कहानी रची और 'छत बनानेवाले' में व्यंजनात्मक शीर्षक का उपयोग किया। इसी तरह 'हार' कहानी में उन्होंने 'हार' पद से वस्तु और स्थिति (गले का हार और पति से हार) की दुहरी अर्थ-व्यंजना की। पर कुल मिलाकर शैली में अलंकार, बिम्ब-प्रतीक, लयात्मक पद-विन्यास का सायास प्रयोग मन्नू आदतन नहीं करतीं। भूल-चूक से कभी-कभी प्रभावी बिम्ब बन जाएँ, यह अलग बात है, जैसे 'पिंडलियों में भी नीली नसें ऐसे उभर आई हैं जैसे कई

छोटे-बड़े केंचुए उनसे चिपट गए हों।'

समय के साथ मन्नू की कहानियों में कलात्मक परिष्कार और परिपक्वता आती गई। 'नकली हीरे', 'नशा' तथा 'इन्कमटेक्स और नींद' तक पहुँचते-पहुँचते उनकी कहानियों में संरचनागत कसाव और प्रौढ़ता बढ़ गई, गोकि लोकप्रियता उन्हें 'यही सच है', 'त्रिशंकु' और 'स्त्री-सुबोधिनी' जैसी कहानियों से ही मिली। और ध्यान देने की एक बात यह भी है कि उनकी पिछले दौर की कुछ कहानियों का विन्यास औपन्यासिक है, अतः आकार विस्तृत हो गया। 'अ-लगाव' ऐसी ही कहानी है। पर मन्नू ने अपनी कहानियों को सायास फुलाकर उपन्यास नहीं बनाया।

उषा प्रियंवदा ने अपनी कहानियों को स्थितियों के चारों तरफ़ बुना है। ये स्थितियाँ प्रायः शहर और कस्बों के मध्यवर्गीय परिवारों से सम्बद्ध होती हैं। परिवार से मतलब संयुक्त परिवार या वे परिवार जिन्हें विदेशों में 'एक्स्टेंडेड फेमिली' या रिश्ते के अर्थ में 'फेमिली' कहा जाता है। ग्रामीण जीवन उनकी कहानियों के अनुभव के दायरे में नहीं आता। इसी तरह ठेठ महानगरीय स्थितियाँ भी नहीं। सम्बन्धों में भी ऐसा नहीं है कि लेखिका ने अपने आपको महज बहन-भाई, माँ-बाप या स्त्री-पुरुष सम्बन्धों तक या टूटते संयुक्त परिवारों जैसी गिनी-चुनी समस्याओं तक महदूद रखा हो। इनमें रिश्तों की तरह-तरह की संरचनाएँ हैं। काफी संख्या ऐसे रिश्तों की भी है जो भले ही एक छत के नीचे न रहते हों, पर उनकी आवाज़ाही से पारिवारिक संरचनाएँ प्रभावित होती हैं।

उषा लम्बे समय से अमेरिकावासिनी हैं। वहाँ बड़ी संख्या में बसे भारतीय परिवारों की जीवन-शैली, पारिवारिक संरचना और सांस्कृतिक बनावट पर अमेरिकी जीवन और सोच का गहरा प्रभाव पड़ा है। उषा की पिछले दौर की रचनाओं पर उनके प्रवासी जीवन और मानसिकता की छाया साफ़ पहचानी जा सकती है। 'मछलियाँ', 'सागर पार का संगीत', 'प्रतिध्वनियाँ', 'पुनरावृत्ति' ऐसी ही कहानियाँ हैं। उनकी देसी और विदेशी काट की कहानियों को सहज रूप से अलगाया जा सकता है। 'ज़िन्दगी और गुलाब के फूल', 'वापसी', 'प्रश्न और उत्तर', 'नष्ट नीड़' जैसी तमाम कहानियाँ जहाँ ठेठ भारतीय बनत के मध्यवर्गीय परिवारों की देशज प्रकृति से पाठक को रू-ब-रू कराती हैं, वहाँ प्रवासी जीवन के अनुभव, विदेशी समाज

और वातावरण के बीच बसे परिवारों की भौतिक स्थिति और मानसिकता के बारे में उनकी पारखी नज़र और गहरी पैठ पाठक को बड़े सहज ढंग से अनुभव में साझेदार बना लेती है। उषा की कहानियों में आकस्मिक या पूरी तरह अप्रत्याशित कुछ नहीं घटता। स्थितियों के संयोजन में वे विडम्बना का उपयोग भी गिनती के अपवादों को छोड़कर नहीं करतीं। जैसे जीवन में चौंकाने या चौंकने के लिए वे गुंजाइश नहीं छोड़ना चाहती हों। फिर भी बड़ी सहज भाषा में सहज गति से वे पाठक को अनुभव में पूरी साझेदारी के साथ लिये चलती हैं।

उनकी कहानियों में पूरे-पूरे दृश्य आते हैं पर उतने ही जितने स्थिति के बयान के लिए ज़रूरी हों। बाकी बचते हैं पात्रों के बीच कहानी को बढ़ानेवाले संवाद और रचनाकार के वर्णन। प्रकृति भी उतनी ही जितनी ज़रूरी हो। 'ज़िन्दगी और गुलाब के फूल' का सुबोध घर से बचकर पार्क में बैठता है। लगभग पूरा दिन सिर पर से धूप के साथ चढ़कर उतर जाता है। पर प्रकृति का दखल इतना ही कि 'घास का स्पर्श शीतल था, सुखदायी हवा में गुलाब के फूलों की सुवास थी, पर उसे चैन न था।' या फिर कहानी के अन्त में '...पार्क शान्त हो गया। हरी घास पर बच गए मूँगफली के छिलके, पुड़ियों के काग़ज़ के टुकड़े, तोड़े गए फूलों की मसली हुई पंखुड़ियाँ...।'

प्रकृति इन कहानियों में वैसे अपनी मौजूदगी दर्ज़ नहीं करती जैसे कृष्णा सोबती की कहानियों में : ''भुवाली की इस छोटी-सी कॉटेज में लेटा-लेटा मैं सामने के पहाड़ देखता हूँ। पानी-भरे, सूखे-सूखे बादलों के घेरे देखता हूँ। बिना आँखों के भटक-भटक जाती धुन्ध के निष्फल प्रयास देखता हूँ। और फिर-फिर लेटे-लेटे अपने तन का पतझार देखता हूँ। सामने पहाड़ के रूखे हरियाले में रामगढ़ जाती हुई पगडंडी मेरी बाँह पर उभरी लम्बी नस की तरह चमकती है। पहाड़ी हवाएँ मेरी उखड़ी-उखड़ी साँस की तरह कभी तेज, कभी हौले इस खिड़की से टकराती हैं...'' (बादलों के घेरे) या फिर अनुभव का बिम्ब में ऐसा रूपायन : 'एक दूसरा प्यार भी होता है, जो पहाड़ के सूखे बादलों की तरह उठ-उठ जाता है और बिना बरसे ही भटक-भटककर रह जाता है।' (वही)।

हो सकता है रह-रहकर प्रकृति की ओर उन्मुखता की एक वजह कृष्णा जी का शिमला से निकट साहचर्य हो। पर ऐसा सोचना उनकी कहानियों की बनावट का सरलीकरण करना होगा। कुल मिलाकर वे अपने पात्रों को जैसे

एक समूचे परिवेश के बीच, उसके साथ ग्रहण करती हैं। 'बदली बरस गई' की कल्याणी तक पाठक को ले जाने से पहले वे ठिठककर क्षण भर उसके परिवेश पर नज़र डालती हैं : "कमल-फूलों से भरे ताल। पर बदली बरसने लगी। हरे-हरे पत्तों के नीचे कमल के डंठल हिल गए और खिले-अधखिले फूलों पर पानी की बूँदें थिरकने लगीं। कल्याणी ने चबूतरे पर खड़े-खड़े लम्बे-काले बालों को सहेजा और मोटी गाढ़ी धोती का आँचल कुरती के नीचे खोंस लिया।"

व्यक्ति को निपट रूप में नहीं एक फ्रेम में जड़कर प्रस्तुत करना उनकी शैली है। दादी अम्मा की मेहराँ अकेली नहीं, भरे-पूरे पाँच बच्चों के परिवार के बीच है। पर इस परिवार की खुशहाली में कुछ और भी है जो रंग भरता है : "बहार फिर आ गई। वसन्त की हलकी हवाएँ पतझर के फीके ओंठों को चुपके से चूम गईं। जाड़े ने सिकुड़े-सिकुड़े पंख फड़फड़ाए और सर्दी दूर हो गई। आँगन में पीपल के पेड़ पर नए पात खिल-खिला आए। परिवार के हँसी-खुशी में तैरते दिन-रात मुस्कुरा उठे। भरा-भराया घर।..." यह चित्र जिस पारिवारिक संरचना की ओर संकेत करता है, वह किसी महानगर में बसे एकल परिवार की नहीं हो सकती। जिस घर के आँगन में खड़े पीपल के पेड़ पर नए-नए पातों का खिलना आह्लाद से भर देता हो उसकी कौटुम्बिक बनावट कैसी होगी, सहज अनुमान लगाया जा सकता है। इस ढंग के ब्यौरे उषा और मन्नू दोनों की कहानियों में नहीं मिलते।

मन्नू की कहानियाँ बिना किसी भूमिका, प्रस्तावना या पूर्व-रंग के सीधे 'मतलब की बात' से शुरू होती हैं। अक्सर किसी घटना की सूचना देते हुए या किसी संवाद से। वे पाठक को जरा-सी भी मोहलत दिए बिना कहानी के घटनाक्रम में शामिल कर लेती हैं।

उनकी एक कहानी है 'नशा' जिसकी शुरुआत ऐसे होती है : 'सत्यानाश हो उस हरामी के पिल्ले का, जिसने ऐसी जानलेवा चीज बनाई।' खाली बोतल को हिला-हिलाकर शंकर इस तरह जोर-जोर से चिल्ला रहा था जिससे कि रसोई में काम करती हुई उसकी पत्नी सुन ले।

एक दूसरी कहानी है 'रानी माँ का चबूतरा' जो ज़रा अलग अन्दाज़ में शुरू होती है : 'आज रात को जब चबूतरे पर बैठक लगी तो औरतों की चर्चा का विषय पूर्णिमा को होनेवाला आयोजन था।'

तीसरी कहानी 'यही सच है' जिसके आधार पर बासु चटर्जी ने मशहूर फिल्म 'रजनीगंधा' बनाई थी जो काफ़ी लोकप्रिय भी हुई, कुछ ऐसे शुरू होती है : "सामने आँगन में फैली धूप सिमटकर दीवारों पर चढ़ गई और कन्धे पर बस्ता लटकाए नन्हे-नन्हे बच्चों के झुंड-के-झुंड दिखाई दिए तो एकाएक ही मुझे समय का आभास हुआ।...घंटा भर हो गया यहाँ खड़े-खड़े और संजय का अभी तक पता नहीं।"

सभी कहानियों की शुरुआत इस ढंग से होती है कि पाठक को इस बात का अन्दाज़ा हो जाता है कि कहानी किस दिशा में मोड़ लेनेवाली है।

एक ही कालखंड के दौरान, नई कहानी की 'अनुभव की प्रामाणिकता' की पुकारों के बीच रची गई इन तीन महिला रचनाकारों की कहानियों में 'समय' की कौन-सी और किस आँख से देखी गई छवि से आज का पाठक रू-ब-रू होता है, यह सवाल महत्त्वपूर्ण भी है और प्रासंगिक भी। क्योंकि इस सवाल का गहरा रिश्ता इस बात से है कि लगभग आधी सदी गुज़र जाने के बाद भी ऐसा क्या है इनके लेखन में कि आज भी इनके महत्त्व को नकारना या कमतर करके देखना सम्भव नहीं। जबकि महिला रचनाकारों की एक भारी संख्या इनके ठीक बाद से लेकर अब तक लगातार लिखती रही है और अब भी लिख रही है। यह महज अतीत-मोह या विरासत के लगाव का सीधा-सरल मसला नहीं है। **यह रचना में अपने समय को व्याप्त करने का सवाल है।** इन कहानियों का रचना-काल मुख्य रूप से बीसवीं सदी का छठा-सातवाँ दशक था। भारतीय इतिहास का जटिल समय—स्वाधीनता की उपलब्धि के बाद का समय—हिंसा, आशंका, संघर्ष के साथ मोह पालने और मोहभंग होने का समय। विडम्बना यह है कि हम जिस समय में जीते हैं, उस समय की आलोचना हम भाषणों में कर सकते हैं, कविता में सूत्रों या बिम्बों के माध्यम से कर सकते हैं—जैसे रघुवीर सहाय ने की, मुक्तिबोध और नागार्जुन ने की। पर जब सवाल कहानी-उपन्यास का होता है तो यही काम रचनाएँ विवरणों के माध्यम से, पात्रों और घटनाओं के माध्यम से करती हैं। इसीलिए कथाकृतियों की एक पहचान उनकी समयबद्धता या यथार्थधर्मिता से बनती है। पर सवाल यह है कि क्या यह समय वही होता है जिसमें लेखक रहता है। पर एक और समय देशकाल-परिसीमित समय के अलावा भी होता है जो सभी समयों और कालों का समाहार होता है। जो अपने समय को

अतिक्रान्त करता है, जो सभी के बारे में होता है। हमारे पीछे से चला आता है और हमारे समय के बीचोबीच होता हुआ आगे तक चला जाता है। **इसीलिए रचनाएँ अपने समय के साथ औरों के, सबके समय की भी होती हैं।** उनमें आनेवाले समय के पाठकों की हिस्सेदारी तभी सम्भव होती है। जिन रचनाओं में यह सम्भावना नहीं होती काल उन्हें छाँटकर आगे बढ़ जाता है।

यही कारण है कि हम आज भी चार सौ साल पहले के साहित्य में कुछ अपने लायक पा लेते हैं बुनियादी या मूलभूत के नाम पर, और सौ या पचास साल पहले की रचनाओं में भी कुछ ऐसा ढूँढ़ लेते हैं जो हमारे भीतर के संवादी या विवादी सुरों को झंकृत कर देता है। समानुभूति न भी हो तो भी सम्पृक्ति होना तो लाजिमी है।

बीसवीं शताब्दी के अन्त तक आते-आते समय की रफ़्तार कुछ इतनी तेज़ हो गई कि उसके साथ बीते हुए सामाजिक जीवन की निशानदेही तक कर पाना मुश्किल होता चला गया। कथा-साहित्य में उस समय का चित्रण कर उसके प्रति अपने दायित्व का निर्वाह करने की पूरी कोशिश की गई, पर उसकी सच्चाई और विश्वसनीयता को जाँचने के बजाय उसे जानना ही उस अनुभव में शामिल होने का एकमात्र रास्ता है। घटनाएँ जितनी तेज़ी से सामाजिक परिवर्तन का निमित्त बनती हैं, उनके साथ कदम-ताल मिलाकर मनुष्य की भाव-संरचना नहीं बदलती। बदलाव के प्रति हमारी पहली प्रतिक्रिया विस्मय की होती है और फिर स्वीकार या अस्वीकार की। अस्वीकार की स्थिति कभी-कभी प्रतिरोध को जन्म देती है। बीसवीं शताब्दी के पिछले दशकों में राजनीति की भूमिका सामाजिक स्थितियों में इस हद तक नियामक हो गई कि उनके समर्थन या विरोध की अपेक्षा रचनाकारों से की जाने लगी। यहाँ तक कि 'प्रतिरोध' को लगभग मूल्य का दर्ज़ा दिया जाने लगा। यह स्थिति ठीक इसी रूप में सातवें दशक तक नहीं थी। आशा की जाती थी कि बड़े रचनाकार समाज में आनेवाले परिवर्तनों को लक्ष्य करें। अपनी रचनाओं में उन्हें रेखांकित करें। जो बचाने योग्य हो उसके पक्ष में खड़े हों और जो खारिज़ किए जाने लायक है उसके विरुद्ध चेतना पैदा करें। यानी अपने अनुभव-वृत्त में आनेवाले समय को उसके विविध रूपों में, अपनी रचनाओं में जगह दें।

एकाध अपवाद को छोड़कर, इन तीनों महिला रचनाकारों की कहानियों में राजनीतिक समय की लगभग अनुपस्थिति खटकती है। कृष्णा सोबती ने

अवश्य विभाजन से उत्पन्न स्थितियों पर कुछ मार्मिक कहानियाँ लिखीं। मन्नू ने देश की राजनीतिक कानूनी व्यवस्था पर एक अत्यन्त मार्मिक कहानी लिखी 'अ-लगाव'। कहानी देश की जाति-व्यवस्था पर भी प्रभावी टिप्पणी है। कहानी में उनके प्रसिद्ध उपन्यास 'महाभोज' का पूर्वरंग देखा जा सकता है। उषा प्रियंवदा की कहानियों में राजनीतिक परिदृश्य लगभग अनुपस्थित है, इस तथ्य के बावजूद कि वे उस समय राज्यसभा सदस्य शिब्बन लाल सक्सेना की ममेरी बहन थीं। इसका एक कारण सम्भवतः यह रहा कि सातवें दशक के आरम्भ से जब देश के राजनीतिक मानचित्र पर तेज़ी से घटनाओं का दौर- दौरा शुरू हुआ और उनका व्यापक प्रभाव आर्थिक नीतियों और सामाजिक जीवन पर दिखाई देने लगा, वे अमेरिका प्रस्थान कर चुकी थीं, इन स्थितियों से उनका दैनिक सम्पर्क टूट गया था।

स्त्री-पुरुष सम्बन्ध

भारतीय समाज में स्त्री-पुरुष सम्बन्धों में आनेवाली जटिलता का स्वरूप आज भले ही बहुत बदल गया हो, पर इन लेखिकाओं के रचना-समय में भी यह मुद्दा लेखन के प्रमुख सरोकारों में था। मन्नू ने अपने रचनाकाल के मध्यवर्ती और पिछले दौर में इस थीम पर कई कहानियाँ लिखीं। सब अलग-अलग कोण से, इसके विविध पक्षों को उजागर करती हैं। इस नज़रिए से उनकी चार कहानियों की चर्चा प्रासंगिक होगी—'यही सच है', 'एक बार और', 'ऊँचाई' और 'दरार भरने की दरार'। चारों का रचना काल अलग है। काल ही नहीं स्थितियाँ, कोण, मानसिकता, परिवेश—सब अलग हैं। कोई फार्मूला नहीं, तयशुदा अन्त नहीं। जहाँ कुछ ऐसा आभास भी होता है, वहाँ तात्कालिक समाधान के पीछे अनिश्चय और अनाश्वस्तता का एहसास घेरने लगता है। ज़िन्दगी की सच्चाई तो दरअसल यही है, काले और सफ़ेद के बीच का सलेटी धुँधलका, जिसे किसी एक खाने में डालने पर कहानी बनावटी हो सकती है, विद्रोहात्मक तेवर या उसका मुगालता पैदा कर सकती है पर तब सच्चाई से उसका लेना-देना कम ही रह जाता है।

कहानियाँ और भी हैं। स्त्री-पुरुष के बीच दैहिक सम्बन्धों की जिस पेचीदगी को मन्नू ने शिद्दत से महसूस किया और सहज अन्तर्बेधी दृष्टि से कहानी का रूप दे दिया, उसमें न कोई आरोपित साहसिक मुद्रा है, न संकोच। जीवन में न जाने कितने दम्पती बेमेल दैहिक 'केमेस्ट्री' के कारण यौन सम्बन्ध को भोगते नहीं, जैसे-तैसे झेलते हैं, पर दोनों में से इस सच्चाई को स्वीकार करने का साहस कोई बिरला ही कर पाता है। स्त्री के पक्ष में यह स्थिति तत्वतः बलात्कार ही होती है। 'घुटन' और 'बाँहों के घेरे' कहानियों में, दो अलग-अलग कोणों से ऐसी स्थितियों पर ध्यान दिया गया है। 'बाँहों के घेरे' भिन्न

देह रसायन वाले दो व्यक्तियों के बीच अतृप्त रोमान की कहानी है और 'घुटन' भिन्न 'केमेस्ट्री' और स्वभाव वाले पति-पत्नी के बीच यौन-सम्बन्धों के कारण पत्नी में पैदा होती है। और उसके बरक्स एक दूसरी 'घुटन' जो प्रेमी के बिछोह से अनब्याही युवती में होती है। दो घर, दो स्थितियाँ आमने-सामने, पाठक अपने नतीजे निकालने के लिए स्वतंत्र।

आरम्भिक दौर में उन्होंने एक-दो कहानियाँ ऐसी भी लिखीं जिन्हें कोई चाहे तो ठेठ 'स्त्री विमर्श' के खाते में डाल सकता है। 'एक कमजोर लड़की की कहानी' में स्थितियों और घटनाओं के सिलसिले से गुज़रती हुई मध्यवर्गीय वकील की पत्नी पूरी तैयारी कर लेने के बाद भी अपने विवाह-पूर्व प्रेमी के साथ घर से भाग जाने का साहस नहीं जुटा पाती। और अगली ही कहानी 'दीवार, बच्चे और बरसात' में पति-पत्नी के बीच लगातार चलते मन-मुटाव के कारण बिना कुछ कहे-सुने पत्नी घर छोड़ जाने की हिमाकत कर बैठती है। दोनों कहानियों में खास बात यह है कि पुरुष को 'खलनायक' बनाकर जबरन लक्ष्य-भेद के लिए खड़ा नहीं किया गया। पहली कहानी के वकील साहब तो शिकायत का विशेष मौका ही नहीं देते और दूसरी कहानी का पति अनायास मोहल्ले की पूरी महिला-मंडली की सहानुभूति का पात्र हो जाता है। मध्यवर्ग के समाज की स्त्रियों तक की मानसिकता में 'सीता-सावित्री' सिंड्रोम ने इतनी गहरी जड़ें जमा रखी हैं कि इस मॉडल की अवमानना करनेवाली स्त्री उनकी नज़र में 'खलनायिका' के सिवा कुछ नहीं हो सकती। समय के उस दौर में आपसी विसंगति (Incompatability) को सम्बन्ध-विच्छेद का पर्याप्त कारण समझा ही नहीं जाता था। दाम्पत्य जीवन में पत्नी की भूमिका मोहल्लेवालियों के लिए कुछ ऐसी होती है : 'दिन भर काम करके थका-माँदा आदमी रात को घर की औरत के पास नहीं आवेगा तो कहाँ जावेगा भला। अरे तुम अपने मरद को ही सेजों का सुख नहीं दे सको तो तुम्हें क्या पूजने को ब्याहा है भला?' दूसरी तरफ़ स्त्री की शिकायत है जो मोहल्लेवालियों के लिए अकल्पनीय है : "इसे तो दफ़्तर और मेरे सिवा दुनिया में कुछ सूझे ही नहीं। दिन भर ऑफिस और रात भर मैं...न पढ़ने-लिखने का शौक है, न किसी से मिलने-जुलने का और मैं पढ़ूँ-लिखूँ या मिलूँ-जुलूँ सो भी इन्हें अच्छा नहीं लगे है। बहुत मन मारूँ हूँ पर कभी-कभी तो बस मन करे है कि सब छोड़-छाड़कर भाग जाऊँ।" और वह एक दिन विद्रोही मन की कर गुज़रती है।

उस समय के समाज के पास इसकी एक ही व्याख्या सम्भव है : "अब घर से तो अकेली ही गई है, पर होगा कोई यार-दोस्त जिसके घर जा बैठेगी। मरी के सत्तर यार आया करैं थे...किसी से पहले से ही साँठ-गाँठ कर रखी होगी, जिसके बूते पर उछल रही होगी। बिना मरद की सह पाए औरत में ऐसी हिम्मत नहीं आ सकै।" एतराज इस बात पर भी है कि "धेला-पाई कुछ नहीं ले गई, बड़े ठसके से गई है। हाथ-गले का जेवर तक उतार गई और कह गई मैं किसी की दबैल होकर नहीं रह सकती।" यानी समाज में मर्द के लिए या मर्द के सहारे के अलावा औरत का अपना कोई वजूद ही नहीं है।

स्त्री के बारे में यह समझ एक खास दौर की, एक खास समुदाय की, और एक खास ढंग की समझ है। किसी भी समय-खंड को एक 'फिक्स्ड' समय-इकाई के रूप में देखना, उसे उसकी समग्रता में नहीं एकांगिता में देखना होता है। इसीलिए फ्रान्स का एनाल्स स्कूल समय को एक 'लाँग डूरे' के रूप में देखने की हिमायत करता है। क्योंकि कोई समय-खंड अपने-आप में एक 'आइसोलेटेड' समय-खंड नहीं होता। एक विशेष समय में भी अनेक समुदायों में ही नहीं अलग-अलग व्यक्तियों में भी अलग-अलग समय-बोध हो सकते हैं। हो सकता है ये समय-बोध आमने-सामने हों, या फिर अगल-बगल हों। पर ये सब मिलकर एक समकालीन-बोध की रचना करते हैं। समकालीनता की इस बनावट में दो पीढ़ियों के बीच आमने-सामने बनाम यानी टकराव की अर्थ-छवियाँ भी पैदा हो सकती हैं और वे अगल-बगल खड़े रहकर अनेक समय बोध निश्चित समय-खंड का समग्र अर्थ भी रच सकती हैं।

भारतीय समाज में स्त्री-जीवन को लक्ष्य करके इन तीनों लेखिकाओं ने काफी कहानियाँ लिखीं। पर उनमें प्रायः पहले से तयशुदा प्रतिपक्ष को आरोप और आक्रोश के साहसी तेवर और मुद्राओं के सहारे लक्ष्य नहीं बनाया गया। वे एक स्थिति, घटना या चरित्र को केन्द्रित कर कहानी का ताना-बाना बुनती हैं, या किसी स्थिति के बीच स्त्री की भूमिका और उसकी अस्मिता के सवाल को रेखांकित करती हैं। समस्याएँ एक पूरी संरचना के बीच गुँथी होकर भी संकेतित रहती हैं। जीवन में समस्याओं के अनुपात में समाधान बहुत कम हैं। यथार्थ के इस अनुरोध ने इनकी कहानियों को विश्वसनीय बनाया है और प्रभावी भी। इनके पात्र जीवन की विसंगतियों, जटिलताओं और उनसे उपजे अन्तर्द्वन्द्वों पर बरबस हावी होकर किसी आरोपित हल तक नहीं पहुँचते।

इसीलिए ज़्यादातर कहानियों के अन्त में पाठक के लिए उत्तर या समाधान की सम्भावनाओं को खुला छोड़ दिया गया है। भूलना नहीं चाहिए कि उस दौर का रचना-मंत्र था 'अनुभव की प्रामाणिकता'। अधिकांश रचनाकार मध्यवर्ग से ताल्लुक रखते थे। उसी वर्ग से जो इनका लक्ष्यीभूत पाठक भी था। अपने अनुभव में ऐसे पाठक की साझीदारी निश्चित करने के लिए ज़रूरी था कि इनके विषय या तो उसी सामाजिक दायरे से उठाए जाएँ जिससे लेखक-पाठक दोनों सम्बद्ध हों या अतिक्रमण ऐसा हो जो विश्वसनीयता यानी सम्भाव्यता की परिधि में आता हो। स्वभावतः इन्होंने अपवादों की या विरलों की नहीं, सामान्यों की कहानियाँ लिखीं, जिन्हें आप आसानी से चारों ओर के जीवन में पहचान सकें। जहाँ अपरिचय की प्रतीति हो, वहाँ भी सम्भाव्यता की गुंजाइश बराबर बनी रहे।

इस ढंग की कहानियों में याद करें मन्नू भंडारी की 'ईसा के घर इंसान', जो चर्च और शैक्षिक संस्थाओं के नियम-संयम बँधे अनुशासित जीवन के बीच दीक्षित स्त्री समुदाय (नन्स) की विडम्बनापूर्ण स्थिति के बारे में बड़े विश्वसनीय ढंग से मानवीय सवाल उठाती है। वहाँ सांस्थानिक व्यवस्था के खिलाफ कोई यूनियन नहीं बनती, फतवे नहीं दिए जाते, जुलूस नहीं निकलते, क्योंकि उस दौर में ज़िन्दगी में भी वैसा अपवाद रूप में ही होता था। कहानी में आत्मनिर्णय के अधिकार में अपनी मुक्ति को तलाश करते हुए उसके प्रमुख पात्र व्यवस्था के पाखंड को उजागर करते हैं : "एंजिला फ़ादर की उस अलौकिक शक्ति को जैसे चुनौती देकर चली गई, जिसके बल पर उन्होंने कितने ही दलितों की आत्मा शुद्ध की थी। फ़ादर इस असफलता पर आत्म-ग्लानि के मारे मरे जा रहे थे। मदर बेहद परेशान थीं। कभी फ़ादर के पास कभी कॉलेज तो कभी चर्च में दौड़ती फिर रही थीं। तभी लूसी और भाग गई। एक तो चर्च जैसी जगह, फिर लड़कियों का कॉलेज, क्या असर पड़ेगा इस घटना का लड़कियों पर?"

ऐसी बड़ी समस्याओं के जैसे खोखले समाधान तब भी होते थे और अब तक होते हैं, उन पर बिना कोई टिप्पणी किए लेखिका ने सूचना भर दी कि चर्च और कॉलेज के चारों तरफ़ की दीवारें और ऊँची कर दी गईं। जानते सब हैं कि मुक्ति के प्रयत्नों को दीवारों की ऊँचाई से नहीं रोका जा सकता है।

मन्नू की ज़्यादातर कहानियाँ ऐसे ही खुले अन्त की कहानियाँ हैं, जो समाज के व्यापक परिदृश्य को पेश कर पाठकों के लिए उस पर ध्यान देने और सोचने की ज़रूरत भर पैदा करके छोड़ देती हैं। खुले अन्त की कहानियाँ उषा प्रियंवदा और कृष्णा सोबती ने भी लिखीं। ध्यान देने की बात है कि ऐसी कहानियों के पीछे पाठक पर भरोसा करने की, अपनी रचना में उसे हिस्सेदार बनाने की, उसकी कल्पना को छूट देने की मनोवृत्ति सक्रिय रही होगी। इन तीनों में एक बात और समान है–विषयों की विविधता। संख्या में कम कहानियाँ लिखने पर भी यह विविधता कृष्णा सोबती में सबसे ज़्यादा है और ज़्यादा कहानियाँ लिखने पर भी उषा प्रियंवदा में सबसे कम। कृष्णा जी मन्नू और उषा की तुलना में कहीं अधिक समय-सजग भी हैं। देश-काल का विस्तार भी उनकी कहानियों में अपेक्षाकृत अधिक है। स्वाधीनता और विभाजन की घटना से प्रेरित होकर उन्होंने 'सिक्का बदल गया' जैसी क्लासिक कहानी के अलावा 'डरो मत मैं तुम्हारी रक्षा करूँगा' (1950), 'आज़ादी शम्मोजान की' (1951) और 'मेरी माँ कहाँ' (1949) जैसी मार्मिक कहानियाँ भी लिखीं। यह ऐसा विषय था जिस पर उस समय के सभी कथाकारों ने किसी न किसी कोण से कलम उठाई। यह तथ्य चौंकानेवाला है कि इस ऐतिहासिक घटना ने मन्नू भंडारी और उषा प्रियंवदा दोनों में कोई सर्जनात्मक उद्वेलन पैदा नहीं किया। कृष्णा जी ने तो विभाजन की घटना के अलावा भी 'खम्माघणी' (1951) और 'कलगी' (1952) दो ऐसी कहानियाँ लिखीं जिनमें से पहली में राजतंत्र बनाम जनतंत्र और दूसरी में अंग्रेज़ों से मोर्चा लेते जोधासिंह के माध्यम से खालसा और फिरंगियों के बीच टकराहट को विषय बनाया गया है। वे परिवार और मोहल्ले की ज़िन्दगी का बराबर अतिक्रमण कर इतिहास और वर्तमान राजसत्ता और व्यवस्था से जुड़े सवालों पर नज़र डालती रही हैं। तीनों के बीच अन्तर दृष्टि की व्यापकता और गहराई का है। कृष्णा जी की आरम्भिक कहानियों से ही विज़न की व्यापकता और अनुभव की गहनता का आभास शेष दोनों की तुलना में अधिक होने लगता है गोकि संख्या में उनकी कहानियाँ अपेक्षाकृत बहुत कम हैं।

इसके अलावा इनकी कहानियों के वस्तु-विन्यास में एक और विशेषता ध्यान आकर्षित करती है। कृष्णा जी की कहानियों में प्रस्थान बिन्दु प्रायः चरित्र होते हैं। मन्नू की कहानियों में घटनाएँ और उषा की कहानियों में

स्थितियाँ। कृष्णा जी की निगाह पहले व्यक्ति पर पड़ती है। इस बात को ऐसे भी कहा जा सकता है कि उनकी कहानियों के केन्द्र में व्यक्ति यानी चरित्र होता है। बाकी सूत्र इसी केन्द्र से निकलकर कथानक का ताना-बाना बुनते हैं। वह चाहे 'नफीसा', 'लामा', 'मेरी माँ कहाँ', 'कामदार भीखनलाल', 'भोले बादशाह', 'न गुल था न चमन' जैसी व्यक्ति केन्द्रित कहानियाँ हों या व्यक्ति के माध्यम से सामाजिक स्थितियों/समस्याओं की तरफ़ इशारा करती कहानियाँ। जैसे 'गुलाब जल गँडेरिया' में विधवा की स्थिति और 'जिगरा की बात' में विधवा के जिगरे का बखान या फिर 'बहनें' में एक पारिवारिक आयोजन के बीच समय के अन्तराल के बाद मिली तीन बहनों के अतीत-जीवन की दास्तान। व्यक्ति उनकी कहानियों में आँखों से ओझल होते ही नहीं। घटनाओं और स्थितियों के बीच उनका महत्त्व निमित्त भर का नहीं होता। 'न गुल था न चमन' तो दो पात्रों जया बनाम नादिरा दस्तूर की ऐसी कहानी है जो कहानी से ज़्यादा ब्रश के स्ट्रोक से रचित पोर्ट्रेट का एहसास कराती है। ऐसा नहीं है कि सामाजिक सरोकार उनकी कहानियों के बीच अनदेखे रह गए हों। 'बदली बरस गई' में आश्रमवासिनी विधवा माँ और विद्रोही बेटी कल्याणी के माध्यम से उन्होंने आरोपित संन्यास के विरुद्ध गृहस्थ-जीवन के वरण का समर्थन किया है पर वे पात्र जिनके माध्यम से यह विचार आकार लेता है, बराबर केन्द्रीय भूमिका में बने रहते हैं।

प्रस्तुति की चुनौती : भाषिक व्यवहार

प्रस्तुति जब ऐसे परिचित यथार्थ की हो जो रचनाकार के निजी अनुभव की परिधि में आता है तो चुनौती व्यवहार की भाषा के रचनात्मक प्रयोग की होती है। पर अनुभव का विस्तार जब ऐसी दुनिया तक होने लगता है जो भले ही हमारे रोजमर्रा के निकटवर्ती जीवन से ताल्लुक न रखती हो पर हमारे सूचना और पर्यवेक्षण तंत्र का हिस्सा हो तो रचनाकार नज़र का विस्तार कर उसे अनुभव की परिधि के भीतर शामिल करता है। उसे विषय बनाने से पहले उसकी वास्तविकता को आत्मसात् करता है, उसके आचरण और बोली-बानी को अर्जित करता है। अवचेतन में सुरक्षित स्मृति-कोश को खँगालता है। इस अर्जित यथार्थ की पुनर्रचना करता है। अमूर्त अनुभवों का संसार एक बार फिर जीती-जागती, बोलती-बतियाती मानवाकृतियों का रूप धर पृष्ठों पर ठोस घटनाओं-स्थितियों के बीच विचरने लगता है। यह प्रक्रिया घटित, अनुभूत और अभिव्यक्त के बीच का सिलसिला है। रचनाकार इस प्रक्रिया में बीच की कड़ी की भूमिका निबाहता है—विशेषकर तब जब वह वास्तविकता का भोक्ता नहीं द्रष्टा या पर्यवेक्षक हो। उसकी पर्यवेक्षण और रचनात्मक क्षमता की सामर्थ्य पर ही कृति की विश्वसनीयता और प्रभावात्मकता निर्भर होती है।

इस प्रक्रिया की सफलता में माध्यम भाषा की भूमिका अहम होती है। ऐसी स्थिति में और भी जब विषय परागत हो। रचनाकार से परागत विषयों की निकटता या दूरी आयु, वर्ग, संस्कार, शिक्षा, सामाजिक हैसियत, पारिवारिक संरचना और सम्बन्ध जैसे तमाम कारणों से तय होती है। विषय जितना उसकी पहुँच और परिचय के दायरे से बाहर और दूर होता है, अभिव्यक्ति की चुनौती उसी अनुपात में बढ़ जाती है।

इस दृष्टि से देखने पर ऐसी चुनौतियाँ उषा प्रियंवदा और मन्नू भंडारी

की तुलना में कृष्णा सोबती ने कहीं अधिक स्वीकार की हैं। वे देश-काल दोनों दृष्टियों से सामान्येतर या विरल क्षेत्रों में पैठने, उनसे रू-ब-रू होकर उन्हें पुनर्जीवित करने का प्रयत्न औरों की तुलना में कहीं ज़्यादा करती हैं। जाहिर है, भाषिक प्रयोग की चुनौती का सामना करने का खतरा भी उनके सामने ज़्यादा रहता है। उनकी प्रसिद्ध और विवादास्पद कहानी 'यारों के यार'—इसका सटीक उदाहरण है, जिसके छपते ही पाठकों की ही नहीं, रचनाकारों की दुनिया में भी खलबली मच गई। मन्नू भंडारी ने कमलेश्वर को पत्र लिखा और व्यंग्यात्मक तर्ज़ में पुरुष रचनाकारों को अपने गुर्दे निकलवा देने की सलाह दी। शहर के रचनाकारों ने उसकी भाषा के औचित्य की चर्चा करने के लिए एक गोष्ठी का आयोजन किया, जिसमें कृष्णा जी भी आमंत्रित थीं। यदि मुझे सही याद है तो गोष्ठी-स्थल कनॉट प्लेस का वैंगर्स रेस्तराँ था। यही कहानी यदि किसी पुरुष कलम से आती तो निश्चित रूप से इतना बावेला न मचता। इसे लेखकीय स्वतंत्रता का सवाल बनाकर उचित ठहराया जाता। इस सबके पीछे मनोवृत्ति (स्त्री-पुरुष दोनों में) शायद यही काम कर रही थी कि स्त्री होकर यह मजाल? ऐसी बेधड़क, बेपर्दा भाषा का प्रयोग? कृष्णा जी ने बड़ी संजीदगी से उठाए गए सवालों का उत्तर देते हुए अविचल स्वर में कुछ तथाकथित आपत्तिजनक अंशों का पाठ भी किया। सवाल दो थे—पहला तो यह कि क्या साहित्यिक भाषा भी रचनाकार के भेद से जनानी और मर्दानी होनी चाहिए? आपत्ति करनेवालों के अवचेतन में शायद यही एतराज काम कर रहा होगा, गोकि ऐसा प्रकट रूप में कहने की हिमाकत किसी ने नहीं की। दूसरा सवाल यह कि रचना मात्र में यथार्थ के आग्रह से इस हद तक 'अश्लील, अशालीन या बेपर्दा' भाषा का प्रयोग कहाँ तक जायज़ है। इन दोनों बातों के पक्ष-विपक्ष में तरह-तरह के तर्कों के बीच श्रीकान्त वर्मा ने एक सवाल भाषा के सार्थक प्रयोग का उठा दिया जो निश्चित रूप से तब और अब भी विचारणीय है। उनका कहना था कि किन्हीं सन्दर्भों में जब अतिरिक्त सजगता या सतर्कता से किन्हीं चौंकानेवाले शब्दों (यानी गालियों) का प्रयोग किया जाता है, तो वे अपेक्षित लक्ष्य पूरा नहीं करते। उनका कहना था कि कार्यालयी माहौल में गालियों का इस्तेमाल तकिया कलाम की तरह धड़ल्ले से कुछ ऐसे होता है कि गालियों ने अपनी धार खोकर दफ़्तरी भाषिक व्यवहार में ऐसी मुहावरेदानी की शक्ल अख़्तियार

कर ली है कि गालियाँ गालियाँ ही नहीं लगतीं। इसके बरक्स 'यारों के यार' में गालियों का प्रयोग सजग-सतर्क ढंग से कुछ ऐसे हुआ है कि उनका गालीपन बरकरार रहता है। यानी वास्तविकता में दफ़्तरी व्यवहार में लगभग बेमानी हो गई गालियाँ यहाँ सार्थक हैं, अतः अश्लील या फूहड़ लगने लगती हैं। बात में वजन है। कविता में प्रयोगशीलता को तरजीह देते हुए कभी छायावादी काव्य-भाषा के बारे में अज्ञेय ने अधिक घिसने से उपमानों के मैले होने, उनका मुलम्मा छूट जाने की शिकायत की थी। अभिव्यक्ति का हर रूप, रूढ़ होने पर, या लगातार दोहराए जाने पर अपनी अर्थवत्ता खोने लगता है। इसलिए अगर 'यारों के यार' की भाषा पाठक को चौंकाती या अश्लील लगती है तो उसकी प्रामाणिकता विचारणीय है। कहीं चौंकने की वजह यह तो नहीं कि उसमें गालियों का इतनी बहुतायत से इस्तेमाल हुआ ही नहीं कि लगातार दोहराव से उनकी अर्थवत्ता का क्षरण हो जाए।

सच्चाई यह है कि 'यारों के यार' की भाषा बाद में भी कृष्णा जी के पाठक-आलोचकों को नागवार मालूम होती रही। 'मित्रो मरजानी' पर विचार करते हुए विश्वनाथ त्रिपाठी ने लगे हाथों 'यारों के यार' पर एक टीप जड़ दी : ''कृष्णा सोबती ने 'यारों के यार' में भाषा का फूहड़ इस्तेमाल किया है। ज्यों-का-त्यों रख देना यथार्थवाद नहीं। रचना सांस्कृतिक प्रक्रिया है। सवाल जो होता है उसे खोलने-ढकने का नहीं। सवाल कलात्मक संयम वहन करने का है। जीवन में जो कुछ हम करते हैं उसे खुलेआम कह सकते हैं? अगर नहीं कह पाते तो क्यों नहीं कह पाते? फिर लेखन में ही उस कचरे को क्यों डालें? अनौपचारिक बातचीत में क्लर्क या सभी लोग नाना प्रकार के अपशब्दों का प्रयोग करते हैं। लेकिन सोचना चाहिए था कि इन अपशब्दों का प्रयोग भी मौका-माहौल देखकर किया जाता है। रचना में लाया गया देश- काल साक्षात् जीवन-जगत का देश-काल ही नहीं होता, उससे बहुत भिन्न भी होता है। इसीलिए वास्तविक जीवन के अनौपचारिक क्षणों में गाली-गलौज, अपशब्द उल्लास उत्पन्न करते हैं। रचना में शायद वे चौंकाते हैं या अरुचि उत्पन्न करते हैं। फिर 'यारों के यार' में तो चकार का जाप किया गया है।'' (कुछ कहानियाँ : कुछ विचार, पृ. 82)

इस बारे में खुद कृष्णा जी का कहना है : ''स्थानीय दफ़्तरी माहौल जिस मर्दाना वाचन की शाब्दिक ध्वनियों से उभरता है, उससे पाठ की मर्यादा लेखक

क्यों भंग करे। बोलियों और किसी हद तक भाषा में भी गालियों की अपनी सामाजिक हैसियत है। इन्हें इस्तेमाल करने में लेखक को क्यों परेशान होना चाहिए।''

सोचने की बात यह है कि 'यारों के यार' का पाठक उसे पढ़ते समय क्या उसे केवल कहानी मात्र के रूप में पढ़ता है या इस बोध के साथ कि यह एक महिला कथाकार की रचना है, जिसे कहानी में भी 'चकार के जाप' से उसी तरह बचना चाहिए जैसे वह जीवन में बचती है। जिस दफ़्तर में पुरुष मादरे-जबान का प्रयोग धड़ल्ले से गालियों के बन्द लगाकर करते हैं, उसी के महिला कर्मचारी खुद ऐसी जबान बोलना तो क्या सुनने में भी संकोच करते हैं। इतना ही नहीं, कभी-कभार उनकी मौजूदगी पुरुषों की जबान पर भी थोड़ी-बहुत लगाम कसने में कारगर हो जाती है। सूरी नाम के पात्र में गालियों की ऐसी शाहखर्ची नहीं दिखाई पड़ती कि वे निरर्थक हो जाएँ। दरअसल लेखिका ने उनका इस्तेमाल दफ़्तरी माहौल की पूरी वास्तविकता को शीशे में उतारने की गरज से किया है। ध्यान दें तो स्त्रियों के साथ यौन-सम्बन्ध वाचक अपशब्दों का चलन एक खास मानसिक बनावट के समाज में लम्बे समय से तकिया कलाम की तरह होता रहा है। भाषायी व्यवहार से ज़्यादा यह सांस्कृतिक सोच का, स्त्रियों के प्रति दृष्टिकोण का, समाज में उनकी हैसियत का सवाल है। इसका व्यवहार जितना निम्न और मध्यवर्गीय शहरी और ग्रामीण जनता में होता है, वैसा शिक्षित और उच्चवर्गीय समुदायों में नहीं। यहाँ तक कि अशिक्षित ग्रामीण स्त्रियाँ भी बड़ी सहज अबोधता से तमाम अपशब्दों का प्रयोग बड़े निस्संकोच भाव से करती हैं। सरकारी दफ़्तरों की अल्प-शिक्षित पुरुष-प्रधान संरचना में कुछ अपवादों के अलावा लम्बे समय तक बातचीत का यह आम प्रचलित ढर्रा रहा है। इधर इसमें अगर कमी आने लगी है तो इसकी एक वजह दफ़्तरों में स्त्रियों की बढ़ती संख्या भी है।

'यारों के यार' में 'अपशब्दों की गिनती में आनेवाले प्रयोगों ने यदि कुछ लोगों का जायका बिगाड़ा या उनकी शालीनता को ठेस पहुँचाई तो क्या इसके पीछे महिला-कलम की मौजूदगी का एहसास नहीं रहा। यही कहानी अगर कमलेश्वर या राजेन्द्र यादव की कलम से आई होती तो थोड़ी-बहुत छींटाकशी से ज़्यादा कुछ न होता, यह लगभग तय है। यूँ भी अगर ध्यान दिया जाए तो इसमें 'माँ-बहन' को या जननांगों को अनादर बख्शनेवाले अपशब्द गिनती

में बहुत कम स्थलों पर आए हैं। जहाँ आए हैं वहाँ ठीक उसी रूप में जैसे वे लम्बे समय तक चारों तरफ़ बड़ी इफरात से आपके कानों में पड़ते हैं। इस हद तक कि वे गाली के रूप में बेमानी हो चले हैं। चौंकानेवाला सिर्फ़ एक ऐसा अल्पप्रचलित प्रयोग (चुदक्कड़) है जिसे कहानी के लगभग अन्त में रलियाराम से सम्बद्ध अशर्फी नाम की स्त्री के नाम से पहले बतौर विशेषण इस्तेमाल किया गया है। वह निश्चित रूप से चौंकाता और गैर ज़रूरी लगता है। इसीलिए मूल मुद्दे से ध्यान भटकाकर पूरी बहस को अनावश्यक मोड़ दे देता है।

दरअसल इस कहानी की ताकत दफ़्तरी माहौल में व्याप्त कार्य-शैली को बेनकाब करने में है। तंत्र में व्याप्त भ्रष्टाचार, हरामखोरी, चापलूसी, रिश्वतखोरी, चमचागीरी, सियासत की दखलंदाजी ने वातावरण को इस हद तक विषाक्त कर दिया है कि हर व्यक्ति अपनी-अपनी जगह बेबस या किसी हद तक कुंठित है। हेड बाबू भवानी बाबू से लेकर रोज़मर्रा फसाद खड़ा करनेवाले सूरी तक। यह तो एक करुण कथा है उन छोटे-मोटे क्लर्कों की जो 'किसी बड़े हजूम की रेल-पेल में फँसे हैं... ।' अन्ततः व्यवस्था के हथियार और शिकार दोनों की लाचारी उन्हें जैसे एक ही दयनीय स्थिति में ला खड़ा करती है। दिन-रात युद्धं देहि की मुद्रा अख़्तियार किए रहनेवाले सूरी को भी 'भवानी बाबू से कुछ ऐसी हमदर्दी हुई कि पछतावे-ही-पछतावे में खाँसी उठ आई।' कहानी के अन्त में उसका बुड़बुड़ाना व्यवस्था के विरोध को व्यक्त करने का वह एकमात्र हथियार है, जो वाचिक भड़ास से अधिक कुछ नहीं : "सच तो यह है हिसाब बाबू कि हममें से हर एक चूतिया है और हर एक उल्लू का पट्ठा। यूँ तो हमसे भी बड़े उल्लू के पट्ठे मौजूद हैं जो हरामज़दगी में उन गुरुघंटालों के भी बाप हैं जो फोकट की चुसकियाँ खिलाकर खलकत के महबूब बने फिरते हैं।"

निष्क्रिय क्रोध जब ज़बान पर विराजने लगता है तो अपनी चरम परिणति में वह आत्मघाती हो जाता है। व्यक्ति की इसी लाचारी के लिए दफ़्तरी-तंत्र का जो माहौल जिम्मेदार है, कृष्णा सोबती ने 'यारों के यार' में उसी को उसकी कारुणिकता में बेनकाब करने का जोखिम उठाया है। उनकी बेलाग, जीवन्त और मारक भाषा उनके भाषा-संस्कार के एक महत्त्वपूर्ण आयाम को उद्घाटित करती है। वे पूरी कहानी में तुर्की-ब-तुर्की संवादों को,

सारे मुलाहिज़े बलाए ताक रखकर जैसे एक तटस्थ पर्यवेक्षक की नज़र से पृष्ठों पर उतारती चली जाती हैं। कहानी की भाषा में तन्ज़ और आक्रोश की धार के साथ बेबसी की जो अन्तर्धारा बहती है, उससे स्थितियों में मौजूद किरदारों के चित्र कल्पना में बनते-बिगड़ते चलते हैं। पाठक लगभग एक दर्शक की तरह खुद को उनके बीच पाता है जहाँ वह न स्त्री होता है न पुरुष। बस एक दर्शक। क्लर्कों की ज़िन्दगी में व्याप्त सारे भौंडेपन, ज़बानदराजी, जो कहना है उसे सरे-बाज़ार कहने की हेकड़ी के पीछे जो एक लाचारगी और बेबसी के एहसास की दयनीयता है, कहानी का लक्ष्य वास्तव में उसे बेनकाब करना है, भाषिक पैंतरे दिखाना नहीं। अगर यह लक्ष्य रचनाकार के भाषिक-व्यवहार के कारण सिद्ध नहीं होता, तो इसकी वजह किसी हद तक भाषिक अतिचार हो सकता है।

अपने भाषिक व्यवहार में ऐसे जोख़िम उठाने की ज़रूरत अगर मन्नू भंडारी या उषा प्रियंवदा को नहीं पड़ी तो इसका मुख्य कारण उनकी रचनाओं में शामिल विषयों की सीमा है। उन्होंने अधिकांश कहानियाँ अपने समवर्गीय समाज को केन्द्र बनाकर लिखीं। मध्यवर्ग का मुख्यतः नागर समाज, पर्याप्त विविधता में इनकी कहानियों में मौजूद है—रिश्तों की पूरी विविधता, आर्थिक और सामाजिक हैसियत के ऊँचे-नीचे भेदों के साथ। कस्बाई और ग्रामीण जीवन इनके यहाँ यदा-कदा ही प्रवेश पाता है। शहरी जीवन की भी खास तबकों से जुड़ी ऐसी ठेठ स्थितियाँ सामने नहीं आतीं जिनकी इस वृहत्तर समाज के समुद्र में द्वीपों की तरह अलग और विशिष्ट पहचान बनती हो। इसीलिए स्त्री-केन्द्रित तमाम कहानियों के बीच न 'मित्रो' जैसी किसी ढीठ देहातन से पाठक का साबका पड़ता है, न सरकारी दफ़्तरों के माहौल में अपनी उपस्थिति दर्ज़ करते हुए सूरी की ज़बानदराजी से। स्वभावतः रचनाकार को अपने भाषा-संस्कार से बाहर निकलकर आनुभविक दूरियाँ नहीं नापनी पड़तीं। अपने 'स्व' को स्थगित कर एक दूसरे भाषिक व्यवहार की दुनिया में प्रवेश नहीं करना पड़ता। मध्यवर्ग के नागर जीवन के विविध रूपों में यह आवाजाही एक मोहल्ले से दूसरे में या ज़्यादा से ज़्यादा एक शहर से दूसरे शहर में आने-जाने की तरह है। ऐसे में भाषा की जो विविधता दिखाई पड़ती है, उसका ताल्लुक पात्रों की वर्गीय स्थिति, लिंग-भेद, शिक्षा, रिश्ते यानी कुल मिलाकर उसकी सांस्कृतिक बनावट से होता है। पर अगर लेखक का आग्रह एक ही स्थिति में मौजूद

अलग-अलग पात्रों के भाषिक व्यवहार के बारीक अन्तर को प्रतिरूपित करने का या सीधी बात को शैलीगत युक्तियों और उपकरणों के माध्यम से सजीव और साकार करने पर न हो तो रचना पाठक के लिए पारदर्शी तो हो जाती है, पर इससे विषय की कलात्मक पुनर्रचना की सम्भावना कम हो जाती है। ऐसी रचनाओं में जीवनगत यथार्थ और रचनाबद्ध यथार्थ के बीच अन्तराल जितना कम होता जाता है, उसी अनुपात में भाषा की रचनात्मक ऊर्जा क्षीण हो जाती है।

इस बारे में मन्नू का नज़रिया बिलकुल साफ़ है, 'एक जैसा'। पारदर्शिता का मतलब : 'भाषा ऐसी हो कि पाठक को सीधे कथा के साथ जोड़ दे...बीच में अवरोध या व्यवधान बनकर न खड़ी हो।' यहाँ तक तो बात समझ में आती है। पर इसके आगे अपनी मान्यता को पुष्ट करने के लिए उन्होंने जो तर्क़ और उदाहरण दिया, उससे सहमति कठिन है : ''कुछ लोगों की धारणा है कि ऐसी सहज-सरल बकौल उनके सपाट भाषा, गहन-संवेदना, गूढ़ अर्थ और भावना के महीन-से-महीन रेशों को उजागर करने में अक्षम होती है। पर क्या जैनेन्द्र जी की भाषा-शैली इस धारणा को ध्वस्त नहीं कर देती? हाँ, इतना ज़रूर कहूँगी कि सरल भाषा लिखना ही सबसे कठिन काम होता है।'' सही है कि तथाकथित 'सरल या सपाट' भाषा के माध्यम से समग्रता में विषय का सम्प्रेषण सरल नहीं होता। पर यह नहीं भूलना चाहिए कि प्रेमचन्द, जैनेन्द्र और खुद मन्नू भंडारी की भाषा की सम्प्रेषणीयता की प्रकृति अलग है। सहज बोधगम्य शब्द-भंडार का उपयोग करने भर से भाषा में सूक्ष्म संवेदनाओं, सघन अनुभूतियों को सम्प्रेषित करने की सामर्थ्य पैदा नहीं होती। भाषा अपने शब्द-भंडार से नहीं, वाक्य-विन्यास से, भंगिमा से, विशेष गद्य-लय से अलग-अलग अर्थ-छवियाँ पैदा करती है। जैनेन्द्र की भाषा-शैली इसीलिए औरों से भिन्न और विशिष्ट है। वे वाक्य-संरचना, बलाघात, क्रम-भग्नता और गद्य की लय से कुछ ऐसा प्रभाव पैदा करते हैं जिसके कारण अर्थ की वैसी तत्काल अर्थ संक्रमणता सम्भव नहीं होती जैसी प्रेमचन्द की रचनाओं में होती है। उनकी विलम्बित गद्य-लय के पीछे, उनके चिन्तक रचनाकार को महसूस किया जा सकता है। इतना ही नहीं, वे जो कहते हैं, उसके पीछे बहुत-कुछ अनकहा छोड़ देते हैं जिसे पाठक को उनके कथित के बीच से या उसके परे जाकर खाली जगहों से पकड़ना होता है। अभिव्यक्ति का यह ढब पाठक की

रचनात्मकता या अर्थ-ग्रहण की क्षमता को भी संप्रेरित करता है। अपनी रचनात्मकता में साझीदार बनाता है। इस सहयात्रा में ज़रूरी नहीं कि पाठक अर्थ के अन्तिम छोर तक पहुँच जाए। हो सकता है वह कहीं बीच में ही अपने हिस्से का अर्थ ग्रहण करके विराम ले ले। कृति के समग्र अर्थ का ग्रहण, यानी मूल पाठ के प्रति-पाठ की रचना, पढ़नेवाले की सर्जनात्मकता पर भी निर्भर होती है। सरल-सपाट रचनाएँ तो वही होती हैं जहाँ अर्थ तह-दर-तह नहीं, सतह पर ही विराजता है। जिसे जो चाहे अनायास पा ले। कहना न होगा, ऐसी सतही अर्थवत्ता से सम्पन्न रचनाएँ अक्सर लोकप्रिय तो हो जाती हैं, पर महत्त्वपूर्ण वही कृतियाँ होती हैं जो पाठक को गहरी गोताखोरी की चुनौती देती हैं।

मन्नू को एक मुकाम पर पहुँचकर महसूस हुआ कि 'एक ढर्रे की भाव-भीनी कहानियाँ तो बहुत लिख लीं, अब कुछ नई ज़मीन खोदी जाए।' पर इस एहसास के साथ कि 'प्रयोगात्मक कहानियाँ लिखना मेरे वश की बात नहीं थी और यदि डंडे मार-मारकर अपने वश के बाहर की बात करती तो न वह कहानी रहती, न प्रयोग।' उन्होंने व्यंग का पुट देकर जिन तथाकथित 'नई शैली' की कहानियों का हवाला दिया–'त्रिशंकु', 'तीसरा हिस्सा' और 'स्त्री सुबोधिनी', उनकी रचना से उन्हें खुद तो सन्तोष मिला ही साथ ही 'पाठक-समीक्षक की अनुकूल प्रतिक्रियाएँ' भी मिलीं। जहाँ तक याद आता है इनमें से दो कहानियों ने उस समय के पाठक का ध्यान अधिक आकर्षित किया था–'स्त्री सुबोधिनी' और 'त्रिशंकु'। 'तीसरा हिस्सा' का व्यंग तो सिर्फ़ उसके प्रमुख पात्र 'शेरा बाबू' के नाम तक ही सीमित है। वे नाम के ही 'शेरा' हैं। किसी पर गालियों की बौछार करने का प्रसंग आता है तो 'यारों के यार' के 'सूरी' (दोनों के नाम में कुछ साम्य तो है ही) की तरह गालियाँ शेरा बाबू की ज़बान पर नहीं आतीं, लेखिका के शील-संकोच में लिपटे संकेतों तक सीमित रह जाती हैं। मसलन : "और फोहश गालियों का फव्वारा छूट पड़ा। सारे भ्रष्ट अफसरों के नाम...उनकी रखैलों के नाम। एक से एक वजनदार गाली। पर आख़िरी गाली शेरा बाबू ने अपने ही नाम दागी। लानत है इस ज़बान पर। लेकिन क्या करें? इन घिनौने और ज़लील लोगों की बात सोचते ही उनकी ज़बान कैसी ज़लालत में लिपट जाती है। थूऽऽ! ज़बान साफ़ करने के चक्कर में थड़ाक से थूककर उन्होंने अपना ही कमरा गन्दा कर दिया।" भ्रष्ट नौकरशाही दोनों

कहानियों में निशाने की नोक पर है। लेकिन 'यारों के यार' की बेलाग उत्कट अभिव्यक्ति में जो तराश और धार है, वह 'तीसरा हिस्सा' की लाग-लपेटवाली भाषा में कहाँ। मन्नू बहुत हिम्मत करती हैं तो उनकी पहुँच ज़्यादा से ज़्यादा 'नालायक, बदतमीज...हरामी' तक होती है। पर वह भी भीतर ही उभरकर रह जाती है। क्योंकि 'मन की आवाज़ तो जैसे कुन्द हो गई।' शेरा बाबू खुद को भी ज़्यादा से ज़्यादा 'एक स्साला मैं हूँ' कहकर सन्तोष कर लेते हैं। यह दो रचनाकारों की मानसिक बनावट और व्यक्तित्व के दम-खम के अन्तर का मामला है।

विषय और स्थिति के अनुरोध से धारदार व्यंग का इस्तेमाल करना भी मन्नू के बस की बात नहीं है। यह प्रयास उन्होंने 'स्त्री सुबोधिनी' कहानी में किया है। कहा जा सकता है कि व्यंग तो कहानी के शीर्षक में ही है। 'स्त्री सुबोधिनी' नाम की पुस्तक की रचना तो अच्छी गृहिणी बनाने के लिए 'स्त्री-शिक्षा' के ग्रन्थ के रूप में हुई थी। इस कहानी की नायिका अन्त में लक्ष्य का बखान बिना किसी दुराव-छिपाव के, स्पष्ट शब्दों में कुछ ऐसे करती है : 'अब चाहती हूँ, ठेठ दुनियादारी की बातें अपनी हज़ार-हज़ार मासूम किशोरी बहनों के पल्ले से बाँध दूँ, जिससे वह मेरी तरह भटकने से बच जाएँ।' यानी यह कहानी 'शादीशुदा औरतों' को शादीशुदा आदमी से प्रेम करने की व्यावहारिक विधि की शिक्षा इस एक सूत्री गुरु-मंत्र के सहारे देती है कि 'न कोई डर, न घोटाला, जब प्रेम में लगा हो शादी का ताला।' मन्नू को सन्तोष शायद इस बात का रहा हो कि उन्होंने हैरीसन तालों के प्रसिद्ध विज्ञापन का अपनी कहानी में कैसा रचनात्मक प्रयोग करके दिखाया है। पर दिक्कत इस कहानी की पूरी शैली में है। इसका आरम्भ ही 'प्यारी बहनो' जैसे अनाटकीय सम्बोधन से होता है। एक बार शुरू होने के बाद कहानी में यह सम्बोधन-शैली गाहे-बगाहे बिना ज़रूरत रूप बदल-बदलकर प्रकट होती रहती है, मानो वे अपने पाठकों से मुखातिब होकर संवाद कर रही हों। जैसे : 'यह क्या, आपकी आँखों में तो अविश्वास भर आया,' या 'लीजिए, आप हँस रही हैं।' या फिर 'देखा आपने कि कैसे शातिराना अन्दाज़ से पुरुष नफरत और गुस्से की सुई अपनी ओर से सरकाकर दोनों औरतों की ओर घुमा देता है।' कहानी चूँकि 'मैं' शैली में लिखी गई है, इसलिए पाठक कहीं इसमें आत्मकथा के संकेत न ढूँढ़ने लगें इसलिए उसे विश्वास में लेकर यह सफ़ाई देना भी उन्हें ज़रूरी लगा

कि "आप विश्वास करें या न करें, पर निश्चय ही मैं पहले बड़े संस्कारोंवाली लड़की थी। हर तरह की मर्यादा में मेरा पूरा विश्वास था।...पर स्थिति ने मुझे बेहद-बेहद कमजोर कर दिया था और मैं सोचने लगी थी कि यदि पूरी तरह पाना है तो अपने को पूरी तरह देना भी पड़ेगा।"

कुल मिलाकर इस कहानी में शीर्षक और एक विज्ञापन की भाषा के रचनात्मक इस्तेमाल के अलावा व्यंग्यात्मक कुछ नहीं है। नए के नाम पर पाठकों से संवाद कायम करने की मुद्रा में इस्तेमाल किए गए कुछ नाकाम सम्बोधन जिन्हें ज़्यादा से ज़्यादा बनावटी नाटकीयता के खाते में डाला जा सकता है। दरअसल अगर पोप की मशहूर पंक्ति 'स्टाइल इज मैन' को प्रमाण माना जाए तो मन्नू के अपने निश्छल, पारदर्शी व्यक्तित्व के साथ व्यवहार में भी किसी तरह की नाटकीयता, छल-छद्म, व्यंग या कौशल मेल नहीं खाता। इसलिए उनके व्यक्तित्व के अनुरूप उनकी भाषा-शैली अपने उत्कर्ष पर उन्हीं कहानियों में दिखाई पड़ती है जिनमें अनुभूति की गहराई से पैदा होनेवाली प्रामाणिकता और अपने पाठकों पर विश्वास करने की निश्छल सरलता से प्रेरित सहज बोधगम्य, पारदर्शी शैली आकार लेती है। वे किन्हीं व्यंग्य-वक्रताओं और भंगिमाओं से अपने पाठक को चमत्कृत या सम्मोहित नहीं करना चाहतीं। उनकी अभिव्यक्ति का उत्कर्ष तो सीधी बात को उतने ही सीधे-सादे ढंग से सहज रूप में पाठकों तक पहुँचा देने में दिखाई पड़ता है।

मन्नू की विशेषता है विषयों की पकड़। वास्तविकता के व्यापक परिदृश्य में ऐसे विरल, मानवीय अनुभवों की पहचान जो अनुभूति की सघन मार्मिकता में तुरन्त पाठकीय प्रतिक्रिया को साझेदारी के लिए आमंत्रित कर लेते हैं। उनकी पिछले दौर की कहानी 'त्रिशंकु' इसका प्रमाण है। कहानी की प्रवक्ता बेटी है जो बराबर माँ के मन की भीतरी तहों में आवाजाही करती है। यानी कहानीकार मन्नू पीढ़ियों के अन्तराल से पैदा होनेवाले असमंजस या संघर्ष को माँ और बेटी दो मुख्य किरदारों के हवाले से चित्रित करती हैं। बीच में पिता या पड़ोस में रहनेवाले उन युवाओं की उपस्थिति, जो इस संघर्ष के निमित्त हैं, केवल घटनाक्रम को पूरा करती है, कहानी को कोई अतिरिक्त आयाम नहीं देती। आयाम देते हैं वे अनुपस्थित नाना जो न होकर भी माँ के भीतर संस्कार या गुज़री हुई जीवन-शैली और सोच के रूप में मौजूद हैं। इस तरह यह संघर्ष तीन पीढ़ियों के अन्तराल से पैदा होनेवाला संघर्ष हो जाता है जिसकी

लीला-भूमि विगत और वर्तमान के बीच देहरी पर खड़ी माँ का मन है। इस असमंजस भरी भीतर की अमूर्त लड़ाई को मन्नू ने सहज-सुलभ भाषा और संवादों के माध्यम से ऐसे सम्प्रेषित किया है कि वह पाठक को सारे निहितार्थों के साथ सहज सुलभ हो जाती है।

ऐसा नहीं है कि मन्नू की शैली में विविधता का अभाव हो। उन्होंने कथ्य और स्थिति के अनुरूप बयान, संवाद, डायरी जैसी विधियों का उपयोग किया है। पर नवीनता के आग्रह से उन्होंने प्रयोग के लिए प्रयोग या तो किया नहीं या करने के बाद अपनी सीमा पहचानकर ऐसा करने से तौबा कर ली। अपनी शक्ति और सीमा के बारे में यह विवेक और आत्मचेतस मानसिक बनावट ही उनकी कहानियों को विश्वसनीय और प्रभावी बनाती है। वे न आकाश की ऊँचाइयाँ छूने का प्रयत्न करती हैं, न पाताल की गहराइयाँ नापने का। वर्तमानकालिक परिदृश्य ही उनकी संचरण-भूमि है। अपनी कथा-यात्रा में न उन्हें अतीतजीवी होने की ज़रूरत महसूस होती है, न अनागत के बारे में सपने बुनने की। निकट वर्तमान के बारे में आश्वस्ति, निराशा या असमंजस पैदा करनेवाली जो सामाजिक स्थितियाँ, चारों ओर घटित के रूप में मन्नू की चेतना पर अपनी उपस्थिति दर्ज़ करती हैं, वही उनकी रचनात्मकता को प्रेरित भी करती हैं।

मन्नू की तरह उषा प्रियंवदा ने 'पारदर्शिता' का आग्रह भले ही न किया हो, परन्तु उनकी कथा-भाषा में पात्रों और स्थितियों के अनुरूप सहजता, सघनता, विवरण, विश्लेषण से बोधगम्य भाषा में मध्यवर्गीय जीवन की जो दुनिया निर्मित होती है उससे तादात्म्य कर लेने में पाठक को कोई बाधा नहीं होती। पर मानव जीवन के चारों ओर भी ऐसा बहुत-कुछ है जो जीवन के समग्र परिदृश्य को पूरा करता है। जिसके सम्पर्क से मानवीय अनुभवों में कुछ जुड़ता है, कुछ टूटता-बिखरता है। वह उसे प्रेरित और प्रभावित करता है। बाह्य जीवन की सक्रियता अन्तर की सक्रियता का निमित्त भी होती है, परिणाम भी। पर उसके लिए वर्णन की प्रचलित सरणियों से हटकर रचनाकार को मानवीय और मानवेतर की अन्तर्क्रियाओं को पकड़नेवाली भाषा का अर्जन करना पड़ता है। उदाहरण के लिए कृष्णा सोबती की कहानी 'पहाड़ों के साये तले' में तीन पात्रों के माध्यम से जिस पात्र की अन्तरानुभूति से पर्दा उठाया गया है, वह न मानवेतर के संसर्ग के बिना सम्भव था न आत्मालाप की सघन,

सान्द्र भाषा के बिना। "मैं कमरे से उठकर बाहर आन खड़ी हुई। अँधियारे साये तले, ताल के बीचोबीच उठती लहरें काँप-काँपकर रह जाती थीं। किनारे सिर डाले पड़े थे। और पश्चिम की दूरी इन दो आँखों में उतरकर रह गई थी, लगा कि मेरी आँखें देखती हैं और नहीं भी देखतीं। पल-भर को सामने का ताल, ताल पर छाए पहाड़, पहाड़ों के आकार—सब मिट गए। सब पुँछ गए। अपनी आँखों में बस मैं ही खड़ी रह गई। आगे-पीछे, कहीं कुछ न था। न ताल था, न ताल की दिशाएँ, न ताल की सीमाएँ थीं। मैं खड़ी थी और चाँदनी फैली थी। मन में आया, न मैं कुछ हूँ और न चाँदनी। चाँदनी सब जगह होती है और कहीं नहीं होती, मैं कहीं नहीं हूँ और सब जगह हूँ।"

इन पंक्तियों में भाषा के स्तर पर अबोधगम्य कुछ नहीं है। पर अनुभव के स्तर पर यह प्रसंग पाठक को जिस गहन संवेदनीयता के धरातल पर ले जाता है वहाँ शब्द अभिधा से इतर अपनी सार्थकता साधते हैं। होने में न होने और न होने में होने की यह अनुभूति भाषिक विन्यास से सिद्ध की गई है। भाषा के ऐसे सतर्क कौशल को जहाँ शब्दों के क्रम विन्यास से, विराम चिह्नों से या वाक्य-लय से अर्थ सधे कृष्णा जी ने बड़े विवेक और अभ्यास से साधा है। भाषा की यह लयकारी उनकी पहचान है।

उषा प्रियंवदा और मन्नू भंडारी दोनों की ही शैली में भाषा का ऐसा सोचा-समझा, सावधान उपयोग नहीं मिलता जहाँ भाषिक विन्यास भी अर्थ को अतिरिक्त आयाम, कथ्य को कोई खास तेवर देता प्रतीत हो। उनके लिए भाषा ऐसा साधन है जिसका उपयोग वे कथ्य को पारदर्शी रूप में पाठक तक सम्प्रेषित करने के लिए बड़ी सहज सफलता से कर लेती हैं। पर भाषिक-संरचना से अर्थ की लय निर्मित होती है। आनुभविक धरातल पर उसमें कुछ जोड़ा-घटाया जा सकता है। कहा अनकहा-सा और अनकहा कहा-सा प्रतीत हो, यह भाषिक कौशल से सम्भव किया जा सकता है। पर यह ढब न उषा प्रियंवदा का है, न मन्नू भंडारी का।

विषयों की दृष्टि से भी वे समस्तरीय विविधता पर तो नज़र डालती हैं पर समाज के अलग घटकों, समुदायों, वर्गों, जीवन-शैलियों पर उनकी पहुँच और पकड़ वैसी नहीं है जैसी कृष्णा सोबती की। 'ऐ लड़की', 'मित्रो मरजानी', 'यारों के यार', 'ज़िन्दगीनामा', 'दिलो-दानिश' जैसी रचनाओं के किरदार अपनी बनत, आयु-वर्ग, सामाजिक सन्दर्भ, वर्ग-चेतना, समय और

संस्कार में एक-दूसरे से इतने अलग हैं कि उन्हें उनकी दुनिया के बीच रखकर रचनात्मक गढ़न देना आनुभविक और भाषिक दोनों चुनौतियों का सामना करने का काम था। वह भी ऐसे कि सबकी पहचान एक-दूसरे से और खुद अपने निकटवर्तियों से कुछ ऐसी बने कि कहीं कोई घालमेल या गड्डमड्ड न हो जाए। न ही एकरसता से पैदा होनेवाली ऊब की कोई गुंजाइश बचे।

कहानी : छोटी और बड़ी

यह महज संयोग नहीं है कि उषा प्रियंवदा ने भी पिछले दौर में कई लम्बी कहानियाँ लिखीं और कृष्णा सोबती की 'यारों के यार', 'तिन पहाड़' और 'ऐ लड़की' जैसी कहानियों का तो प्रकाशन भी स्वतंत्र पुस्तकों के रूप में हुआ। यदि मन्नू और उषा की भी एकाध कहानियों को छपाई के कौशल के साथ प्रकाशित किया जाए तो उन्हें भी लघु उपन्यासों की शक्ल दी जा सकती है। दरअसल लम्बी कहानी और छोटे उपन्यास के बीच अन्तर पृष्ठ-संख्या का नहीं कथावस्तु के विन्यास का होता है। लम्बी कहानी एक ही 'टेक्स्ट' का विस्तार होती है, जबकि उपन्यास में उस एक मुख्य 'टेक्स्ट' के साथ छोटे-बड़े, एक या अधिक 'सब-टेक्स्ट' गुँथे होते हैं। इनसे उसके कथ्य में कुछ आयाम जुड़ते हैं जिनकी बुनावट ज़रूरी नहीं कि बहुत जटिल और पेचीदा हो, पर वह प्रायः एकरेखीय नहीं होती। इस दृष्टि से 'यारों के यार' और 'ऐ लड़की' लम्बी कहानियाँ ही हैं और 'तिन पहाड़' उपन्यास। यूँ विश्वनाथ त्रिपाठी ने तो उनके उपन्यास 'मित्रो मरजानी' पर भी कहानी के रूप में ही विचार किया है (देखिए, कुछ कहानियाँ, कुछ विचार)।

उषा प्रियंवदा ने भी पिछले दौर में 'मछलियाँ', 'पुनरावृत्ति', 'शून्य' और 'आधा शहर' जैसी लम्बी कहानियाँ लिखीं। यह बात अलग है कि उन्हें यश 'वापसी' के अलावा 'ज़िन्दगी और गुलाब के फूल', 'मोहबन्ध' और 'कितना बड़ा झूठ' जैसी कहानियों से ज़्यादा मिला।

कृष्णा जी ने भी अपनी सबसे लम्बी कहानी 'बादलों के घेरे' रचनाक्रम के पिछले दौर में लिखी। उन्हें 'सिक्का बदल गया' के अलावा इसी कहानी के लिए विशेष सराहना भी मिली। पर उनकी कहानियों में भी विशेष पेचो-खम

वाला विन्यास नहीं मिलता। मिलती है मार्मिकता जो पात्रों की त्रासदीय नियति से पैदा होती है। वह 'टीलो ही टीलो' के पहाड़ी बच्चे हों, 'दादी-अम्मा' की बूढ़ी अम्मा हो या 'बादलों के घेरे' के रवि और मन्नो 'जिसके प्यार को भी कोई न छू सके'। उनकी कहानियों का सार पात्रों के प्रति सघन संवेदनीयता पैदा करने की क्षमता में निहित रहता है।

क्या यह महज संयोग है कि छायावाद के साथ ही कविता की दुनिया में जैसे प्रबन्ध और मुक्तक या प्रगीत रचनाओं के बीच लम्बी कविताओं की रचना करने की प्रवृत्ति पनपी, उसी तरह उपन्यास और कहानियों के बीच लम्बी कहानियाँ लिखने की प्रवृत्ति उभरी। यह बात अलग है कि 'प्रलय की छाया में', 'राम की शक्ति पूजा' और 'अँधेरे में' जैसी लम्बी कविताओं के विन्यास में केन्द्रीय कथ्य को विस्तार देनेवाले जैसे अतिरिक्त आयाम जुड़ते हैं—देश-काल दोनों दृष्टियों से, वैसा 'पंचवटी प्रसंग', 'परिवर्तन' और 'शिवाजी के नाम' जैसी इकहरे विन्यासवाली कविताओं में नहीं होता। नाट्यशास्त्रियों ने नाटक के सन्दर्भ में इसे 'आधिकारिक' और 'प्रासंगिक' वृत्तों का संयोजन कहकर समझाया था, जो 'नाटक' के अलावा 'रूपक' के अन्य भेदों में घटित नहीं होता।

लम्बी कहानियों में अक्सर आधिकारिक-प्रासंगिक वृत्तों के बहुआयामी संयोजन के बजाय एक ही कथ्य की अपेक्षा के अनुरूप उसका कुछ विस्तार होता है जो बहुआयामी नहीं होता। कुछ ऐसे कि बात चली है तो आगे तक जाएगी, पर ज़रूरी नहीं कि उसमें से अनेक राहें फूटें। इसलिए अपने प्रभाव में ये कहानियाँ प्रायः सघन और केन्द्रित होती थीं। यह बात अलग है कि आगे चलकर लम्बी कहानियों के विन्यास में बहुत अन्तर आ गया। युवतर रचनाकारों ने कथ्य के दबाव से लम्बी कहानी के शिल्प को बहुत घुमावदार और पेचीदा बनाया। यह बात अलग और विचारणीय है कि ऐसे प्रयोगों से निहितार्थता जितनी बढ़ी, पारदर्शिता उतनी ही कम हुई। उसी अनुपात में पाठक-संख्या भी। ऐसी कहानियाँ एक विशिष्ट बौद्धिक वर्ग (इंटलेक्चुअल इलीट) की अपेक्षा करती हैं। जाहिर है इनका पाठक उसी अनुपात में सिकुड़ता चला गया है। उदयप्रकाश की एक से एक नायाब कहानी, औसत पढ़े-लिखे पाठक वर्ग की पहुँच के बाहर रह जाती है या आधी-अधूरी पहुँचती है। यह विशेषता उनके समकालीनों में कुछ अन्य रचनाकारों की कहानियों में भी पाई

जाती है। सम्भवतः इस शिल्प के सम्राट तो स्वः मनोहरश्याम जोशी थे। पर उनका लेखन कई स्तरों पर, कई तरह के पाठकों और दर्शकों को साधकर सम्पन्न होता था। वैसा अचूक निशाना साधना हर किसी के बस की बात नहीं है।

फिलवक़्त चर्चा जिन तीन महिला कथाकारों की हो रही है उनमें किसी से लोकप्रियता की कमी की शिकायत नहीं की जा सकती। बहुत विस्तृत है उनके पाठकों का समुदाय। उच्च बौद्धिकों से लेकर औसत पढ़ा-लिखा व्यक्ति इनके कथा-लेखन में मनोनुकूल रचनाओं का चुनाव कर सकता है। इनका महत्त्व और लोकप्रियता इनके रचनाकाल से अब तक निर्विवाद रूप से स्वीकृत है—प्रयोगशीलता की तमाम परवर्ती चेष्टाओं के बावजूद। यह लोकप्रियता उस भीड़-रिझाऊ लोकप्रियता से अलग होती है, जिसके एक बार पढ़ने के बाद पाठक के लिए रचना की उपयोगिता खत्म हो जाती है। दरअसल यह किसिम किसिम की लोकप्रियता और मूल्यवत्ता की समस्या है जो बहसतलब है। यह लोकप्रियता सिर्फ़ पठनीयता भी नहीं है—'आगे क्या होगा?' वाली। इनमें जीवन है, जैसा का तैसा नहीं, उसका पुनः सृजन—चुनी हुई जीवन-स्थितियों का। सामान्य की असामान्य और असामान्य की सामान्य प्रस्तुति।

कुछ विशिष्ट रचनाएँ

कृष्णा सोबती की प्रसिद्ध कहानी 'ऐ लड़की' पर कुछ अलग से विचार करना ज़रूरी है। कहानी के शीर्षक पर ध्यान दें तो यह एक सम्बोधन है, कुछ-कुछ ललकार भरा। पूरी कहानी माँ और बेटी, दो पात्रों के बीच कहने के लिए संवाद है, सिर्फ़ इस अर्थ में कि माँ नाम का पात्र जो लगभग पूरी कहानी में मुखर है वह आत्मालाप नहीं कर रहा, उसका एक निश्चित मौन मुखर श्रोता है। उसकी बेटी जिसका हक सिर्फ़ यह जतलाते रहना है कि वह सुन रही है, निर्बाध प्रवाही इस लगभग एकपक्षीय संवाद के बीच टोका-टाकी करना उसके अख़्तियार में नहीं है। वह एक-आध शब्द या छोटे-मोटे वाक्य से जब ऐसा करती है तो एकरसता भंग करने के लिए, बात को बहकने से बचाने के लिए या गाहे-बगाहे तथ्यों को सही करने के लिए जिसकी प्रतिक्रिया उसे प्रायः वक्ता की खीझ और झिड़क के रूप में ही झेलनी पड़ती है।

माँ के वर्तमान में अन्त की ओर बढ़ते जाने का निर्विकल्प एहसास है, जिसे बेटी प्रयत्न करके भी झुठला नहीं सकती। और स्मृति में बाकी है बीती हुई पूरी ज़िन्दगी, जिसका क्रम-भग्न सिलसिला यादों के चित्रपट से ओझल होने का नाम नहीं लेता। एक साथ सब कुछ गड्ड-मड्ड, पर एकदम साफ़। इस जटिल मनःस्थिति को उसकी असामान्यता में, शब्दों का लिबास देने के लिए जो गहरी पैठ और संवेदनशीलता अपेक्षित थी, वह इसे प्रभाव में मार्मिक बनाती है। पर जो घटित हो रहा है उसके बीच होकर भी उससे तटस्थता कायम रखने के कौशल ने इसके शिल्प को अद्भुत विन्यास दिया है।

कहानी का आरम्भ ही पूरी कहानी की बनावट, दोनों किरदारों के रिश्ते की प्रकृति और घटनास्थल में पसरे माहौल की तरफ़ इशारा कर देता है :

"ऐ लड़की, अँधेरा क्यों कर रखा है। बिजली पर कटौती! क्या सचमुच

ऐसी नौबत आ गई।''

''अम्मी, घर की सारी बत्तियाँ जली हैं। टेबल लैंप अलग से।''

''तो क्या मैं ही रोशनी को अँधेरा कहने लगी हूँ। नहीं-नहीं, अभी मेरे होश-हवास दुरुस्त हैं। हाँ तुम्हें अँधेरे में चाँदी के साँप दिखते हों तो बात दूसरी है।'

उत्तर में बेटी का मौन, माँ की बढ़ती झल्लाहट और बेटी का विषय को टालने की गरज से दिया गया उत्तर—सब मिलकर कहानी की बनावट का अग्रिम संकेत दे देते हैं।

मृत्यु का इन्तज़ार करती 'अम्मू' को एक धीर श्रोता चाहिए, जो न उसकी बात काटे, न बदलने की कोशिश करे। स्मृतियों के सैलाब के बीच एक साथ जीवन की निस्सारता का, मृत्यु की अनिवार्यता का बोध। कुल मिलाकर कुछ ऐसा कि 'मैं झाड़-झंखाड़ में से गुज़र रही हूँ। पहाड़ी पर देखी है न झड़बेरी, काँटेदार! मेरे सिर में वही उगी पड़ी है।' जो 'सूखे पत्तों की रूखी बारिश' जैसी है 'पनीली बरसात' सी नहीं।

न बीते हुए की यादें और न वर्तमान का बोध, दोनों में ही ऐसा कुछ नहीं है जो बारिश की सजलता-स्निग्धता से सराबोर करे। जो गुज़र गया उसे लेकर यह आकांक्षा कि 'अगले जन्म में पुरुष बनकर देखना चाहती हूँ। पता तो लगे चलवन्त सैनिक कैसे स्त्री और परिवार पर छाया रहता है।' लगे हाथों नीम-होशी में यह ललक : 'बहुत दिनों से तुम्हारे पिताजी को नहीं देखा, कहाँ हैं?'

स्मृतियाँ कभी एकतरफा नहीं आतीं। पति के साथ बीती ज़िन्दगी का पूरा प्रकरण बड़ी कोमल कलम से, जीवन-रस से सराबोर पूरे गृहस्थ-दम्पती के रूप में यादों के दृश्य-पटल पर उतर रहा है। उसमें दम्पती ही नहीं सन्तानें भी शामिल हैं। 'स्मृतियों की भूल-भुलैयों में से निकलकर वही दिन याद आ गया। मन ही तो है।'

पर जब मन ही है, तो कहीं अटक ही नहीं भटक भी सकता है। ऐसी भटकन में युवा नाती की असामयिक मौत से जुड़ा पूरा वृत्तान्त भी है। दुर्घटना की अनुवर्त्ती स्थितियों के साथ। विचित्र होती है आसन्न-मृत्यु के बोध की यह अवस्था। ज़िन्दगी के खाते से सारी जमा-पूँजी, लेन-देन, घाटे-मुनाफे का हिसाब जैसे खुद-ब-खुद फैलता चला जाता है अन्तश्चेतना के रजिस्टर पर। कहने को

''आदमी पर सन्नाटा उतरने लगता है'' पर ''अन्दर झाँको तो गोदाम बन चुका होता है। पुराने माल की ढेरियाँ लगी पड़ी है। जिसकी याद आ गई उसे ही खोजने लगे।''

मसला सिर्फ़ अन्दर पड़े गोदाम को ही खखोलने-टटोलने का नहीं है, कुछ दुखती रगें वर्तमान में भी हैं ऐन आँखों के सामने। बिन-ब्याही प्रौढ़ा लड़की के रूप में। उस मार्मिक प्रसंग पर लड़की को बेधने का कोई मौका वह जैसे हाथ से नहीं जाने देती जो दरअसल उसकी अपनी चिन्ता की वजह है : 'बारीकी से सोचो तो तुम अपने-आप में हो क्या! तुम-सी तो नानी-दादी बन चुकी हैं। अपने दिल से अब भी नई-नवेली बनी फिरती हो।' बात जैसे इतने से नहीं बनती तो अगला वार : 'न किसी की माँ, न दादी, न नानी। लड़की, तुम हो वनस्पति-कुश-घास-तिनका! जो कह रही हूँ वह समझती तो हो!'

लड़की की तीखी प्रतिक्रिया : 'बस अम्मी!' के उत्तर में अम्मी का कथन ध्यान देने लायक है : 'कुछ अनुचित नहीं कहा। ठीक ही कह रही हूँ। **यह बात किसी और तरह नहीं कही जा सकती**।'—यह वाक्य उसी कलम से उतर सकता है जिसे भाषा के प्रयोग की अपनी समझ और सामर्थ्य पर पूरा भरोसा हो। यह आत्मविश्वास कृष्णा सोबती की भाषा की पहचान है। बात को पन्नों पर उतारने से पहले वे ठोक-बजाकर तर्क करती हैं कि जो जिस तरह कहा जा रहा है, वह उससे बेहतर तरीके से कहा ही नहीं जा सकता। वाक्य में हर शब्द की अपनी जगह तय है। भाषा की अपनी एक लय होती है, जो कथ्य से तय होती है।

कर्मेन्द्रियों के शिथिल होने पर ज्ञानेन्द्रियाँ और सजग हो जाती हैं। अम्मू को इसका अहसास है। वे बेटी की हर हरकत को ताड़ती हैं—'आवाज़ से। तुम तोड़ रही थी न, तो मेरे कान देख रहे थे। वानप्रस्थ उतरा हुआ है। कान देखते हैं और आँखें सुनती हैं।' बेटी जानती है, 'आप मुझसे ज़्यादा चौकस और चौकन्नी हैं।'

शरीर छीजता है तो दिमाग की चौकसी और चौकन्नापन तो बढ़ता ही है, सोच की गति भी कुछ अधिक तीव्र हो जाती है, शायद क्षतिपूर्ति के नियम के तहत। पड़ा हुआ व्यक्ति मनसा देश-काल की दूरियाँ तय करता है—स्थगित प्रश्नों से जूझता है। तमाम गलतियाँ सही की जाती हैं। ज़िन्दगी की सच्चाइयों की तात्विक व्याख्या होती चलती है। ऐसा ही एक बुनियादी सवाल समय से

होड़ लगाती अम्मू के मन में है जिसका खुलासा वह बेटी के सामने करना ज़रूरी समझती है। इस प्रसंग का ताल्लुक सृष्टि की निरन्तरता बनाए रखने में स्त्री की भूमिका से है। भाई-बहनों के बीच भेद-भाव से है! ''अपनी समरूपा उत्पन्न करना माँ के लिए बड़ा महत्त्वकारी है। पुण्य है। बेटी के पैदा होते ही माँ सदाजीवी हो जाती है। वह कभी नहीं मरती। हो उठती है वह निरन्तरा। वह आज है, कल भी रहेगी। माँ से बेटी तक। बेटी से उसकी बेटी, उसकी बेटी से भी अगली बेटी। अगली से भी अगली। वही सृष्टि का स्रोत है।'' पिता की भूमिका के बारे में बेटी के प्रश्न का भी सटीक उत्तर है इस छीजती वृद्धा के पास : ''कुदरत के नियम देखो। पिता को सत्य सामर्थ्य दी मनुष्य का अंश प्रदान करने की और काया घड़ने में उसे बाहर रख दिया। पिता बाहर खड़ा रहता है और माँ अन्दर बच्चा जनती है। इसी से माँ जननी कहलाती है। वही अपने तन-मन में बच्चे की काया उगाती है।''

लड़की को यह व्याख्या किताबी लगती है तो माँ विद्या का आनुभविक आधार स्पष्ट करती है : 'विद्या सुनी जाती है, देखी जाती है और जी भी जाती है।' बेटी के पास हामी भरने के अलावा कोई विकल्प नहीं।

पर बात इतने पर नहीं ठहरती। अमूर्त ज्ञान बिम्बों में ढलकर साकार होता है। समाज में दोनों के सापेक्षिक महत्त्व की व्याख्या के लिए दृष्टान्त चाहिए। बात उठी है तो दूर तक जाएगी। सो अम्मू जारी है : ''हर नर अपने को परम पुरुष समझता है।

''जानती हो क्यों?

''इसलिए कि जीवन की कस्तूरी उसी को लगी है। लड़की जीवन हिरण है हिरण। कस्तूरी-मृग। इस क्षण-भंगुर जगत में अपनी महक फैला यह जा और वह जा।

''थोड़े-से पलों के लिए औरत इस भागते मृग को थाम लेती है और आप मृगया बन जाती है। यही सृष्टि का खेल है। यहीं से चल निकली सन्तति... सन्तान की अटूट कड़ी।''

पर भागते मृग और मृगया की प्रकृति में नर-मादा का अन्तर है— ''नर-मृग में पुत्र की गहरी लालसा! उसके तन-मन में व्याप्त है। उसकी प्रकृति और प्रवृत्ति दोनों में पैवस्त है।

पुत्र-पौत्र-प्रपौत्र पिता बनकर वह आगे से आगे की सोचता है।''

कहानी के ऐसे संवाद, माँ-बेटी के बीच यूँ ही सी बातचीत के टुकड़े नहीं हैं, ज़िन्दगी के बुनियादी सवालों पर रचनाकार के चिन्तन-प्रवाह के छोटे-छोटे द्वीप हैं। आयु और बीमारी से छीजती अम्मू जैसे रह-रहकर सहचर बेटी की झोली में चिन्तन के कण डालती जाती है—प्रलापीय विन्यास में। लड़की शिक्षा-सम्पन्न है और अम्मू अनुभव-समृद्ध। दोनों के संगम के बिना सार्थकता पैदा नहीं होती : ''पढ़ने और मनन करने से बुद्धि तेज ज़रूर होती है। पर जीकर ही उसमें अर्थ उत्पन्न होते हैं। सोच उभरती है दिमाग से और दिमाग होता है रूह में। आत्मा में।''

ऐसे कई प्रकरण हैं इस संवाद में जिनमें अपने अनुभवों का, बीती ज़िन्दगी का पिटारा खोलकर जैसे लड़की को कायल करना चाहती है अम्मू बजिद। बात एक बार टल गई तो 'चले जाने के बाद तुम्हें कहने नहीं आऊँगी।' विचित्र है गूँथ इस लम्बे अन्तरालाप की। कहने को संवाद, प्रतिभागी दो, पर बुनावट ऐसी कि चिलमन के पीछे से कई ज़िन्दगियाँ, पूरा गार्हस्थिक विन्यास, रह-रहकर झलक जाए। बीते हुए पिता की याद, बेटे का न दीखना। यह कसक कि लड़की 'दौरे पर गए हुए हैं' कहकर उसकी गैरहाज़िरी पर 'छल-बल' से परदा डालने की नाकाम कोशिश में लगी है। ''उसे दौरे पर भेजने से क्या होगा। लड़की, तुम्हारा भाई दिल का साफ-सरल है। जब-तब घेर लिया जाता है। घिर गया होगा।

घरवालियाँ हाथ में छलनी लेकर बैठती हैं।

निकालती रहती हैं कंकर। यह निकाल। वह निकाल। जाने मेरे पीछे से क्या-क्या निकलेगा।

—ममू छोड़िए।''

और फिर बात भाई के बचपन की यादों की तरफ़ मुड़ जाती है, पर घूम-घूमकर वहीं लौटती है, इस नतीजे पर कि 'इस खेल में नोक-झोंक, रोष-रंजिश सभी ज़रूरी है। सिर्फ़ मुलाहज़े से काम नहीं चलता।'

और अन्त में यह बेधक प्रश्न : 'लड़की, पुरानी परिपाटी निभाने को भाई तुम्हारा पहुँच तो जाएगा न!'

कैसी चाक-चौबन्द बनावट है, पूरी तरह बाख़बर और बेख़बर इस विलम्बित लय में अन्त की ओर खिसकते पकी उमर के वृद्ध मानस की। ऐसे पात्रों के लिए सोबती जी का प्रिय विशेषण है 'सयाने'। आयु शरीर को जर्जर

पर मन को कुछ और 'सयाना' ही बनाती है। न जाने कितने विषयों की परिक्रमा करती अम्मू की चेतना नारीवाद के पैरोकारों के प्रिय विषय—गृहस्थ के लिए खटती औरत के 'बेगार श्रम' पर ठिठकती है तो झील में तिरती नाव पर सवारियों के खेवनहार माँझी का बिम्ब कल्पना में तैर जाता है : "झील में तिरती नाव और शिकारे तो देखे हैं तुमने! उन पर सवार परिवार मजे-मजे झूमते हैं और चप्पू चलाती है औरत। उम्र भर चलाती जाती है। उसका वक़्त तब सुधरेगा जब वह अपनी जीविका आप कमाने लगेगी।

सोचने की बात है—मर्द काम करता है, तो उसे इवज में अर्थ-धन प्राप्त होता है। औरत दिन-रात जो खटती है वह बेगार के खाते में ही न!...वह अपनी खोज-खबर न लेगी तो कौन उसे पूछनेवाला है।" अम्मू की ऐसी जागृति—लड़की विस्मित है।

बेध्यानी और चौकसी के बीच जैसे होड़ लगाए यह आत्मचेतस अन्तरालाप तब तक जारी रहता है, जब तक मौत के साये चेतना को अपनी गिरफ़्त में नहीं ले लेते। आसन्न मृत्यु-बोध से प्रेरित रचनाओं से यह कहानी इस रूप में कुछ अलग पहचान बनाती है कि मृत्यु की अनिवार्यता की सहज स्वीकृति ने संवादी को आत्मग्रस्त से ज़्यादा बर्हिमुख बनाया है। मौत का भय नहीं, इन्तज़ार, इस कहानी को मॉर्बिड होने से बचाता है। मन में अगर कुछ कसक है तो लगातार समुपस्थित उस प्रौढ़ा अनब्याही लड़की की, उसके भविष्य की। वह जो उस तक पहुँचाना चाहती है, वह पहुँचता भी है कि नहीं—आख़िर बचाव के सौ रास्ते—पर कहना अपनी जगह, यही इसके सम्बोधनधर्मी शीर्षक का औचित्य भी है।

लम्बी कहानियाँ उषा प्रियंवदा ने भी लिखीं और मन्नू भंडारी ने भी पर ऐसी नहीं कि उनका विन्यास औपन्यासिकता की हदें छूने लगे। कथा की राह में पगडंडियाँ फूटें या बाहर से कुछ आकर शामिल होकर उसका हिस्सा हो जाए—एकरेखीय यात्रा की एकरसता को भंग करते हुए। उषा प्रियंवदा की लगभग आधी दर्जन कहानियाँ ऐसी हैं जिन्हें पृष्ठों के विस्तार की दृष्टि से लम्बी कहानी कहा जा सकता है—'एक कोई दूसरा', 'पिघलती हुई बर्फ़', 'टूटे हुए', 'मछलियाँ', 'पुनरावृत्ति', 'शून्य' और 'आधा शहर'। इन कहानियों में से अगर

'मछलियाँ' के अतिरिक्त और कहानियों को विशेष प्रसिद्धि नहीं मिली तो यह महज संयोग नहीं है।

यह तथ्य दिलचस्प है कि मन्नू भंडारी की लम्बी कहानियों की संख्या भी लगभग इतनी ही है–'तीसरा आदमी', 'यही सच है', 'एक बार और', 'ऊँचाई', 'अलगाव', और 'शायद'। इन कहानियों में 'यही सच है' विशेष रूप से लोकप्रिय इसलिए हुई क्योंकि बासु चटर्जी ने इस कहानी पर केन्द्रित फिल्म बनाई–'रजनीगन्धा'। सच्चाई तो यह है कि फिल्म की अतिरिक्त सफलता ने कहानी की लोकप्रियता को बढ़ावा दिया। उस समय तक उपन्यासों पर केन्द्रित 'देवदास', 'चित्रलेखा' और 'सारा आकाश' जैसी फिल्में तो बन चुकी थीं पर किसी कहानी को केन्द्र बनाकर सफल फिल्मों में दो फिल्में विशेष रूप से प्रसिद्ध हुईं–'रजनीगन्धा' और 'तीसरी कसम'। ऐसा नहीं कि और कहानियों पर फिल्में बनी न हों–'शतरंज के खिलाड़ी', 'माया दर्पण', 'दुविधा' के अलावा भी कुछ कहानियों ने डायरेक्टरों का ध्यान आकर्षित किया पर जितनी संवेदनशीलता से 'तीसरी कसम' को फिल्माया गया वैसा किसी और कहानी के साथ नहीं हुआ। 'शतरंज के खिलाड़ी' भी कई दृष्टियों से उत्कृष्ट फिल्म मानी जाएगी। पर 'तीसरी कसम' की लोकप्रियता में उसके गानों का भी बड़ा योगदान था। इस दृष्टि से देखें तो न 'रजनीगन्धा' में वैसे मँजे अभिनेता थे, न ही उसके 'थीम गीत' के अलावा कोई उल्लेखनीय गाना था, न ही कहानी में कोई ऐसी विशेषता थी, पर फिर भी फिल्म की अभूतपूर्व सफलता ने कहानी और कहानीकार दोनों की प्रसिद्धि में बड़ा इजाफ़ा किया। शायद इसका एक कारण यह था कि उस समय तक किसी मध्यवर्गीय शहरी स्त्री पात्र के भीतरी असमंजस का इस ढंग से खुलासा करने का प्रयास कम से कम किसी महिला रचनाकार ने नहीं किया था। मन्नू का 'पारदर्शिता' वाला मूलमंत्र इस कहानी के सन्दर्भ में बहुत प्रभावी और कारगर साबित हुआ।

मन्नू की कहानियों की विशेषता यही है कि वे बड़ी हों या छोटी, उनका विन्यास न घुमावदार होता है न परत-दर-परत तहाया हुआ। कहानी शुरू होती है तो अपने लक्ष्य या चरम परिणति की तरफ़ सीध में बढ़ती जाती है। अनावश्यक ब्यौरों से वे न कथ्य को फैलाती हैं, न उसमें अतिरिक्त आयाम जोड़ने की कोशिश करती हैं। ऐसा कुछ होता है तो बस उतना ही जितना उन्हें ज़रूरी मालूम हो। उदाहरण के लिए उनकी कहानी 'तीसरा आदमी' के

पति-पत्नी और उनकी पारिवारिक ज़िन्दगी में हवा के झोंके की तरह आनेवाला एक तीसरा आदमी है एक लेखक। एक दिन के लिए आनेवाला यह मेहमान अपने प्रति पत्नी के मनोभाव के कारण जैसे उनके स्थिर जीवन में अस्थायी हलचल पैदा कर देता है। कहानी की रचना पति में यह आत्मबोध जगाने के लिए की गई है कि "उसकी अपनी ही दुर्बलता ने पता नहीं कैसे यह भ्रम उसके मन में पैदा कर दिया था कि उन दोनों के बीच में जैसे कोई है...पर कहीं कोई नहीं है, शकुन आज भी उसी की है, उतनी ही जितनी दो साल पहले थी।"

कुछ कहानियाँ ऐसी भी हैं जिनका वितान इतना सीधा-सपाट नहीं है। जिस दौर में यह पीढ़ी कथा-रचना में सक्रिय हुई, वह मानवीय रिश्तों की प्रकृति में बदलाव का, असमंजस और उलझनों का दौर था। जिन नैतिक दबावों के तहत रिश्ते और उनका निर्वाह तय होता था उनमें दरारें पैदा हो गई थीं। जाहिर है दुविधाग्रस्त मनःस्थितियों को व्यक्त करनेवाली भाषा भी एकाधिक अर्थोंवाले शब्दों का या अस्पष्ट या निरर्थक से शब्दों का सहारा लेने लगी थी। दिलचस्प यह कि कहनेवाला ऐसे शब्दों के खोखलेपन के बारे में कहीं-न-कहीं खुद ही आश्वस्त सा महसूस करने लगा था।

मन्नू की जिन कहानियों में रिश्तों की यह उलझन आकार लेने लगती है या उनमें कुछ और आयाम पैदा होने लगते हैं, वहाँ उनकी भाषा भी पारदर्शिता के आग्रह को दरकिनार कर कुछ सांकेतिक, कुछ व्यंजक या सूत्रात्मक हो जाती है। ब्यौरे उतने ही जितने उस मनःस्थिति को व्यक्त करने के लिए ज़रूरी हों, जहाँ पहुँचकर वे कुछ ऐसा कह या कहलवा सकें। प्रसंग उनकी कहानी 'एक बार और' के हैं। स्थिति वही—जहाँ दो के बीच तीसरा अनुपस्थित होकर भी उपस्थित है : 'केवल यह अहसास था कि सारी बात खिंचकर ऐसे बिन्दु पर आ गई है, जहाँ शायद कहने-सुनने के लिए कुछ भी नहीं रह गया था।'

या बस में यात्रा करती बिन्नी के कानों में किसी यात्री कें खाँसने की आवाज़ : 'जब फिर खाँसी चलने लगी तो उसे जैसे राहत मिली और हर बार यही होता, उसके खाली मन को टिकाने के लिए जैसे एक सहारा मिल गया।'

दो के बीच सम्बन्ध दरक जाएँ तो उनके बीच पसरा मौन कुछ ऐसा कि

'शायद चाहकर भी कुछ न कह पाने की विवशता, बिना सुने ही सब कुछ जान लेने की व्यथा।'

मानवीय रिश्तों के बनने-बिगड़ने और फिर बनने जैसी स्थिति पर केन्द्रित मन्नू की एक और कहानी है 'ऊँचाई'—वही दो के बीच में तीसरे के आ जाने की कहानी, तीन पात्रों के व्यतीत, वर्तमान और सम्भावित रिश्तों के उलझने-सुलझने की कहानी। जिसमें निहायत ज़रूरी दो-एक प्रसंगों को छोड़कर कुछ घटता ही नहीं, इन पात्रों के बीच संवादों और नियंत्रित माहौल से ही घटनाओं का अनुमान लगाया जा सकता है कि स्त्री-पुरुष सम्बन्धों की प्रकृति में समय के साथ कितना बदलाव आया है। तन और मन के व्यवहार की पारम्परिक नैतिक-बोध से तयशुदा पारस्परिकता में व्यतिक्रम पैदा हो गया है। रिश्तों में सही-गलत, उचित-अनुचित का फैसला अब चली आती मान्यताओं के आधार पर नहीं किया जा सकता। कभी-कभी रिश्तों का निर्वाह तर्कातीत हो जाता है—लगभग अव्याख्येय। आस्तिक मानस, हो सकता है उसे नियति मानकर सन्तोष कर लेना चाहे पर आधुनिक मनुष्य उसके विवेकाधारित उत्तर चाहता है। कहानी की घटनाएँ (?) या दो के बीच की मुलाकातें तीन अलग-अलग परिस्थितियों में समय के लम्बे अवकाश के बाद घटित होती हैं। पुराने मित्रों के बिछुड़ने के पीछे कोई ठोस कारण नहीं। समय के लम्बे अन्तराल के बाद बदली हुई परिस्थितियों में मिलना जितना आकस्मिक है, आपसी व्यवहार वैसा नहीं। पर इसके बाद जो होता है उसे वह पति नाम का व्यक्ति कैसे स्वीकार कर ले जो इस दौरान दोनों के बीच आ चुका है—मय सन्तानों के। गुत्थी अन्ततः जहाँ पहुँचकर सुलझती है, उसमें मानवीय विवेक की अहम भूमिका है। कहानी के शीर्षक 'ऊँचाई' में तार्किक समझ के जिस शिखर का संकेत किया गया है उसकी सिद्धि के लिए घटनास्थल का चुनाव भी महज संयोग नहीं प्रतीत होता।

भीतर जो घटित हो रहा है उसे संवादों के माध्यम से व्यंजित किया गया है। यह संवाद केवल वस्तुस्थिति का नहीं, मनःस्थिति का संकेत करता है : 'हम लोग शायद काफी ऊँचाई पर हैं। कितनी ऊँचाई होगी इस पहाड़ की?'

'ठीक ऊँचाई तो नहीं मालूम, फिर भी ऊँचा तो है ही—नाम ही है, विपुलांचल।'

और कहानी के अन्त में—'धीरे-धीरे सारी थकान मिटने लगी और दोनों की रग-रग में ऊष्मा की लहरें दौड़ने लगीं।' कहना न होगा—ये दो पति-पत्नी ही हैं।

पूरी कहानी में जो शिल्प अपनाया गया है, वह बहुत सुनियोजित, सोच-समझकर अपनाया हुआ नहीं लगता। वैसा चाक-चौबन्द, चौकस नहीं जैसी प्रतीति प्रायः कृष्णा सोबती की 'यारों के यार', 'ऐ लड़की' या 'मित्रो मरजानी' जैसी रचनाओं से गुज़रते समय होती है। हर शब्द, हर संवाद, हर मोड़ बड़ी सतर्क सोच से निकला हुआ। कुछ ऐसे कि पढ़ने के बाद लगे कि इस बात को बस इसी तरह कहा जा सकता था। यह खूबी विशेष रूप से उनकी लम्बी कहानियों की है।

उषा प्रियंवदा ने लम्बी कहानियाँ विशेष रूप से अमेरिका प्रवास के पिछले दौर में लिखीं। शुरुआत वे 'एक कोई दूसरा' से कर चुकी थीं जो 1961 में 'नई कहानियाँ' में छपी थी। तब तक उनकी रचनाओं में प्रवासी जीवन के अनुभवों का रंग गहरा नहीं हुआ था। रिसर्च के लिए आए एक विदेशी छात्र के लिए उन्होंने जगह इस कहानी में भी निकाल ली थी जिसके भारतीय होने से भी कहानी के कथ्य में कोई अन्तर नहीं आनेवाला था। पर बाद की कहानियों में प्रवासी जीवन के अनुभवों का आग्रह लगातार बढ़ता गया। यहाँ तक कि पाठकों को कहीं-कहीं बेगानेपन के एहसास की शिकायत होने लगी। यूँ उषा प्रियंवदा की अधिकांश कहानियाँ मानवीय सम्बन्धों की जटिलता की कहानियाँ हैं। उनके पात्र आम ज़िन्दगी में सम्पर्क में आनेवाले अतिपरिचित से पात्र नहीं होते। वे जिस जीवन और जिन पात्रों की कहानी कहती थीं, वह उस समय के अमरीकी परिवेश में जा बसे भारतीयों का सच हो सकता था, भारतवासियों का नहीं। कम से कम मध्यवर्ग के औसत भारतीय की जीवन-शैली से उसका बहुत लेना-देना नहीं था। चार दशक बाद दुबारा पढ़ने पर वही कहानियाँ उतनी बेगानी नहीं लगतीं। ग्लोबल विश्व के सूचना-संजाल से विकासशील देशों की जीवन-शैली कुछ ऐसी प्रभावित हुई है कि अब वही तथ्य वैसे नहीं चौंकाते जैसे आधी शताब्दी पहले चौंकाते थे।

उषा की पिछले दौर की कहानियों को सामान्य व्यक्तियों की असामान्य स्थितियों की कहानियाँ कहा जा सकता है। उनके जीवन का बहुत लम्बा समय शिक्षा-जगत और देशी-विदेशी विद्यालयों में गुज़रा। यह आकस्मिक नहीं है कि उनकी कई कहानियों के पात्र इस शैक्षिक दुनिया से जुड़े शोध-छात्र, प्रोफेसर, उनके परिवार, और उनका सामाजिक वृत्त है। इनकी कर्मभूमि से ही कहानियों का परिवेश निर्मित होता है। विदेशी सेटिंग में प्रवासी भारतीयों का जीवन जो अपने को जैसे कुछ असंगत सा महसूस करते हैं। 'पिघलती हुई बर्फ' (1963), 'टूटे हुए' (1964), 'मछलियाँ' (1964), 'आधा शहर (1984), 'शून्य' (1988) और पुनरावृत्ति (1989) इस पिछले दौर की ही कहानियाँ हैं।

इन कहानियों की आनुभविक बनावट कृष्णा सोबती और मन्नू भंडारी दोनों की ठेठ देशज कहानियों से अलग है। उस दौर में, मानवीय सम्बन्धों के इस रूप से भारतीय मानस का, रोजमर्रा की ज़िन्दगी में तो वास्त. कम ही पड़ता था, अपवाद के रूप में भी ऐसी घटनाओं की विश्वसनीयता सन्देह के दायरे में ही आती थी। एक मायने में ये कहानियाँ समय से आगे की कहानियाँ कही जा सकती हैं। आज की अपेक्षाकृत युवा लेखिकाएँ जिनका यह दावा है कि वे बदली हुए स्थितियों, रिश्तों और मूल्यों (?) की कहानियाँ लिख रही हैं चाहें तो निश्चय ही इनके साथ अनुभव-सम्बद्धता के कुछ सूत्र खोज सकती हैं।

कहा जा सकता है कि उषा प्रियंवदा ने इन कहानियों के माध्यम से पाठकों का परिचय अनुभवों की नई बनत से कराया। पर कुल मिलाकर इनकी कथावस्तु का भी एक पैटर्न बनता है, जो विन्यास की थोड़ी-बहुत भिन्नता के बावजूद अपने को दोहराता है। उदाहरण के लिए सभी कहानियों में प्रायः एक पात्र ऐसा होता है जिसकी मानसिक बनावट असामान्य होती है। स्थितियों से वह पूरी तरह संगति नहीं बैठा पाता है। इस व्यक्ति की स्थिति वही दो के बीच तीसरे की होती है जैसे 'टूटे हुए' कहानी में 'टी.टी.' (तंत्री त्रिपाठी) और उसके प्रोफेसर पति के बीच फँसा भास्कर जिसे लगने लगता है : 'कि मैं एक अतीन्द्रिय, मायावी जगत का एक पात्र हूँ।' वह जिस जगत की बात कर रहा है उसकी स्रष्टा तो टी.टी. है। वह लगभग अवश-सा स्थितियों के चक्रव्यूह में कुछ ऐसा फँसता जाता है कि सम्बन्धों का अन्त इस सूचना से होता है : ''भास्कर, मुझे तुमसे सब कुछ कह देना चाहिए था। कहना आसान न था।

पर चाहती हूँ कि तुम मुझ ही से सुनो।...इस अस्पताल में हमारा पुत्र है। वह नार्मल नहीं है। कभी भी नार्मल जीवन नहीं बिता सकेगा।''...

'उसके जन्म के बाद, फिर कभी कुछ पहले-जैसा न हो सका।' वह कहती है, 'और इसीलिए प्रोफेसर को मैं और आहत नहीं करना चाहती।'

पूरी कहानी सम्बन्धों के जिस त्रिकोण पर टिकी है, उसके तीनों पात्र असामान्य हैं। प्रोफेसर मूर्ति पत्नी टी.टी. और भास्कर के सम्बन्धों के बारे में जानने और न जानने के बीच की मनःस्थिति में है। टी.टी. के बारे में ही उनका भास्कर को एकटक देखते हुए यह कहना कि 'मैं उसे लेकर आजकल बहुत चिन्तित हूँ।'...उसका आचरण बहुत अस्वाभाविक होता जा रहा है। लम्बी चुप्पियाँ, उदासी के लम्बे-लम्बे दौर। उसे अपने को व्यस्त रखना चाहिए, पर उसका हर चीज़ से मन ऊब-सा गया है।'

सुनकर भास्कर का 'अनईजी' होना। टीटी से नौकरानी इलेन के घर में उसकी मुलाकातें। टीटी को सहारा दे पाने में उसकी असमर्थता और अन्तिम परिणति में प्रोफेसर और भास्कर, दोनों से अलग होकर टी.टी. का प्रस्थान–टी.टी. का अपना चुना हुआ रास्ता। न कोई उद्वेलन, न उठा-पटक, न सफाई, सब कुछ बड़े ठंडे, संयत ढंग से सम्पन्न हो जाता है। जीवन-व्यवहार की सामान्य स्वीकृत अपेक्षाओं से अलग ऐसा अन्त जहाँ से सिर्फ़ अनिश्चित राहें फूटती हैं।

उषा की ये कहानियाँ समय के उस दौर की रचनाएँ हैं जब बौद्धिकों के मानस पर अस्तित्ववादी सोच हावी था। आत्मनिष्ठ, अपने चुने हुए रास्तों में जीवन का अर्थ तलाशते हुए, स्व अर्जित पीड़ा को ढोते हुए, अस्तित्ववादी मुहावरे में अपने अपराधबोध को वहन करते पात्रों से इन कहानियों में पाठक का सामना होता है। उचित-अनुचित, सही-गलत, नैतिक-अनैतिक के बारे में उनकी अपनी समझ है, जिसे कार्यान्वित करते हुए उनके मन में परम्परागत मूल्य और मान्यताएँ आड़े नहीं आतीं। मसला प्रायः वही होता है–स्त्री-पुरुष सम्बन्धों का, दो के बीच किसी 'अन्य' के आ जाने का। गिनती में वह तीसरा, चौथा, पाँचवाँ कोई भी किसी पक्ष में हो सकता है।

'पिघलती हुई बर्फ' के अक्षय और सुधीरा के बीच बीरू का आ जाना ऐसी ही घटना है। जिसका नतीजा एक ऐसा 'मेंटल ब्लाक' है जिसकी वजह 'गहरा इमोशनल शॉक' है। एक ऐसा क्राइसिस जिससे मुक्ति पाने के

लिए अक्षय के प्रोफेसर उसे वापस इंडिया लौट जाने की सलाह देते हैं। उस पर ऐसी विक्षिप्तता हावी है कि 'एक शब्द के पास दूसरा शब्द रखकर, पंक्तियाँ, पृष्ठ, पोथे न लिख पाने के कारण धीरे-धीरे टूटकर, बिखरता जा रहा है।'

वह अपने को बहुत दिन तक धोखा नहीं दे सकता। वह जान गया है कि : 'असली गाँठ सुधीरा है। सुधीरा ही वह बड़ा-सा हिमखंड है, जो हृदय के स्थान पर आकर जम गया है। सुधीरा है जो हांट करती है, जागते-सोते। सुधीरा मुझे निष्कृति दो, मुझे और मत टार्चर करो।'

पर इस 'टार्चर' से निष्कृति का उसे वहीं रहते एक और रास्ता मिल जाता है लगभग 'कोल्ड ब्लडड मर्डर' का रास्ता—बीरू को बीच से हटाने का रास्ता। ऐसी रात में जब खराब मौसम में पिघलती बर्फ के कारण मोटरें फिसल रही थीं, माँगने पर वह अपनी कार की चाबी सहज रूप में बीरू के हवाले कर देता है। यह जानते हुए भी कि कार के ब्रेक ठीक नहीं थे। जानकारी नहीं थी तो इस बात की कि सुधीरा भी बीरू के साथ जानेवाली थी। कार के एक्सीडेन्ट में बीरू की तो तत्काल मृत्यु हो गई पर सुधीरा ज़िन्दगी भर के लिए अपाहिज हो गई। और अक्षय इस पीड़ा का बोझ ढोने के लिए जीवनभर के लिए अभिशप्त कि 'वह यदि चाहता तो बीरू को बचा सकता था, क्योंकि उसे मालूम था कि कार के ब्रेक ठीक नहीं थे।'

इस अपराधबोध से छुटकारे के लिए वह भारत वापसी का पलायन-मार्ग चुनता है—छबि के साथ नई ज़िन्दगी आरम्भ कर पाने की उम्मीद में। पर उस रात की स्मृति—बर्फ पर रक्त के दाग, लाल कीचड़, सुधीरा को एक बार सिर्फ़ एक बार देखने की लालसा, दिन, मास, बरस बीतने पर भी सपनों में उसका पीछा नहीं छोड़ती।

सम्बन्धों के टूटने-जुड़ने या कहा जाए कि तोड़ने-जोड़ने की एक और कहानी है 'मछलियाँ'। 'वापसी' के बाद उषा की अधिक प्रसिद्धि इसी कहानी से हुई। इसकी रचना भी उषा ने अमेरिका जाने के कुछ ही वर्ष बाद (1964) की थी। कहानी 'धर्मयुग' में छपी थी और इसकी व्यापक चर्चा हुई थी। यहाँ तक कि इसमें आए पात्रों की खोज पाठकों ने उषा के जीवन में करनी शुरू कर दी। राजेन्द्र यादव ने 'एक दुनिया समानान्तर' के लिए कहानियों का चुनाव करते समय 'वापसी' की तुलना में इसी कहानी को शामिल करना

बेहतर समझा।

जैसा शीर्षक से स्पष्ट है—जीवन की एक वस्तुस्थिति में लेखिका ने तालाब में बड़ी मछली छोटी मछली के खेल की तर्ज़ पर अपने पात्रों को भूमिकाएँ दी हैं। कहानी में मुख्य पात्र तीन हैं—विजयलक्ष्मी (विजी), नयनतारा मुखर्जी (मुकी) और नटराजन। मनीष नाम का एक चौथा पात्र भी है पर मछलियों की भूमिका में 'विजी' और 'मुकी' ही हैं। दो के बीच तीसरा है नटराजन जो किसी समय विजी का मित्र था, पर शहर से उसकी तीन महीने की अनुपस्थिति के बीच मुकी की पाली में चला गया है। इतना ही नहीं मनीष नाम का जो पात्र नटराजन की जगह ले सकता था, वह भी मुकी के प्रति उन्मुख हो जाए, यह विजी को असह्य है। दरअसल अन्तर दोनों के व्यक्तित्व में है : 'मुकी के व्यक्तित्व में ठहराव है, जो कुछ वह सोचती है, उसे आवेष्टित करती है। विजी की तरह तुरन्त विचलित या खुली हुई नहीं है।'

यह अन्तर दोनों के रूप, बनावट, रख-रखाव सब में है। मुकी लोगों को विजी की तुलना में अच्छी लगी तो सकारण—'रँग साँवला है, पर आँख लम्बी, होंठ सुगढ़, देहयष्टि सानुपात। उठने-बैठने में एक लचक, चारों ओर एक व्यक्तित्व-वैशिष्ट्य का आभास।' समस्या इससे आगे और है। मुकी अपने इस व्यक्तित्वाकर्षण के बारे में सजग है और वह इसे बिना दुराव-छिपाव के दो टूक ढंग से कह सकती है—बिना किसी दम्भ या अहंकार के : "अगर मनीष को मैं विजी से अच्छी लगती हूँ तो इसमें मेरा क्या दोष? आप ही बताइए, यदि मैं विजी से अधिक आकर्षक और सोफिस्टिकेटेड हूँ, तो क्या यह कोई अपराध है?" इतना ही नहीं अपने इस आत्मविश्वास के लिए उसके पास तर्क है : "मनीष की और मेरी रुचि मिलती है। वह लेखक, मैं कलाकार...विजी इज ए नाइस गर्ल, मगर उसमें मनीष-से व्यक्ति को आजन्म पकड़ बाँध रखने को है ही क्या?"

आपसी सम्बन्धों के इस शतरंजी खेल में, विजी अन्तिम विदा लेने से पहले मुकी को जिस तरह मात देकर चली जाती है उस स्थिति में नटराजन बेबस है और मुकी अपने व्यक्तित्व के सारे ठहराव को बलाए-ताक रखकर टूट और बिखर रही है। जबकि विजी में न कोई उद्वेलन है, न विचलन। नटराजन को अपनी ओढ़ी हुई मासूमियत का शिकार बनाकर वह हर मोहरा बड़ी सावधानी से चलती हुई पूरी बाजी उलट देती है—नटराजन और मुकी पर।

उसने मित्रता का सम्बन्ध बनाए रखने की आड़ में उन दोनों को कभी माफ ही नहीं किया था। कहना न होगा—उस दौर में सम्बन्धों का इस ढंग का निर्वाह उषा के रचनाकार ने अमरीकी जीवन-पद्धति में ही देखा और आत्मसात किया था। रानी मछली के रूप में विजी के चरित्र का यह तहाया हुआ रूप उसी अनुभव की देन है। यह बात अलग है कि वर्तमान परिदृश्य में यह भारतीय सन्दर्भ में भी अनपहचाना प्रतीत नहीं होगा।

समय के साथ उषा प्रियंवदा की रचनाओं में यह प्रभाव और सघन और मुखर ही हुआ है। 'मछलियाँ' के लगभग पचीस वर्ष बाद उनकी एक कहानी सारिका में छपी 'पुनरावृत्ति'। कहानी के 'प्लॉट' की आनुभविक बुनावट में भारतीय और अमरीकी अनुभवों का अजब-सा घालमेल है। कहानी के प्रमुख पात्र हैं प्रो. चिरन्तन। कहानी उनके वर्तमान से आरम्भ होकर समय में उलटी यात्रा करती है। विदेश के अस्पताल के इंटेसिव केअर यूनिट में हार्ट स्ट्रोक के बाद स्वास्थ्य लाभ करते हुए तीन बेटियों के बाप और संदीपनी नाम की स्त्री के पति चिरन्तन बीमारी में भी इस बात से परेशान होते हैं कि उन्हें अटेंड करनेवाली कौन-सी डॉक्टर और कौन-सी नर्स उन्हें किस भाव से देखती है। वे चाहते हैं कि डॉक्टर-पेशेन्ट के रिश्ते का अतिक्रमण करके उनकी डॉक्टर उन्हें 'भर आँख देखे और समझे कि चिरन्तन को कभी भी इसकी कमी नहीं महसूस हुई'। यह उनकी ग्रन्थि है। 'मेल ईगो' के आहत होने की कसक। यह बोध कि "उन्हें किसी के लिए प्रयत्न नहीं करना पड़ा, क्या चेहरे की बनत थी या पद की गरिमा—बाल बच्चों की कचपच, पत्नी की एकरसता को दूर करने के लिए कोई-न-कोई जीवन में मौजूद ही रहता था," परिवारी व्यक्ति से भिन्न यह चिरन्तन के जीवन की दूसरी धारा थी जिसमें तरह-तरह के संचारी तत्त्व लगातार संचरण करते रहते थे। न पहचान पर कोई बन्दिश न अवधि पर। उधर स्थायी भाव की तरह घर में बैठी पत्नी की स्थिति बरकरार। आने-जाने वालों में शोध-छात्राओं की पंक्ति की पंक्ति के बीच कोई सहयोगी या सर्किट हाउस में काम करनेवाली सुखमी तक, कोई भी हो सकता था। और ऐसे सम्बन्ध की अवधि एक रात, सप्ताहान्त, एक सप्ताह से लेकर एकाध महीनों तक, कुछ भी हो सकती थी। ऐसे सम्बन्धों का आधार लेन-देन से लेकर, अस्थायी आकर्षण या जायका बदलने की विशुद्ध शारीरिक ज़रूरत भी हो सकती थी। दोनों पक्षों में ही इसमें कोई नैतिक बाधा या अपराध-बोध आड़े

नहीं आता था। सब अनायास अनिर्धारित-सा प्रारम्भ होता और उसी ढंग से बीत जाता था। आत्मछल पर आधारित स्त्री-पुरुष सम्बन्धों की इस व्यावसायिक बनत का कारोबार सार्वदेशिक और सार्वकालिक है। वर्ग और स्थिति-भेद से इसके रूप और परिणति अलग-अलग हो सकती है। पर इस जीवन-शैली के निर्वाह की शर्त यही होती है कि दोनों पक्षों में सहमति और सन्तुलन बना रहे।

प्रो. चिरन्तन की इस कहानी में ट्विस्ट विदेशी छात्रा सैली के प्रवेश से आता है। उसका आग्रह है कि वे उसके लिए अपने परिवार को छोड़ दें। सैली की रट है, 'मैरी मी चीरू...मैरी मी।' और उनका जवाब है, 'यह पश्चिम नहीं है।' सैली के प्रति अदम्य आकर्षण के बावजूद वे ठेठ भारतीय गृहस्थ का मुखौटा उतारने को राजी नहीं होते। विडम्बना यह है कि उनके जीवन में अलग-अलग वर्गों से आनेवाली किसी भारतीय नारी ने उनसे यह अपेक्षा नहीं की। उनकी पारिवारिक बनत की पूरी जानकारी में उन्होंने चिरन्तन के साथ अवैध सम्बन्ध बनाए। उनकी अपनी ज़रूरतें और तर्क थे। इन सबसे भिन्न सैली उन्हें उनकी पूर्णता में पाना चाहती है, विभाजित रूप में नहीं। इसलिए वह अगर दृश्य से बिना कुछ कहे-सुने अदृश्य हो जाती है तो यह पाठक को नहीं चौंकाता।

चौंकाती है उसकी वापसी—वर्षों बाद। तब के युवा चिरन्तन अब प्रौढ़ हो चुके हैं। सैली भी इस बीच एक विवाह करके पति से अलग हो चुकी है। वे एक कॉन्फ्रेन्स के लिए न्यूयॉर्क पधारे हैं। सैली नाटकीय ढंग से उनके जीवन में एक बार फिर प्रकट होती है। उसका एक निश्चित एजेंडा है। वह सात साल से अपने बच्चे के लिए कलप रही है। पति स्टुअर्ट, वीर्य में शुक्राणुओं की कमी के कारण उसकी यह ज़रूरत पूरी नहीं कर सके। हजारों डॉलर दवा-इलाज में खर्च करने के बावजूद। अब वह स्विट्जरलैंड के एक क्लिनिक में किसी अनजान वीर्यदाता की मदद से अपनी यह ज़रूरत पूरी करने के लिए जाती है। दो प्रयास विफल हो चुके हैं। तभी अखबार में चिरन्तन के भाषण का विज्ञापन पढ़कर उसमें नए सिरे से आशा बँधती है। उन जैसे 'मेधावी, आकर्षक और इज्ज़तदार' पुरुष की अब उसे ज़रूरत है। वह प्रेमवश नहीं, इस बार यह ज़रूरत पूरी करने के लिए उनके जीवन में फिर प्रवेश करती है। जैसलमेर से वर्षों पहले अचानक गायब हुई सैली के इस पुनः प्रवेश की

विडम्बनापूर्ण परिणति यह है कि एक बार फिर चिरन्तन उसे यह सूचना देकर निराशा के गर्त में झोंक देते हैं कि उन्होंने नसबन्दी करा ली है। उसके पास उनके इस प्रस्ताव को कि 'नसबन्दी रिवर्स कराई जा सकती है', ठुकराने के सिवा कोई विकल्प नहीं है। उसे तत्काल क्लिनिक के लिए स्विट्ज़रलैंड प्रस्थान करना है। क्योंकि यह उसके लिए आख़िरी अवसर है। चिरन्तन के जीवन से दोनों बार निकल जाने का फैसला सैली का है। चिरन्तन को अचानक ऐसा लगता है जैसे 'सारे न्यूयॉर्क में ब्लैक आउट हो गया है। उन्हें यह भी नहीं मालूम कि टैक्सी के आने पर उन्हें जाना कहाँ है?'

स्त्री-पुरुष सम्बन्धों की ऐसी बनत उषा की शुरू के दौर की कहानियों में नहीं मिलती। सामाजिक स्थितियों में आनेवाले बदलाव के साथ आपसी सम्बन्धों की ऐसी उपयोगितावादी संरचना, बाद की बात है। इस मिज़ाज़ की कहानियाँ न कृष्णा सोबती ने लिखी, न मन्नू ने। उत्तर-आधुनिक तर्ज़ की यह अग्रगामिता उषा प्रियंवदा की कहानियों में बहुत हद तक उनके अमेरिका प्रवास की देन है।

उषा की इन कहानियों में एक और बात ध्यान खींचती है। परिवेश के ब्यौरे। पात्रों के सोच और व्यवहार को जैसे ऐसे ब्यौरे एक हद तक प्रभावित या निर्धारित करते हैं : ''बैठक में बेंत का एक सोफा व तीन-चार कुर्सियाँ थीं, बीच में एक गोल मेज। दीवारें सफेद और सूनी, कहीं एक भी चित्र नहीं। दरवाजों पर भूरे रंग के परदे थे, जिनसे कमरा और भी उदास लग रहा था।'' इस ब्यौरे का सीधा सम्बन्ध अगले वाक्य से है—**छबि घर की सज्जा में रुचि क्यों नहीं लेती, अक्षय ने सोचा।** (पिघलती हुई बर्फ) एक और चित्र : ''आमने-सामने दो सोफे हैं, दो-तीन तरह की कुर्सियाँ, किसी सुन्दर पेड़ की आपस में गुँथी हुई शाखाओं को काटकर मेज-सी बनाई गई है, जिसके ऊपर पारदर्शी काँच है, जिससे वह गुँथी हुई शाखाएँ स्पष्ट दिखाई देती हैं। मैं सोच उठता हूँ कि ऐसी विचित्र शाखाएँ पहले कभी नहीं देखीं।'' (टूटे हुए)

उषा की नज़र परिवेश ही नहीं अपने किरदारों के वेश पर भी बनी रहती है। दिलचस्प बात यह है कि अमेरिका प्रवास के दौरान लिखी कहानियों में उन्होंने पात्रों की वेशभूषा का जितना डिटेल में खाका खींचा है, वैसा पहले की कहानियों में नहीं दिखाई पड़ता। 'एक कोई दूसरा' की शुरुआत ही आत्ममुग्ध नायिका के इस वाक्य से होती है, ''मैं अब भी सुन्दर हूँ।'' अपने

को इसी रूप में प्रस्तुत करने के प्रयास में अगर ध्यान सजधज पर बना रहे तो नतीजा कुछ ऐसा ही होगा : ''नीली सिल्क की साड़ी, उस पर चटक नारंगी बार्डर। नीला ब्लाउज साड़ी में कुछ ऐसा घुलमिल गया था कि सुनहरे तारों से बुना नारंगी बार्डर ही झिलमिला रहा था। बॉर्डर के रंग की वैसी ही चटक लिपस्टिक।'' इसी कहानी में कुछ और आगे चलकर : ''मैंने हलके पीले रेशम की सादी-सी साड़ी पहनी थी, जिसके आँचल के छोर पर पीले ही फुँदने लटक रहे थे। साड़ी से कुछ ही गहरा ब्लाउज, बाल सादे और पीछे जूड़ा। लिपस्टिक और दिनों से बहुत हलकी थी और वह गुलाबीपन मुझे अच्छा लगा।'' यह आत्मसजग और आत्ममुग्ध नायिका का अपनी आँखों देखा रूप है।

एक दूसरी कहानी है 'टूटे हुए' जिसके पुरुष पात्र भास्कर जब टी.टी. त्रिपाठी को देखते हैं तो वेश, पूरे व्यक्तित्व और देह-यष्टि के सन्दर्भ में : ''दाहिनी बाँह मोड़कर उसने सिर के नीचे रख ली है, बाईं बाँह नीचे झूल रही है, साड़ी हलके-से बादामी रंग की है, जिसकी सिल्क टेबिल लैम्प के प्रकाश में झिलमिला रही है।'' और एक दूसरी स्थिति में वही भास्कर और टी.टी. पर इस बार टी.टी. कुछ अलग है, इसका पता उसकी सजधज से ही लगता है : ''पास आने पर देखता हूँ कि वह और दिनों की अपेक्षा अधिक बनी-सँवरी लग रही है। उसने ग्रे रंग की साड़ी पहन रखी है, ऊपर कोट, कोट में फ़र।''

इन प्रसंगों से गुज़रते हुए यह पहचानने में देर नहीं लगती कि ये ऐसी कलम की देन है जिसके पीछे अमेरिका के भारतीय प्रवासी जीवन का गहरा अनुभव है। अमेरिका का स्थानीय मध्यवर्गीय समाज, रोज़मर्रा की ज़िन्दगी में अपने पहरावे के बारे में जितना सहज और बेपरवाह होता है उसकी तुलना में प्रवासी भारतीय विशेषकर स्त्रियाँ बहुत आत्मसजग रहती हैं। वहाँ के अकादमिक सम्मिलनों तक में उनकी सजधज देखने लायक होती है। विशेषकर प्रवासी जीवन के आरम्भिक दौर में। उषा प्रियंवदा इसका अपवाद नहीं हैं। वेशभूषा के बारे में उनके ठेठ भारतीय आत्मसजग मानस की छटा जगह-जगह दिखाई पड़ती है।

नज़र ही नहीं, भारतीय जीवन-शैली में रसे-बसे व्यक्ति के ऐन्द्रिय-बोध में भी प्रवासी-जीवन आमूल परिवर्तन करने में पूरी तरह कामयाब शायद कभी नहीं होता। उषा ने 'शून्य' कहानी लम्बे अमेरिका प्रवास के बाद 1988 में

लिखी—'बाबूजी' की मौत पर। कहानी में भारत, अमेरिका और कनाडा तीन घटनास्थलों का ज़िक्र है। पर अनुभवों को बयान करनेवाला मन और आँख ठेठ भारतीय। पिता के अन्तिम संस्कार में शिरकत करके अमेरिका लौटने वाले बेटे की स्मृति में अतीत की स्मृतियाँ रील की तरह साकार होती हैं तो उसे 'आँगन में पनपती लौकी की बेल' याद आती है, गोकि वह या फिर लेखिका यह भूल जाती है कि भारत में लौकी और भिंडी एक ही मौसम की सब्जियाँ हैं। इसलिए वहाँ ऐसा नहीं होता कि "जाड़ों के मौसम में जब आँगन में लौकी की बेल पनप जाती थी तो भिंडी का स्थान लौकी ले लेती।" मुख्य बात यह है कि भारतीय जीवन के रूप-रस-गन्ध लेखिका के ऐन्द्रिय बोध में अपनी अनिवार्य उपस्थिति दर्ज करते रहते हैं : "जब वह आँगन के दूसरे कोने में, दूसरे टीन की छत के नीचे गुसलखाने से नहाकर निकला तो चूल्हे पर पतीली चढ़ी हुई थी और उबलती हुई अरहर की दाल की सुगन्ध सारे आँगन में फैली हुई थी।" उषा अपने निजी पत्रों में अब भी जिस उल्लसित भाव से अपने किचन गार्डन की बेलों में फलीभूत तीन करेलों और लौकियों की बहार का जिक्र करती हैं, वह इस बात का गवाह है कि चार दशक से अधिक समय से विदेश प्रवासिनी लेखिका के अनुभव संसार में भारत अपने भूगोल और इतिहास समेत नॉस्टेल्जिया के रूप में रसा-बसा है। यह बात अलग है कि इन संस्कारों पर अमेरिकी जीवन के अनुभवों का खोल कुछ ऐसे चढ़ गया है कि उनकी रचनाओं में आनुभविक कॉकटेल का एहसास रह-रहकर होता रहता है।

इस नज़रिए से कृष्णा सोबती और मन्नू भंडारी की कहानियों में नगर से गाँव तक, पहाड़ों से मैदानी इलाकों तक, फैला अनेक वर्गों के पात्रों का जीवन, अपनी विविधता में भी ठेठ भारतीय मिजाज़ की प्रतीति कराता है। परिचित होने के बावजूद कुछ विलक्षण। सतत प्रवहमान जीवन-धारा के बीच से लेखकीय चयन की निजी छाप से उद्भासित।

यही निजी छाप इन तीनों रचनाकारों को समय की धारा में समानान्तर हमसफ़र होने के बावजूद एक-दूसरे से और अपने पूर्ववर्तियों और परवर्तियों से विशिष्ट बनाती है। समान विषयों पर लिखी कहानियों में भी हर कलम की अपनी पहचान है। विषय की उठान, बनत, प्रस्तुति, भाषा सबके आधार पर पाठक को रचनाकार को पहचानने में दिक्कत नहीं होती। ये मिलकर ऐसा

कहानी-कोरस नहीं रचतीं जिसका प्रभाव समवेत गान की तरह हो। एक ऐसा शोर जिसमें आप किसी एक या दो की आवाज़ को अलग से चीन्ह ही न सकें। समय में साथ-साथ होने पर भी, इस अलगाव ने इन्हें वह पहचान दी है जो इनके स्थायी महत्त्व का सबब है।

खंड-2

उपन्यास : एक दुनिया समानान्तर

उपन्यासों में जीवन

इन तीनों रचनाकारों के अधिकांश उपन्यास स्त्री-जीवन पर केन्द्रित हैं तो सवाल उठता है कि यह महज़ इत्तिफ़ाक है या इसकी वजह इनका महिला होना है। स्त्री विमर्श के पैरोकारों का सबसे प्रबल तर्क है कि स्त्री जन्मना स्त्री होती है, लेखन उसका चुना हुआ कर्म है। चयन का अधिकार भले ही उसका हो पर जन्म से जो भूमिका उसे विरासत में मिली है, उस पर उसका कोई बस नहीं। वह संस्कार उसके चाहे-अनचाहे, जाने-अनजाने उसके भीतर बद्धमूल है। इसलिए विषयों के चयन से उनके विन्यास और अभिव्यक्ति तक उसके भीतर की स्त्री यानी उसका स्त्रीपन अनिवार्यतः अपनी छाप छोड़ेगा। बात जन्मना संस्कार तक ही सीमित नहीं रहती, आगे तक जाती है। उसके प्रति पारिवारिक और सामाजिक व्यवहार तक, यानी उसके अनुभूत यथार्थ तक, जिसे वह रोज़मर्रा की ज़िन्दगी में एक अदृश्य प्रक्रिया में आत्मसात करती है। व्यक्ति के रूप में भी, और एक लैंगिक इकाई के रूप में, एक सामुदायिक सत्ता के रूप में भी। सवाल यह है कि क्या उसकी यह पहचान स्त्री-जीवन से जुड़े उसके अनुभवों को सहयात्री पुरुष वर्ग की तुलना में ज़्यादा प्रामाणिक बना देती है। यह भी कि यथार्थ से व्यक्ति-सम्बद्धता की निशानदेही कैसे होगी। क्या व्यक्ति से इतर यथार्थ ऐसी वस्तुसत्ता है जिसे व्यक्ति सर्वथा निरपेक्ष रूप में ग्रहण कर सकता है। अगर ऐसा है तो क्या इसका बोध देश-कालबद्ध, अपने में सम्पूर्ण अश्भीभूत सत्ता के रूप में होता है? इन तमाम सवालों का ताल्लुक अनुभूति से अभिव्यक्ति तक सृजन की पूरी प्रक्रिया से है।

व्यक्ति और यथार्थ दोनों गतिशील सत्ताएँ हैं—क्षण-क्षण परिवर्तनशील सत्ताएँ। अपने से बाहर निरन्तर गतिमान सृष्टि। समाज के अस्तित्व को वस्तुनिष्ठता में जानना और स्वीकारना ही यथार्थवाद होता है। जीवन घटनाओं

में घटता है। कुछ घटनाएँ सीधे ज्ञात अतः प्रत्यक्ष अनुभव का विषय होती हैं। पर कुछ ऐसा भी होता है जो अज्ञात पर जानकारी के रूप में अनुभव का हिस्सा हो जाता है—प्रतीति के रूप में। कुछ ऐसा जो मानो फ्रीज़ होकर लेखकीय प्रतीति का विषय हो जाए—उपस्थिति प्रत्यक्ष हो या परोक्ष। सृजन के लिए इस अन्तर्मन की समझ, आन्तरिक प्रतीति का विश्लेषण आवश्यक होता है। अन्तर्मन की कारण-मीमांसा को आयाम, घटनाओं का वर्णन करने से नहीं, उनके बीच चयन करने से, चिन्तन करने से मिलता है।

बाह्य की इस आन्तरिक प्रतीति की अभिव्यक्ति के लिए युक्तियों का सूझना ही रचनात्मक प्रतिभा का धर्म है जो किसी विशेष पात्र, प्रसंग, भाषा-शैली, कथन-भंगिमा, दृष्टिकोण, प्रतीक-प्रयोग किसी रूप में फलित हो सकता है। उपन्यासकार की निजता, उसके वैशिष्ट्य की पहचान के स्थल इन्हीं के बीच होते हैं। एक ही रचना-समय में सक्रिय रचनाकारों की अलग-अलग रंगतें इसी से पैदा होती हैं। काल के एकरेखीय बोध से सम्बद्ध यथार्थवादी उपन्यासों की विविधता का यही रहस्य है। वरना मनुष्य समाज में रहकर एक स्तर पर जो सामूहिक जीवन जीता है उसमें व्याप्त सामुदायिकता की भावना को उसके व्यक्तिवादी आग्रह, कोशिशों के बावजूद नष्ट करने में सफल नहीं हो पाते। अगर अपवाद रूप में ऐसा हो जाता है तो सम्प्रेषणीयता बाधित होती है।

अजब होती है यह जीने, भोगने, रचने, सम्प्रेषित करने और अपने अवचेतन/चेतन में विराजमान लक्ष्यीभूत पाठक तक अपनी बात पहुँचाने की जद्दोजहद। पाठक जिसे वह जानता है और पाठक जो गुमनाम है, सम्भावित है। समसामयिक पाठक से समयातीत पाठक तक उस सबको पहुँचा देने की ललक जो अपनी सपाटता या संश्लिष्टता में उसने चेतना में आनुभविक स्तर पर वहन किया है। कुछ ऐसे कि वह—'अनुभूति की प्रामाणिकता' के तथाकथित प्रतिमान पर खरा उतर सके। यह बात अलग है कि अनुभूति के अमूर्त संसार का कोई ऐसा वस्तुगत आधार या आकार नहीं होता जो इसे प्रतिमान का दर्ज़ा दिला सके। इसका अभिप्राय इतना ही होता या हो सकता है कि रचना और पाठकीय प्रतिक्रिया के बीच संवादी सम्बन्ध बने, विवादी नहीं। पर संवाद तो उससे होता है जो अनाम, अगोचर और सम्भावित या कल्पना का इष्ट है। और वह भी ऐसे कर्ता का जो एक ही समय में रहकर

भी अनेक समय-स्पेस में जीता है। निरन्तर देश-काल को अतिक्रान्त करता हुआ। बीते हुए की अनुगूँजें पूरी तरह निःशेष नहीं होतीं कि आनेवाले वक़्त की आहटें दस्तक देने लगती हैं। जो मौजूद है उसका दबाव तो उसका प्रत्यक्ष यथार्थ है ही।

रचनाकार की भाव-संरचना, उसके अन्तर्तत्त्वों की बुनावट संश्लिष्ट होती है। विचारधारात्मक प्रतिबद्धताओं, निजी संस्कारों और परिस्थितिगत दबावों की घुलावट से जो मनोरचना बनती है, उसकी निशानदेही का प्रामाणिक आधार कृति ही होती है। उसी की गूँथ से इन्हें बीनकर व्याख्या-विश्लेषण के सहारे पाठक उस 'अर्थ' को प्राप्त करता है जो रचना का मर्म होता है। बाहर से किन्हीं पूर्व-निर्धारित औज़ारों या आग्रहों का हस्तक्षेप प्रायः समझ औ मूल्यांकन की राह में भटकने का खतरा पैदा करता है। आग्रह भीतरी यानी संस्कारगत और बाहरी यानी वैचारिक या सामाजिक दोनों तरह के हो सकते हैं। शायद इसीलिए यथार्थवादी उपन्यासों के बारे में रेमंड वि .यम्स ने कहा था कि उनमें 'समाज और व्यक्ति में से एक गौण और दूसरा मुख्य नहीं होता।' दरअसल रचनाकार के रूप में व्यक्ति तो माध्यम भर होता है, बात तो प्रायः सामाजिक जीवन की पद्धतियों, उसके गुणों-विशेषताओं के सृजन और मूल्यांकन की ही की जाती है।

ठीक इसी तरह कथाकृतियों की विषयवस्तु में भी नया या पुराना कुछ नहीं होता। नया-पुराना तो विषय का ट्रीटमेंट होता है। हो सकता है किसी गुज़रे ज़माने की कहानी को लेखक अपने वक़्त की आँख से देख रहा हो या फिर वर्तमान की किसी ताज़ा-तरीन घटना को हाथ से सरक गए वक़्त की निगाह से परख रहा हो। महत्त्वपूर्ण होती है उसमें अपने समय की गूँज, अपने वर्तमान समय से सम्बद्धता उसे प्रासंगिक और मूल्यवान बनाती है। उपन्यासों की प्रकृति इसी अर्थ में यथार्थवादी होती है कि रचनाकार का अपना समय उसकी आँख से प्रायः ओझल होता ही नहीं।

इन तीनों लेखिकाओं में, कहानियों की तरह ही उपन्यास रचना की शुरुआत भी पहले कृष्णा-सोबती ने ही की। दरअसल उनकी पसन्दीदा विधा वही है। आरम्भ उन्होंने भले ही कहानियों से किया हो लेकिन मन उनका उपन्यासों की रचना में ही रमता है। यहाँ तक कि उनकी कई लम्बी कहानियाँ आरम्भ में पत्रिकाओं के विशेषांकों में कहानियों के रूप में छपी ज़रूर पर अपने

औपन्यासिक विन्यास के कारण आगे चलकर उन पर उपन्यासिकाओं (नॉवलेट्स) के रूप में विचार करने का चलन हो गया। 'मित्रो मरजानी' और 'ऐ लड़की' इनमें प्रमुख हैं। पहला लघु उपन्यास 'डार से बिछुड़ी' उन्होंने 1958 में लिखा। कहना न होगा कि स्त्री-जीवन उनके उपन्यासों में तरह-तरह से अपनी उपस्थिति दर्ज करता रहा।

स्त्री जीवन : अपनी-अपनी नज़र

(क) कृष्णा सोबती

स्वामित्व का सामन्ती ठाठ : 'डार से बिछुड़ी'

'डार से बिछुड़ी' की बनावट एक ऐसी 'गल्प' की है जिसे किसी लोक-प्रचलित किस्से के साथ ऐतिहासिक घटना के ताने-बाने से बुना गया है। 1849 में सिक्ख और अंग्रेज़ सेना के बीच हुए युद्ध की ऐतिहासिक पृष्ठभूमि में कहानी के सूत्र कुछ ऐसे गुँथे हैं कि कथानक की वास्तविकता का भ्रम पैदा करते हैं। ऐतिहासिक घटनाओं के साथ अर्ध-सत्य या कल्पना पर आधारित ऐसी कथाएँ लोक में अक्सर प्रचारित हो जाती हैं। कहा नहीं जा सकता कि 'डार से बिछुड़ी' की 'पाशो' की यह कहानी पूरी तरह 'गढ़न्त' है या इसके कथा-सूत्र लेखिका ने किसी पात्र या प्रचलित किस्से से ग्रहण किए। प्रस्थान-बिन्दु जो रहा हो, पर लक्ष्य स्पष्ट है। अपनी डार से बिछुड़ने का साहसिक कदम उठानेवाली स्त्री के जीवन की विडम्बना का चित्रण।

एक ऐसी 'कुलबोरनी' विधवा माँ की बेटी, जो उसे पीछे छोड़ शेखों की हवेली जा चढ़ी। मामा-मामी की आँख का काँटा। जीवन लगातार खतरे के साए में। कब कौन ज़हर दे दे या दरिया में डुबो दे। नानी की नसीहत— 'सँभलकर री, एक बार का थिरका पाँव ज़िन्दगानी धूल में मिला देगा,' के बावजूद जिसने माँ से एक बार मिलने की ललक में पाँव बाहर निकाल दिया उसका फिर कोई ठौर-ठिकाना नहीं। जिस स्थिति में उसे धकेल दिया जाए न उसके चुनाव में उसकी मर्ज़ी, न विकल्प। शेख एक तो बैरी और दूसरे विधर्मी। भले को उसे हिन्दू दीवान परिवार के हवाले कर दिया पर वहाँ उसकी हैसियत लखपत दीवान के बेटे को जन्म देकर भी रखैल से ज़्यादा कुछ नहीं। वहाँ भी,

'लिखियों के खेल, दिन भी आए तो ऐसे कि घर बाहर के धनी मेरे दीवान जी ही पाहुने हो गए। सपने हो गए वे दिन जब दीवान जी चौके विराजते थे, और मैं थाली परसती थी।'

परिवार के पारम्परिक ढाँचे में औरत के इस निर्विरोध समर्पण का न महत्त्व न औकात। सो छोटे भाई बरकत दीवान की बिगड़ी नीयत और नाई की मिली-भगत से इस बार सौदा हुआ। घड़े भर मोहरों के बदले गोदी का लाल छूटा और जिस हवेली के पिछवाड़े जाकर डोला उतरा, उसके धनी ने रुक्का पढ़कर थलथली आवाज़ में कहा : 'शुकर है बरकत दीवान ने मेरा ऋण तो चुकाया,' और उसे 'ऐसा लगा, जैसे कोई डायन होऊँ—अपने को खा खपा दूजों के घर आन खड़ी थी।' साथ ही बेचनेवाले के लिए धिक्कार : 'बरकत दीवान, तूने खत्री होकर घर की बहू बेच दी।' **बिकी हुई औरत खरीददार के घर की दात** : "भागमरी, यह घर-बाहर सँभाल और द्रौपदी बन सेवा कर मेरी और मेरे बेटों की।" भाग के इस लिखे की विवश स्वीकृति के सिवा कोई रास्ता नहीं। औकात खरीदी हुई वस्तु की जो जिन्स से ज़्यादा कुछ नहीं।

इस परिवार के चार लड़ाके लड़ैतों के बीच से मँझले का उसके प्रति स्वामित्व भाव—**ठेठ सामन्ती तर्ज़ पर**। यहीं युद्ध की ऐतिहासिक घटना सामाजिक जीवन में हस्तक्षेप करती है। स्त्रियाँ ब्याहता हों या रखैलें, सम्पत्ति की तरह उनकी रक्षा, उनकी पहरेदारी युद्ध स्थिति में पुरुष का धर्म हो जाती है। मँझला रोज़ फिरंगियों से युद्ध के लिए मोर्चे पर निकले। "मैं सौ पहरुओं का एक पहरु" के दर्प से प्रेरित एक दिन उसे कम्बल में लपेटकर घोड़े पर साथ ही ले निकला, इस संकल्प के साथ कि 'अब भले ही फिरंगी के हाथ मर जाऊँ—मेरे पास मेरी नवेली।' **स्त्री पर पूर्ण स्वामित्व का ठेठ सामन्ती ठाठ।** साथ ही यह अन्तर्विरोध कि रोज़ हवेली पर ताला मारकर जानेवाले ने एक दिन ताला खुला छोड़ दिया। वह जानता था कि साँझ ढले सिर्फ़ घोड़ा लौटेगा, सवार नहीं। शरणदाता ने मौत से पहले शरणागत को मुक्त कर दिया।

वह समर्पिता भी कैसी? उसने जानेवाले का शोक मनाया, सुहागिन के भाव से : 'नाक की लौंग और हाथ की चूड़ियाँ उतार भू पर जा बैठी : जिस जानेवाले ने जोर-जबर मनवा ही लिया था, उसकी मैं कुछ तो लगती ही थी।'

कैसी विवशता, कैसी निर्भरता उसकी जिसने स्त्री रूप में जन्म लिया। वह खरीदने-बेचने की वस्तु। जिस डार पर बिठा दी गई उसी की हो रही—वह लखपत दीवान हो या लालाओं का लड़ैत मँझला।

एक बार फिर इतिहास का हस्तक्षेप। जिस लड़ाई ने सिर का साया छीना उसी में से "श्री वाहगुरु का खालसा" की ललकारों के बीच से मलिक राजों का जो बेटा घर लाया, वह बहन बनाकर सकुशल उसे पता-ठिकाना पूछ उसके घर पहुँचाने की नीयत से पर सिंह सूरमाओं के परिवार का वह अन्तिम कुलदीपक भी लड़ाई में खेत हो गया। पर जो इस बीच हो सकता था पर न हुआ, वह स्त्री की स्थिति पर सबसे मार्मिक टिप्पणी है। बड़ी माँ (दादी) के विलाप का कारण दुहरा। एक पाशो जानती है, दूसरा नहीं। जो नहीं जानती मर्मबेधक तो वही है : "बेटी नहीं जानती, तू नहीं जानती। राजे से हाथ बाँध सौ-सौ मिन्नतें की थीं—एक रात को रानी समझ तुम्हारी ही झोली में लाल डाल जाए। पर मरनेवाले के बचन! जितनी बार कहा, मुझे हाथ से बरज दिया, "बड़ी माँ, जिसे इस मुँह से एक बार बहन पुकार लिया, वह जीते-जी बहन ही रहेगी, कोई दूजी नहीं।" जिसकी झोली में लाल डालने का प्रस्ताव है, न उसकी रजामन्दी जानने की ज़रूरत न नैतिकता का कोई प्रश्न। **स्त्री जीवन की सार्थकता इतनी ही कि वह उपजाऊ धरती की तरह फसल उगाती रहे—बीज डालनेवाला कौन है, इसका विचार उसके हक में नहीं आता।**

पाशो तो अन्ततः उसी डार पर पहुँच गई जहाँ से पहली बार बिछुड़ना हुआ था, कुछ उसी भाव से जहाँ से कहानी की शुरुआत हुई थी। जिएँ! जागे! सब जिएँ जागें। पर कहानी में गूँज उन तमाम लड़कियों के जीवन की है जिनके पास **'न शिक्षा थी न विद्या थी, न पिता की छाँह! न विधवा माँ की मान-मर्यादा और न परिवार की सुरक्षा।'** ऐसे में उसकी इस निरीह कसक का कोई क्या करे। 'क्या जानती थी आपजी के किसी काम न आ सकूँगी। इस जोग भी थी मैं जो मेरा इतना मान किया।' **स्त्री जीवन का मान और सार्थकता इसी में कि वह शरणदाताओं के काम आती रहे।**

रचना-काल और घटना-काल के बीच के अन्तराल को पाटनेवाला सूत्र स्त्री की पारम्परिक स्थिति और नियति से जुड़ा सरोकार है। शताब्दियों से स्त्री अपनी पराधीनता को ही नियति मानकर निर्विरोध रूप से स्वीकार करती

रही। समाज की सामन्तवादी संरचना में निर्विकल्प समर्पिता के रूप में उसकी जो भूमिका तय कर दी गई, उसके प्रतिकार की कोई चेतना, प्रतिरोध की कोई सुगबुगाहट तक उपन्यास के इस चरित्र में नहीं दिखाई पड़ती। वस्तुतः पाशो के चरित्र में अन्तर्द्वन्द्व जैसा भी कुछ है ही नहीं। है तो बस भय, असुरक्षा और स्थितियों के प्रति निर्विरोध समर्पण और शरणदाताओं के प्रति कृतज्ञता-भाव। यह कथा मध्ययुगीन समाज की अनाथ, अशिक्षित, पराश्रित युवतियों की नियति और स्थिति से रू-ब-रू कराती है। यह निश्चयपूर्वक नहीं कहा जा सकता है कि युद्ध की जो ऐतिहासिक घटना पृष्ठभूमि के रूप में इस कहानी में नत्थी है उससे इसे कोई ऐतिहासिक परिप्रेक्ष्य मिलता है। गोकि यह भी सच्चाई है कि **हर ऐतिहासिक संकट के क्षण में जिसकी रक्षा का सवाल सबसे विकराल रूप में सामने आता है, उनमें दो ही प्रमुख हैं—सम्पत्ति और स्त्री**।

किस्सा औरत की देह का : 'मित्रो मरजानी'

'डार से बिछुड़ी' के लगभग नौ वर्ष बाद 'मित्रो मरजानी' का प्रकाशन कृष्णा सोबती के रचना-कर्म में एक लम्बी छलांग की तरह है। कृष्णा जी के उपन्यासों की खूबी यह है कि वे खुद को दोहराती नहीं। हर बार वे किसी नई व्यग्रता या प्रेरणा से रचना-कर्म में प्रवृत्त होती हैं। परिणामतः कुछ विलक्षण पात्र और कथानक आकार लेते हैं। 'मित्रो मरजानी' ऐसे ही पात्रों की कहानी है जो उस सामाजिक तथ्य की तरफ़ ध्यान खींचती है जिसका गहरा रिश्ता **स्त्री की जैविक सत्ता से है**। विश्वनाथ त्रिपाठी ने इस जैविक एहसास को सही नाम दिया—'आदिम कुंठाहीनता।' कुंठाहीनता तो आदिम ही होती है। समाज की रवायतों से, उनके दबावों से तो कुंठा जन्मती है। समाज इन आदिम वृत्तियों पर रोक लगाता है। इन्हें व्यक्त नहीं संयमित करना सामाजिक होना है और इनकी अकुंठ अभिव्यक्ति आदिम बोध की तरफ़ वापसी।

'मित्रो मरजानी' में भले ही सबसे तीखी आवाज़ इस 'आदिम कुंठाहीनता' की हो पर अपनी परिणति में यह **संयत-सन्तुलित सामाजिकता की तरफ़ वापसी की कहानी है**। जो बीत गया, जो वर्तमान है और जो आने वाला है उस समय के बीच भरे-पूरे संयुक्त परिवार के सदस्यों

के आपसी व्यवहार की दास्तान। कुछ वैसी ही जैसी औसत परिवारों की होती है।

परिवार के मुखिया दम्पती गुरुदास और धनवन्ती। आयु के साथ बढ़ती शारीरिक व्याधियों से राहत के लिए अतीत की स्मृतियाँ सहारा देती हैं। वे वर्तमान की तुलना में अक्सर सम्मोहक होती हैं। समय की गति उनका दंश हर लेती है। सब बीते दिनों को रोते हैं। धनवन्ती के विगलित हो आने का एक़ और कारण है। जब वह 'भला हो अपनी सास प्यारी का' कहकर कर्त्ता से इतना ही माँगती है 'कि जो इस कुल की बड़ी सरकार थी, जिन्दा रहते उसकी सीख निभा जाऊँ' तो इसके पीछे अपने वर्तमान के अनुभव की टीस है। बड़ी बहू यह जताना नहीं भूलती कि उसकी तेज़-तर्रार नज़र से नहीं छिपा कि सास, ससुर के लिए दूध औटाकर ले जा रही है और छोटी यह टिप्पणी करना कि—'अम्मा, बापू तो दुखती दाढ़ निकलवा आए हैं न! अब तो दर्द को आराम होगा।' धनवन्ती का मन घिर आना लाज़मी है : 'घर के मालिक के लिए इतने से दूध पर भी आँख।'

कहने को मालिक पर बेटों पर आश्रित बूढ़े दम्पती का अपनी स्वर्गवासी माँ को याद करके रोना, परिस्थितिजन्य है, वह भी ऐसे जैसे 'वे दोनों भाई-बहन हों और संग-संग अपनी बिछड़ गई माँ को याद करते हों।' यह समय के साथ पीढ़ियों के आपसी व्यवहार में आनेवाला अन्तर है। पूरा परिदृश्य उस घटना की पृष्ठभूमि तैयार करता है जो नाटकीय रूप में घटित होनेवाली है। पारिवारिक रिश्तों में बँधे इन औसत बनावटवाले पात्रों के बीच।

अलग-अलग रूप, रंग और स्वभाव के इन पात्रों के आपसी सम्बन्धों की प्रकृति कुल मिलाकर तालमेल की है, ताल-बेताल नहीं। इस संवादी सुरलहरी में विवादी सुर की तरह, पति के धौल-धप्पे की आवाज़ों के बीच अदम्य मुद्रा में अवतरित होती है मँझली बहू मित्रो, जो उपन्यास का केन्द्रीय चरित्र है। **एक ऐसी वास्तविकता जो जीवन में तो होती है, पर कथा साहित्य में उसके प्रवेश का श्रेय कृष्णा सोबती को ही जाता है।** जीवन में भी ऐसे पात्रों की गिनती बहुत नहीं होती। जहाँ होती है वहाँ या तो अपनी इच्छाओं के दमन का पाठ स्त्रियों को जनम-घुट्टी में पिला दिया जाता है या बाकी लोग उसे ढाँप-तोपकर परदा डालने की कोशिश में लगे रहते हैं। पर यहाँ तो खोट उस वंश-बेल में ही है जिसमें सुमित्रावन्ती का अवतार हुआ है। कथानक को औपन्यासिक

विस्तार देनेवाले परिवार कई हैं—बड़ी-छोटी बहुओं के मायके, बेटी की ससुराल, खुद गुरुदास का परिवार पर इन सबसे विलक्षण है मित्रो का मायका। जिसमें दो ही हैं—माँ और बेटी। माँ की कलपना भी बीते दिनों को लेकर है : 'तेरी माँ के ज़माने लद गए री। अब कौन इसका मित्र प्यारा और कौन इसका संगी-साथी।' मित्रो इस अतीत से बाखबर है : 'तेरे दिलगीरों की गिनती तो सौ-सैकड़ों में थी बीबी।' माँ-बेटी के बीच रिश्ता भी बचपन की सहेलियों जैसा हँसी-ठिठोली वाला। दोनों की बातें सुनकर सरदारी लाल सोचने लगा, 'एक दूजे को उखाड़ती-पछाड़ती ये कैसी माँ-बेटी।' जिठानी के पूछने पर—'सच-सच कह देवरानी इस राह-कुराह में कैसे पड़ गई?' मित्रो का उत्तर माँ-बेटी के रिश्ते का भी खुलासा कर देता है और मित्रो को परवरिश में मिले संस्कारों का भी : "सात नदियों की तरह, तवे-सी काली मेरी माँ और मैं गोरी-चिट्टी उसकी कोख पड़ी। कहते हैं इलाके के बड़भागी तहसीलदार का मुँहादरा है मित्रो। अब तुम्हीं बताओ जिठानी, तुम जैसा सत बल कहाँ से पाऊँ-लाऊँ? देवर तुम्हारा, मेरा रोग नहीं पहचानता। बहुत हुआ हफ्ते-पखवारे...और मेरी इस देह को प्यास है, इतनी प्यास है कि मछली-सी तड़पती है।" **देह की प्यास और तपन का ऐसा बेधड़क स्वीकार अचम्भित करनेवाला था।** एक महिला रचनाकार की कलम से, जिसने तब से अब तक कभी देह की स्वतंत्रता और महत्त्व का स्त्री-विमर्शवादी डंका पीटकर अपने साहस का बखान नहीं किया, **सत्तर के दशक में, ऐसे बेलौस अकुंठ चरित्र का सृजन निश्चय ही चौंकानेवाली घटना थी।**

उपन्यास के सहज पारिवारिक माहौल में मित्रो अजूबे की तरह प्रकट होती है। बँधी-बँधाई सामान्य जीवन-शैली को अपनी असामान्यता से चुनौती देती हुई। एक की साधारणता के बरक्स दूसरे की असाधारणता अपनी विपर्ययधर्मिता से, कंट्रास्ट से, कुछ अतिरिक्त रूप से उजागर होती है। उपन्यास में उसका अवतरण इसलिए और भी असाधारण है क्योंकि उसकी प्रेरणा वास्तविक और ठोस है। लेखिका की स्मृति में टँकी एक रूपगर्विता ग्रामीण स्त्री की देह-भाषा। और वर्षों बाद सास को अपने पति की नामर्दी का उलाहना देती एक दूसरी स्त्री की आवाज़। **दोनों के संश्लेष का नाम है मित्रो।**

मित्रो व्यक्ति नहीं एहसास है। सामाजिक मर्यादा के साथ देहधर्मिता की

टकराहट है। विशेष बात यह है कि अपनी दैहिक तपन के बखान के बारे में उसके भीतर कोई पाप बोध नहीं बल्कि उदासीन सरदारी लाल से अपना हक न मिलने की शिकायत है। अपनी जायज़ माँग को खुलकर कहने पर उसे कसबिन, कँजड़िन कहा जाए, यह अन्याय नहीं तो क्या है? बड़ी बहू की इस चेतावनी का कि 'एक दिन सबको उस न्यायी के दरबार में हाज़िर होना है'– इस देहगर्विता के पास माकूल जवाब है : 'जग-जहान का अलबेला गुमानी एक नज़र तो मित्रो पर भी डाल ही लेगा।'

बेमुरौवती से स्त्रियों के बाँझपन और ठंडेपन की चर्चा के जैसे उदाहरण अक्सर मिलते हैं वैसे पुरुषों की नामर्दी और ठंडेपन के नहीं। व्यवहार में स्त्री के सहयोग के बिना भी पुरुष अपना ताप मिटाता रहा है पर स्त्रीपक्ष में यह सम्भव नहीं। टीस शायद इसीलिए उसकी जितनी ज़्यादा गहरी होती है, कहने का साहस उतना ही कम। मित्रो की जबान ही औरों की परेशानी का कारण बनती है। संकेतों से जब काम नहीं चला तो उसने "हथेली पर थाली टिका, पाँव चारपाई पर रखा और आँखें नचाकर कहा–लो महाराज, बाँदी हाजर। चाहो तो मेरी यह चिकनी-चुपड़ी सौत निगल लो, न हो तो मुझे ही चबा लो।" बोलने का यह कोठोंवाला ढंग उसने मायके से विरासत में पाया है। इस सबके बावजूद सरदारी लाल में कोई हरकत नहीं। एक का उदासीन ठंडापन और दूसरी का तपता उछाह एक दूसरे के विरोध में अतिरिक्त रूप से निखरते हैं।

मित्रो में बहू-बेटियों की मर्यादित सामाजिकता भले न हो पर माँ बनने की पारिवारिक हौंस है। सन्तान का प्रसंग आने पर उसके होंठों पर क्षण भर के लिए भले ही भीनी मुस्कान घिर आई हो, पर अपने निःसन्तान रहने की कसक वह सास से नहीं छिपाती : 'कौन मित्रो पुत्र-पौत्र जनने बैठी है? झुमके तो दिलवाओ अपनी भाग-भरी बहू को जिसकी कोख खुलनेवाली।'

धनवन्ती ने समझाकर कहा–"अरी तेरी जेठानी का क्या अनोखा पेट रहा है? तू खुलेगी तो एक नहीं इस आँगन में सात-सात खेलेंगे।"

फट पड़ने के लिए इतना काफ़ी था। पूरे हाव-भाव से उसने पिटारा खोल दिया–"भिगो-भिगोकर और मारो, अम्मा? पाँच-सात क्या मेरे तो सौ-पच्चास होंगे!...मेरा बस चले तो गिनकर सौ कोख जन डालूँ, पर अम्मा, अपने लाड़ले बेटे का भी तो आड़-तोड़ जुटाओ। निगोड़े मेरे पत्थर के बुत में भी कोई हरकत

तो हो।" यह दीदादिलेरी, यह मुँहफटपन मित्रो के सन्दर्भ में सिर्फ़ जबान का खेल नहीं है। **उसके बोल में व्यंग के जो पटाखे फूटते हैं, उसका उत्स तो भीतर का लावा है जो पत्नी और माँ बनने की अभुक्त कामना के रूप में खदबदाता रहता है।**

इस सबके बावजूद, मित्रो और उसकी माँ बालो में अन्तर है। वह चाहती तो 'अपनी बगीची के लिए मालियों' की तलाश को पूरा कर लेती। अगर ऐसा नहीं हुआ तो सिर्फ़ इसलिए नहीं कि ससुराल के मर्यादित पारिवारिक माहौल में इसके लिए अवसर नहीं था। जो अपनी पर आ जाए तो मौके पैदा कर ले—बाहर नहीं तो परिवार की चारदीवारी के भीतर ही। पर मित्रो और बालो में यही फ़र्क है। यह अन्तर अनजाने में उसके भीतर धीमी प्रक्रिया के रूप में घटित होता है। परिवार के माहौल से या सरदारी लाल के 'सच्चा-सुच्चा' मर्द होने के एहसास से या शायद दोनों से।

पर विवाहपूर्व मित्रो और ससुराल में छोटे-बड़ों के बीच अपनी देह की अभुक्त प्यास का खुला ऐलान करती मित्रो, जब सरदारी लाल के साथ अपने मायके की गलियाँ पार करती है तो : 'चुपके-चुपके मुँह में हँसती मित्रो सैयाँ के संग-संग ऐसे कदम मिलाती रही कि पाँव-तले कोई गन्दी बिछरी गली न हो, ऊँची अटारी की बारहदरी हो।'

गली बाज़ारवालों की फब्तियों को जब उससे हाथ-भर ऊँचे सरदारी लाल ने 'कान खोल-खोल सुना, दाँत पीस-पीस पचाया और नज़र नीची कर ससुराल की गलियाँ लाँघता चला गया'—तो उसकी इस प्रतिक्रिया को कहीं न कहीं मित्रो ने आत्मसात किया होगा। भीतर ही भीतर अपनी देह को लेकर नाज़ और उभरा होगा पर सरदारी लाल की प्रतिक्रिया, क्रोध को पी जाने की उसकी ताकत ने मित्रो पर अपना असर जरूर छोड़ा होगा। मित्रो के भीतर क्रमशः घटित होते परिवर्तन के सूत्र, उसकी चरम परिणति के क्षणों में अपने-आप ऐसे प्रसंगों से जुड़ जाते हैं।

ऐसे प्रभावों की भीतर रसाई करके जड़ जमाते संस्कारों की पहचान तब होती है जब टकराहट के मौके आते हैं। विवाह-पूर्व मायके का संस्कार विवाहित जीवन में मौके-बेमौके अपनी मौजूदगी दर्ज करता है तो ससुराल का पारिवारिक संस्कार अलक्ष्य रूप से उसमें गुणात्मक परिवर्तन पैदा करता है। कौन किस पर जबर पड़ेगा इसका फैसला तो निर्णायक क्षणों में ही होता

है। जब दोनों संस्कार आमने-सामने टकराव की स्थिति में खड़े हो।

बालो के मन में जमाई से सटकर बैठी अपनी जायी को देखकर, ईर्ष्या की जो लहर सरसराती है उससे मित्रो के मन में सरदारी लाल के प्रति उभरता पत्नी-भाव और पुख़्ता होने लगता है। यह वो भाव है जिससे उसकी माँ जीवन-भर वंचित रही, सौ-सौ चाहनेवालों से रंगरलियाँ मनाकर भी। एक पुरुष के प्रति अनन्य समर्पण का भाव। ढलती उम्र में उसी की व्यथा का बोध उसे सालता है। बालो की यह स्थिति मित्रो को अपने सम्बन्ध के प्रति कुछ और सजग बना देती है। बालो के पूछने पर कि 'तेरा गलेला चित्त हो गया या नहीं,' मित्रो चिहुँककर टोकती है–'गलेला नहीं सिंह कहो सिंह।' बात उस सरदारी लाल की है जिसे शराब के नशे में धुत करके वह 'डिप्टी बब्बर से टकरा लेने' जा रही है।

एक तरफ़ बेहोश पड़ा 'सच्चा-सुच्चा मर्द' सरदारी लाल और दूसरी ओर बालो के यार डिप्टी बब्बर की ओर धकेली जाती मित्रो। बड़ी विडम्बनापूर्ण स्थिति है जिसमें मित्रो में उफनती देह की अकुंठ लालसा ही साथ नहीं छोड़ती बालो के भीतर भी समय के फेर से पैदा स्थिति का बोध उसे आत्मधिक्कार के लिए मजबूर कर देता है। पछतावे का कारण अपनी देह की निस्सारता का बोध है या यह कि वह किसी एक की न हो सकी या फिर यह तथ्य कि अब उसकी जगह लेनेवाली उसकी अपनी जाई है या फिर घर में नशे में निढाल पड़े मर्द का सच्चा-सुच्चापन–शायद सबका समवेत प्रभाव। पर जिस बालो ने उसे छज्जेवाली पैड़ियों में पाहुन से मिलने पठाया था उसी के 'दिल पर सुहागा चला गया' : 'जो डिप्टी सौ-सौ चाव कर तेरी शरणी आता था, वही आज इस लौंडिया से रंगरलियाँ मनाएगा। थू री बालो तेरी ज़िन्दगी पर।'

अपने किए के पछतावे और अकेलेपन की आशंका से अनिश्चित भविष्य से चिन्तित, हाहाकार करती बालो को ढाढ़स बँधाते-बँधाते मित्रो को एक बिजुरिया की कौंध की तरह जैसे इलहाम होता है।

माँ की इस मनुहार में कि 'मुझे अब अकेले छोड़कर न जाना! मैं सरदारी लाल को मना लूँगी।' **उसे अपने भविष्य पर माँ की काली छाया का पसारा दिखाई देने लगा।** मसान-सा सूना भाँय-भाँय करता घर भूतों के डेरे-सा और माँ के काले चेहरे पर चील की-सी आँखें पल भर में मित्रो को परे छिटका देती हैं।

उपन्यास में **मित्रो के प्रत्यावर्त्तन का यह चरम-क्षण अद्भुत नाटकीयता से घटित होता है**। माँ उसे भूखी-प्यासी डाकिन-सी दिखाई पड़ती है। पहले मित्रो की घिग्घी बँधती है, फिर जाने किस जोर-जाम से सँभल वह तड़पकर चीखती है–"तू सिद्ध भैरों की चेली, अब अपनी खाली कड़ाही में मेरी और मेरे खसम की मछली तलेगी? सो न होगा, बीबो कहे देती हूँ!"

तीर-सी छलाँग मारकर सरदारी लाल के पास मित्रो की वापसी और दोनों के बीच उपन्यास का अन्तिम संवाद, दो व्यक्तियों का आपसी प्रेमालाप नहीं है। **दो जीवन-शैलियों के बीच टकराहट के बाद उनमें से एक के चुनाव का क्षण है।** मर्यादित पारिवारिक जीवन की ओर मित्रो की वापसी **विडम्बनापूर्ण एंटी क्लाइमेक्स नहीं व्यक्तित्वान्तरण है**। मित्रो के जीवन में यह आत्मबोध का क्षण है, और उपन्यास में **पारिवारिक जीवन की हिमायत का**। बड़े-बड़े बाघों को छका देनेवाली खिलाड़िन बालो और अपने को संगरूरवाली लाल बाई कहकर सरदारी लाल पर मोहिनी का जाल बिछाती मित्रो, घरवाले की छाती में मुँह छिपा लेनेवाली मित्रो के हाथों पराजित हैं।

मित्रो सिर्फ़ स्त्री-पुरुष के दैहिक सम्बन्ध की कथा नहीं है। उसका एक वृहत्तर सामाजिक सन्दर्भ है। यह सन्दर्भ संयुक्त-परिवारों की जीवन-शैली का है। बूढ़े-गुरुदास-धनवन्ती दम्पती की गोद में जब नाती-पोते खेलते हैं तो जैसे बचपन की वापसी होती है। झुर्रियों पड़े मुँह पर चमक आ जाती है। पकी पुरानी मूँछों से ढके होंठों पर हँसी ऐसे बिखरती है जैसे दूर-दूर कोई चिन्ता-फिकर न हो। घर की बड़ी बहू सुहाग को नाती को गोद में उठाए बापू और पास झुकी अम्मा ऐसे दीख पड़ते हैं जैसे 'अँगना में कोई जीती-जागती तसवीर मढ़ी हो।' इसके ठीक विपरीत जवानी के बीत जाने पर हाहाकार करती बालो है। भाँय-भाँय करते भूतों के डेरे जैसे घर में अपने भविष्य से भयभीत। गुरुदास दम्पती के भरे-पूरे संयुक्त-परिवार के उल्लसित माहौल के बरक्स एकाकी जीवन की आशंका से बिसूरती बालो। मित्रो के सामने जवानी के पर्यवसन का नज़ीर।

मित्रो मरजानी सिर्फ़ **दैहिक ताप और उसकी अनिवार्यता की अकुंठ आवाज़ उठानेवाली एक साहसी स्त्री की गाथा नहीं है। परिवार की सामाजिकता से उदासीन मात्र शरीर की उत्सवधर्मी साधना की कारुणिक परिणति का बयान भी है**। महत्त्वपूर्ण बात यह है कि उसमें परिवार के बीच

स्त्री की एक ऐसी ज़रूरत की ओर ध्यान दिलाया गया है जिसे पुरुषप्रधान समाज जानकर भी स्वीकार नहीं करना चाहता। स्त्री की हर ऐसी माँग बेहयाई यानी 'राह-कुराह' चलने की जद में आती है। **'मित्रो' में शायद पहली बार स्त्री को यह आवाज़ उठाने का हक दिया गया है।**

कृष्णा सोबती के उपन्यासों की भाषा पर अलग से विचार किया जाना चाहिए। कथ्य के अनुरूप भाषा को ढालने में उन्हें महारत हासिल है। वे अपने कथानक की भाषा को बड़ी साधना और सतर्कता से कुछ ऐसे अर्जित करती हैं कि शुद्धता और प्रामाणिकता के सवाल बेमानी मालूम होने लगते हैं। महत्त्वपूर्ण हो जाता है रचना के कथ्य की सम्प्रेषणीयता का सवाल। उनके उपन्यासों में देश-काल की इतनी विविधता है कि अलग-अलग रचनाओं में कथानक के माकूल वातावरण रचना के लिए उसकी भाषा का अर्जन और प्रयोग कितनी बड़ी चुनौती रहा होगा, सहज अनुमान लगाया जा सकता है। 'डार से बिछुड़ी' उन्नीसवीं शताब्दी में सिक्खों और अंग्रेज़ों के अन्तिम युद्ध के इलाके के जागीरदारों और सामन्तों के परिवार में बोली जानेवाली भाषा का स्वरूप वे कैसे वाक्यों की लरज और गिनती के ठेठ शब्दों के इस्तेमाल से गढ़ लेती हैं, इसका विश्लेषण दिलचस्प होगा। '**लिखियों के खेल**, दिन भी आए तो ऐसे कि घर-बार के **धनी** मेरे दीवान जी ही पाहुने हो गए। सपने हो गए वे दिन जब दीवान जी **चौके विराजते थे** और मैं **थाली परसती थी**।' बोलने का यह ढब घरेलू स्त्रियों की भाषा का अर्जन नहीं निर्मिति है। वाक्यों की बनावट न मानक खड़ी बोली की है न भाषा के कसबाई या ग्रामीण रूप की। यह ऐसा अनौपचारिक लहज़ा है जो बोलनेवाले की सामाजिक हैसियत और मानसिक बनावट दोनों का खुलासा कर देता है।

'मित्रो मरजानी' में भाषा का रूप और तेवर दोनों एकदम बदल जाते हैं। पंजाबी भाषा के बिना भी पंजाबियत का सजीव चित्र कैसे उकेरा जा सकता है, मित्रो इसका उदाहरण है। तरह-तरह के रिश्तों में बँधे, अलग-अलग आयु वर्ग के ग्रामीण पात्र आपसी बातचीत से एक माहौल रचते हैं। ऐसा माहौल जिसमें पूरी कुनबेदारी के साथ हर चरित्र की विशेषता उसके भाषिक व्यवहार से उजागर होती चलती है। भाषिक व्यवहार यानी वाक्य-संरचना, लहजा, शब्द-समूह, के साथ-साथ दैहिक मुद्राएँ।

'मित्रो' की सिर्फ़ जबान ही नहीं शरीर का पोर-पोर बोलता है। भीतर-बाहर के बीच की यह संगत यह एकतानता मित्रो के सभी पात्रों में देखी जा सकती है।

अपने-अपने अतीत : 'तिन पहाड़'

कृष्णा सोबती की रचनाओं को पढ़ते हुए अक्सर ऐसा लगता है कि उन्हें किसी क्रम में या एक दूसरे की निरन्तरता में रखने से पाठक को किसी तार्किक निष्कर्ष तक पहुँचने में उलझन ही हो सकती है। 'मित्रो मरजानी' जैसी ठेठ कस्बाई ज़मीन से जुड़ी जीवन्त कृति के अनकरीब 'तिन पहाड़' से गुज़रने पर यह सवाल उठता है कि इन दोनों उपन्यासिकाओं का स्रोत एक ही कलम है। इसकी पहचान का सूत्र कहाँ है?

एक मर्मबेधक करुण रागिनी का-सा प्रभाव डालनेवाली कृति 'तिन पहाड़' की भावभूमि का सिरा एक हद तक 'बादलों के घेरे' या कुछ और खींचने पर 'सूरजमुखी अँधेरे के' के साथ तो जोड़ा जा सकता है पर 'मित्रो मरजानी' या बाद में उनकी क्लासिक कृति 'ज़िन्दगीनामा' या उसके बाद रचे गए उपन्यासों से सहज रूप में नहीं जुड़ता।

'तिन पहाड़' परिस्थिति के अनुरोध से मिले दो ऐसे व्यक्तियों की करुण कथा है जिसमें पूर्व-नियोजित ढंग से कुछ घटित नहीं होता। विचित्र बात है कि इस उपन्यासिका को पढ़कर बेसाख्ता उस मशहूर फिल्मी गीत की कड़ी स्मृति में कौंध जाती है : 'मिलते हैं दिल यहाँ मिलके बिछड़ने को।' दोनों की रचना के पीछे एक ही मानसिकता काम कर रही है—नियति का विवश स्वीकार। दो पात्र तपन और जया। दोनों के अपने-अपने अतीत। एक के अतीत में 'होस्टल के द्वार पर साड़ी का छोर सहेजती पूतूल' और दूसरे के अतीत में श्री दा, जिन्होंने अपनी ही माँ से मनुहार कर उस लड़की को माँग लिया था जो 'बूआ माँ के ससुराल की दूर पार की' सम्बन्धी थी जिसे उन्होंने 'पाल-पोस बड़ा किया।' उन्होंने 'जया के हाथ में अगूँठी पहना, झुककर माँ के पाँव छू लिये।'

यह उनका अतीत है। वर्तमान में, जहाँ कहानी घटित होती है, दार्जिलिंग की सुरम्य प्रकृति है। एक होटल में अलग-अलग आकर ठहरे दो

व्यक्ति खिलौने-सी रेल और स्टीमर के सहयात्री, पर एक-दूसरे से अपरिचित। एक को दूसरे के प्रति आकर्षित करनेवाला कारण है सहज मानवीय जिज्ञासा और संवेदना। तपन ने चाहा कि पूछे, दार्जिलिंग में क्यों अकेली है—क्यों रोती रहती है पर इतना ही पूछा, 'यहाँ कब तक रुकेंगी?' उत्तर अनिश्चय भरा पर 'छोटी-सी हँसी' में लिपटा। भंगिमा में कुछ ऐसा कि 'भोलेपन पर तपन निहाल हुए।' यही आरम्भिक परिचय मीठी अक्टूबर की धूप में निहाल हो-हो जाती कंचनजंगा की चोटियों के साये में, 'स्वप्न में आकाशपरी के बसेरे से चमचमाते काँचघर और कतारों में सजे-बने फूलों के खिले-खिले मुखड़ों' की सोहबत में कैसे अनजाने ही अनकहे से सम्मोहन में रूपायित होता गया, इसका शायद दोनों में किसी को बोध भी नहीं हुआ। पर दोनों को करीब लानेवाला सूत्र प्रेम से ज़्यादा करुणा थी जो तपन को बराबर उत्सुक बनाए रखती थी : 'ऐसी उदास बातें क्यों कहती हैं, यह क्या मुझसे कहेंगी?'

दूसरे के दुख में सहभागी होने की यह सहज मानवीय उत्कंठा, प्रेम के अंकुरित होने के लिए बड़ी उर्वर भूमि होती है। कहना न होगा कि घनाच्छादित अम्बर, धुँध में लिपटी पहाड़ियों की चोटियाँ, दूर-दूर फैले चाय-बागान, कुल मिलाकर कलकत्ता के कोलाहल से दूर, प्राकृतिक परिवेश के बीच यायावरीय दिनचर्या, सबने दो अपरिचितों को स्नेह की डोर में बाँधा तो भीतर की रिक्तता से राहत ही दी होगी।

कहानी कुछ और ही होती, अगर **संयोगवश** तपन और जया घूमते भटकते चायबागान के मालिक रौस के यहाँ न जा पहुँचते। वहीं उतने ही **अप्रत्याशित** ढंग से यह बात सामने नहीं आती कि जिसके कारण श्री ने जया से मुँह मोड़ लिया वह एडना नाम की लड़की इन्हीं रौस की बेटी है। घटनाओं के क्रम में कहीं कुछ पूर्वनियोजित नहीं है। जितनी श्री के साथ एडना को देखकर जया हतप्रभ है लगभग उतने ही जया के साथ तपन को पाकर श्री भी। पर दोनों की स्थिति में अन्तर है। रौस के माध्यम से उन दो के बीच रिश्ता क्या है, उसकी इतनी भर जानकारी मिलती है : 'उस दिन भी देखा था पर समझ नहीं पाया हूँ कि दोनों एक दूसरे के क्या होते हैं। संग-संग होते हुए भी एक-दूसरे से दूर पराए...।'

श्री इस कड़वे बोझ से मुक्त नहीं हैं 'जो घर लौटते ही अपराध बन राह

में आ खड़ा हुआ है! एक बार माँ से प्रार्थना कर जया को स्वयं माँगा था। फिर एडना से ब्याह कर स्वयं सब कुछ झूठ कर लिया।' बचपन का संग छूटने के साथ 'माँगकर लिया वचन' टूटने का दंश उन्हें भले ही सालता रहा हो, पर जया के साथ तपन का होना उन्हें जैसे गवारा नहीं। अवसर आने पर जया उन्हें इस अधिकार से भी वंचित कर देती है कि वह तपन और अपने बीच सम्बन्ध की सफाई दे! बस इतना ही कि 'जो आज दुर्दिन में मेरे सबसे अपने हैं, उन्हीं का अनादर करेंगे, श्री दा...।' स्वर भी कैसा? 'बोल नहीं कि फूल हों' और तपन, पाँव पर झुकी जया से मिले, ऐसे आदर का क्या सत्कार नहीं करेंगे? सौ बार करेंगे। ऐसे चाहनेवाले को एक बार नहीं, सौ बार चाहेंगे। जया-जया...!'

इसके बाद जो घटित हुआ उसका सूत्र तो जया के अन्तर्मन में था। क्या हुआ ऐसा जिसने जया को तिस्ता की लहरों में जल-समाधि लेने के लिए प्रेरित किया होगा। पाठक अनेक सम्भावनाओं की कल्पना के लिए स्वतंत्र हैं। सम्भवतः उसे अकारण ही श्री दा से इस तरह छला जाना आहत कर गया हो। उसके अतीत की जानकारी पाकर उन्हीं तपन की चाहना उसे अपने प्रति करुणा-प्रेरित अनुकम्पा-सी लगी हो। कारण जो भी हो। उसका निर्णय किसी क्षणिक भावावेग से प्रेरित नहीं था, तिस्ता के पुल तक पहुँचने से पहले वह बहुत भटकी। वह उन्हीं सुरम्य वादियों में जहाँ आख़िर 'आसपास जुटे तीनों ओर के पहाड़ अँधियारे हो आए। नीचे नीले निथरे पर साँझ के रंग काँपने लगे और तेज़ घरघराते पानी पर अँधेरे की कड़ी लीक-सा बना तिस्ता का पुल ढिठाई से पाँवों तले बिछा रहा।'

ड्राइवर ने सावधान किया 'हुजूर, लगातार पानी में न देखें–इसी से जी घिरता है।' इसके बाद जो हुआ वह इतना ही कि आँखों को अपनी ओर पीठ किए हुए दूर होता ड्राइवर लगा कि वह 'कोई और है–वह श्री हैं–श्री हैं...' और मन-ही-मन जैसे किसी पास आते की पदचाप सुनाई पड़ी–'उन्हीं हौले पाँव, उन्हीं स्नेह-भरे हाथों आगे बढ़–तपन हैं–वही चले आते हैं।'

तिस्ता के भयावने एकान्त में साँस रोके इस विश्वास के भरोसे राह तकती रही–'नहीं सही कोई और, अपने तपन आएँगे...आएँगे और लहराते स्नेह से बुलाएँगे–जया!' पर जाने और आनेवाले के बीच आवेश में काँपते और छटपटाते प्राणों ने एक दुर्बल क्षण में सब निःशेष कर दिया।

कुछ सम्बन्ध होते हैं जिनकी व्याप्ति समय के विस्तार में नहीं अनुभूति के घनत्व में फलित होती है। श्री की डबडबाई आँखों ने तपन के साथ जिस जया के मुख को एकाकार होते देखा उन्होंने कुछ ही दिनों में 'कितने पल-कितने वर्ष-कितने युग' ऐसे सम्बन्ध को जी लिया था। 'तिन पहाड़' ऐसे ही सम्बन्ध की व्यथा-कथा है। आज के युवा मानस को इस कहानी में विश्वसनीयता की कमी खल सकती है। हो सकता है ऐसी स्थितियों को वह अयथार्थ मानकर खारिज़ करना चाहे या कम-से-कम भावुकता से उपजनेवाली रुमानियत के खाते में डालकर छायावादी ढंग की वेदना विलासिता की प्रवृत्ति से इसका सूत्र जोड़े। सोबती जी की ऐसी रचनाओं में ध्यान आकर्षित करने वाली विशेषता उनकी शैली होती है। उनकी कलम उसी समान अधिकार से प्रकृति के विस्तृत परिवेश को उसकी सुरम्यता में कैद कर लेती है जितनी सामर्[थ्य] से मानव मन की गहनता में प्रवेश कर सूक्ष्म अन्तर्क्रियाओं को उनक[ी] मार्मिकता में।

धुँधुआती गीली लकड़ी : 'सूरजमुखी अँधेरे के'

1972 में 'सूरजमुखी अँधेरे के' प्रकाशित हुआ। कृष्णा सोबती ने एक बार फिर स्त्री-जीवन के एक अनछुए पक्ष को विषय बनाया जिस पर कथाकारों का ध्यान नहीं गया था। जीवन में ऐसी घटनाएँ होती ज़रूर थीं पर सामाजिक प्रतिक्रिया उन्हें उजागर करने के बजाय प्रायः उन पर पर्दा डालने की होती थी। कमसिन लड़कियों के साथ बलात्कार की दुर्घटना कौमार्य-भंजन के ऐसे लाँछन के रूप में देखी जाती थी जो उनके निजी और पारिवारिक जीवन पर भय की स्थायी चादर तान देती। बाकी जीवन ऐसी घटनाओं की परदेदारी बनाए रखने की जद्दोजहद में गुज़रता। विडम्बना यह कि अपराधी शिनाख्त के बावजूद बेदाग छूट निकलता और इसके शिकार का जीवन तरह-तरह की फबतियों, अफवाहों से घिरा 'तन-मन के गिर्द दुश्मनी की कँटीली बाड़' के बीच जैसे-तैसे चलते रहने के लिए अभिशप्त हो जाता।

एक स्तर पर यह सामाजिक समस्या है पर दूसरे स्तर पर कहीं अधिक अन्तरंग मानवीय प्रश्न है। एक आकस्मिक घटना अपनी बर्बरता में किसी के सहज भोले बचपन को आर-पार चाक कर तन-मन दोनों को किस हद तक

घायल कर सकती है। उपन्यास में इस सवाल की गहराई में पैठने का प्रयास किया गया है।

रत्ती जिसके बचपन में यह दुर्घटना घटी, उसकी स्मृति से 'सालों पुराने दिन। सालों पुरानी शाम। वही बर्फीली सर्दी' एक अरसा गुज़रने पर भी मिटते नहीं। उस एक घटना ने जैसे उसे एक 'फीकी औरत' में बदल दिया। 'एक लड़की जो कभी लड़की नहीं थी। एक औरत जो कभी एक औरत नहीं थी।' लड़की समय की गति के साथ औरत बनने की प्रक्रिया को जिस सहजता में पल-पल जीती है, रत्ती के भीतरी अवरोध ने जैसे उसे उस अनुभव से वंचित कर दिया। उसे कसक है कि 'इस लड़की को एक बार भी समूची औरत बनने' के एहसास से महरूम कर दिया गया है।

रत्ती लम्बे समय तक ज़िन्दगी को एक लम्बी लड़ाई की तरह जीती रही : 'हर बार बाज़ी हार जानेवाली और हर बार हार न माननेवाली लड़ाई' की तरह। पर न अकेले जूझना छूटा और न 'सिर उठा आगे देखना'। उसे यक़ीन है कि 'कुछ तो होगा जिसका मुझे इन्तज़ार है। कोई तो होगा जिसे मेरा इन्तज़ार है।' जीवन के क्रम में आनेवाले व्यक्तियों की पात्रता को वह सम्भावना के रूप में देखती ज़रूर है क्योंकि 'एक घर। एक कमरा। कमरे की गरमाहट तो रत्ती को भी चाहिए।' पर मंज़िल तक पहुँचने के लिए उसमें कोई हड़बड़ी नहीं है। जिन रास्तों को रौंदती वह चली जा रही है, उन पर चलते हुए मंज़िल का मिलना या मिलने का समय, कुछ तय नहीं है। रत्ती के जीवन में आनेवाले पुरुषों की संख्या कम नहीं रही। बल्कि उपन्यास के आख़िरी सिरे तक पहुँचते-पहुँचते तो ऐसा लगने लगता है कि इनकी गिनती कुछ कम होती तो भी कथ्य की दृष्टि से विशेष अन्तर नहीं पड़ता। रत्ती की समस्या तो यही है कि उसके भीतर रह-रहकर 'कोई पुरानी झाड़ी उग आती है।'

सालों-साल बीत गए, फिर भी कहा नहीं जा सकता कि कब गले में उठते धुएँ को लम्बी साँस लेकर अन्दर खींचने की ज़रूरत आ पड़े या ऐसा लगे कि 'किसी काली परछाई ने झपट चेहरे को काला कर दिया।' वह अटककर रह गई है, उस क्षण में, उस अतीत में जहाँ 'वह हवा-घर...वह भद्दा चेहरा—वह नीचे पटकता हाथ।' इसलिए नहीं कि वह उससे उबरना नहीं चाहती, उस सुरंग से बाहर नहीं आना चाहती, बल्कि इसलिए कि उस दुर्घटना

के होने ने सहपाठियों के बीच उसे 'अच्छी लड़कियों' की बिरादरी से बाहर कर दिया। किसी ने उसके साथ 'बुरा काम' किया था यह सब लड़के-लड़कियों की बतकही का विषय है जिसे 'डॉक्टर अंकल की लड़की डिम्पल सबसे कहती फिरती है।'

मनोबल को सहारा माँ-पापा से भी नहीं मिलता। खाने की मेज़ पर उनकी शक्लों पर जैसे उसे 'अज्जू और डिम्पी की आँखें' लगी दिखाई पड़ती हैं। माँ बार-बार उसी को घूरती है और पापा के चेहरे पर भी जैसे कोई राज़ भिंचा हुआ महसूस होता है। यह पूरा परिदृश्य ऐसी दुर्घटनाओं के प्रति सामाजिक नज़रिए का खुलासा तो करता ही है, उस ग्रन्थि की कारण-मीमांसा भी करता है जो रत्ती के भीतरी अवरोध को जन्म देती है।

लगभग तीस वर्ष पहले जब इस उपन्यास को पढ़ा था तो लगा था कि संरचना में झोल है। भीतरी अवरोध पर विजय पाने के लिए उम्र की इतनी लम्बी यात्रा गैर ज़रूरी मालूम हुई थी। 'धुँधुआती गीली लकड़ी' को अपेक्षित तापमान तक पहुँचने के लिए क्या इतनी लम्बी सूची से गुज़रना कथानक की ज़रूरत थी! उपन्यास में इस ग्रन्थि का सूत्र मौजूद है—एक तरह का जस्टिफ़िकेशन। रत्ती का खुद का चेहरा। उसका अपना 'डायल' जिसके जरिए उसे हर नम्बर मिलाना होता है। इसलिए दिक्कत यह है कि 'जब-जब कोई नम्बर मिलाया है, कभी सही जगह घंटी नहीं बजी। बजी तो इंगेज मिली। कभी नम्बर मिला तो उस ओर उठानेवाला कोई न था। था तो उस ओर से ऐसी आवाज़ नहीं आई जो मुझ तक पहुँच सके।' यह वस्तुस्थिति का बयान है। समाज की ऐसी व्यवस्था का जिसमें चोट खाई प्रौढ़ होती स्त्री का जीवन उपयुक्त साथी की तलाश में कभी न खत्म होनेवाला सफ़र होकर रह जाने के लिए अभिशप्त हो जाता था। एक ऐसी सुरंग जिसके आख़िरी सिरे पर किसी 'दिवाकर' का होना ज़रूरी नहीं। पर यदि हो तो वही परिपूर्णता का, रोशनी का क्षण होता है। वही सुरंग के पार का आकाश है। ऐसा आकाश जो धरती की शर्तों से परिभाषित नहीं होता। जहाँ 'घरौंदे नहीं बनते' जहाँ 'धरती के फूल' नहीं उगते। जहाँ किसी को पाना 'हथियाना' नहीं होता। जहाँ किसी से जुड़ने के लिए उसे किसी और से तोड़कर अलग करना भी ज़रूरी नहीं होता। ज़रूरी होती है आपसी समझ। कोई ऐसा संग जो रत्ती को उसके 'पुराने' हो जाने के एहसास से मुक्ति दिला सके। जो उसे

इस आक्षेप से मुक्त करने में मददगार हो कि 'इस देह में गरमाई नहीं। आँच नहीं।' 'पथरीली अहल्या आड़ी खड़ी चट्टान की तरह (जो) हर बार की टकराहट से न पिघलती है, न टूटती है। जो उसमें सुगबुहाट पैदा कर सके, 'मन के पुराने कोनों को बुहार कर, चौखटों को झाड़कर और कैलेंडर की तारीख़ पलटकर' आगे देखने को प्रेरित कर सके। ऐसी मंज़िल पा जाना असम्भव नहीं पर आसान भी नहीं।

दिवाकर के रूप में ऐसे उन्मुक्त आकाश को पाने के लिए रत्ती जिन मोड़ों से गुज़रती है, वह उसके भीतर जड़-जमाए अवरोध को पुख़्ता करनेवाले उन पुरुषों को भी बेपर्दा करते हैं, जिसके लिए अकेली स्त्री की हैसियत दैहिक वस्तु से ज़्यादा नहीं होती। यही फ़र्क होता है स्त्री और पुरुष की मानसिक बनावट में। स्त्री ऐसे सम्बन्धों को परवशता की स्थिति में झेल भले ही ले, उसमें सहयोग नहीं कर सकती। और ऐसे असहयोग की पुरुष (राजन) के पास एक ही व्याख्या हो सकती है : 'मुझे हमेशा शक था, तुम औरत हो भी कि नहीं।'

रत्ती की देह ऐसे हर प्रस्ताव, हर कोशिश के खिलाफ़ बगावत कर देती है जो उसे महज दैहिक स्तर पर पा लेने के लिए उत्कंठित होता है। ऐसे लोगों में रंजन, ओमी, बाली जैसे कमउम्र नौसिखिए भी हैं, और मँजे खिलाड़ी की तरह साल भर प्रतीक्षा करके बढ़नेवाले राजन भी। एयरपोर्ट के लाउंज की मुलाकात में हुए परिचय के बाद ही उसे बाँह से थामकर भरपूर चूम लेनेवाले डेविड वाइट और अनुकूल प्रतिक्रिया न होने पर अपने बेटे के जन्मदिन पर उसका उपहार लौटाने की धृष्टता करनेवाले सुमेर भी ऐसे ही लोगों की जमात में आते हैं।

बड़ी जटिल होती है चोट खाए तन-मन की संरचना। जिसका अबोध बचपन किसी की हवस का शिकार हो चुका हो, उसके भीतर अपनी तरफ़ बढ़ते हुए हर जिस्म के प्रति अवरोध पैदा हो जाए, यह स्वाभाविक ही है। ऐसी हर कोशिश के बरक्स उसके भीतर कुछ ऐसा घटित होता है जिसकी व्याख्या नहीं सिर्फ़ महसूस किया जा सकता है। राजन के आमंत्रण पर उसके 'कंठ में अकाल का सूखा था और आँखों में जल गए घास की-सी दहशत।' उधर राजन के चेहरे पर जीवन में पहली बार ऐसे 'इनकार से सामना' करने के कारण जो 'कौंध की तड़प' छा गई है उसके सामने रत्ती के पास अपनी

असमर्थता के विवश स्वीकार के अलावा देने को कुछ नहीं : ''मुझे तुमसे माफ़ी माँगनी है राजन...वह एक काला ज़हरीला क्षण हर बार मुझे झपट लेता है और मैं काठ हो जाती हूँ।''

यह काठ हो जाना कभी-कभी दो तरफ़ा भी हो सकता है। सुब्रह्मण्यम के प्रसंग में यह रेत दोनों तरफ़ व्याप्त है : 'मेज़ के आर-पार बिछे दो रेगिस्तान उस दुपहरी में तनिक भी सरके नहीं।' ये वही सुब्बा है जो उसके प्रति 'आख़िर वक़्त निकाल लेने के लिए' आभारी हैं। वह जानती है कि ''साथ जीने के लिए एक छोटी-सी ऑफ़र देनेवाले सुब्बा उसकी मंज़िल नहीं हैं। अपने नाचीज और उसके 'शहज़ादी' होने के बोध से दबे सुब्बा और उसके बीच जो फ़र्क आर-पार फैला है, उसे लाँघ लेने की हिम्मत उसमें नहीं है।

रत्ती के पथराए अन्तस को पिघलने के लिए न भानुराव जैसे प्रार्थी का इन्तज़ार है न जयनाथ जैसे कारोबारी का जिसे अपनी जमा पूँजी और कारोबार के लिए 'बेटे बनाने की कला' में पारंगत एक अदद 'औरत' की दरकार है। रत्ती को सबसे कड़वा अनुभव श्रीपत के साथ होता है। श्रीपत के भरे-पूरे घर में जहाँ उनकी अनुपस्थित पत्नी ऊना की उपस्थिति हर चीज़ पर दर्ज है। उनके मन में न रत्ती की भावनाओं के लिए कोई सम्मान है न सही मायने में कोई चाहत। वे सिर्फ़ अपनी पत्नी की अनुपस्थिति का फायदा उठाकर उसकी देह का आखेट करना चाहते हैं। उनमें इतनी संवेदनशीलता भी नहीं कि समझ सकें कि रत्ती के लिए यह सम्बन्ध मात्र दैहिक नहीं, उससे कहीं अधिक है। वह उनकी पत्नी का स्थानापन्न नहीं हो सकती उसी के पलंग पर उसी के कमरे में—वह भी हड़बड़ी में क्योंकि ऊना की गाड़ी के आने का समय हो चला है। रत्ती के छिटक जाने के लिए ऐसी वस्तुस्थिति का होना भर काफ़ी है।

कृष्णा सोबती ने इस उपन्यास में क्षत-विक्षत स्त्री की तन-मन की गहनता में प्रवेश कर उसकी सूक्ष्म परतों को उकेरा है। रत्ती के जीवन में आनेवाला हर पुरुष, हर स्थिति अपने-आप में विलक्षण है। स्थिति के अनुरूप उसकी प्रतिक्रिया भी हर बार पहले से भिन्न होती है। इन प्रसंगों में समानता सिर्फ़ इतनी है कि हर बार वह अपने को समर्पित कर देने के लिए अनुत्सुक पाती है। बड़ी सूक्ष्म अन्तर्दृष्टि से वह सामनेवालों की अपात्रता को,

अनुपयुक्तता को परख लेती है। मीलों लम्बे एकान्त में जीनेवाली रत्ती के पास 'अकेले में अपने लिए, अपने को' पढ़ने की अद्‌भुत क्षमता है। यह समझदारी भी कि 'अकेले में कोई क्या-से-क्या होता जाता है।'

ऐसे दिवाकर को पाकर जिसने 'रत्ती के अन्तरंग टेलीफोन का नम्बर ढूँढ़ निकाला' हो रत्ती के भीतर का बाँध जैसे हरहराकर टूटता है। अपने पुरानेपन के एहसास को झाड़कर वह मानो पिछले दस साल पा लेती है। बीत गए वक़्त को कहीं से चुरा लाने के लिए जिस माहौल की ज़रूरत है उसे लेखिका ने बड़ी सावधान कलम से रचा है। नए के आह्वान के लिए 'रत्ती ने अँगीठी के सामने बैठे-बैठे मन के पुराने कोनों को बुहारा, तसवीरों की चौखटों को झाड़ा और **कैलेंडर की तारीख़ पलट डाली**।'

इसके बाद पारस्परिकता की ऊष्मा में उमड़ता जो प्लावन है उसमें दैहिक के देहातीत हो जाने की पावनता का एहसास है। तन में छिपे स्रोतों से अमृत की बूँदों को पा लेने जैसा कुछ जो मानवीय से ऊपर दैवीय कोटि में आता हो।

पुरानी पड़ती देह के एहसास से भयाक्रान्त रत्ती के लिए सहयोगी रूप में पुरुष के साथ प्रथम सहवास कुछ ऐसा जैसे 'तुमने मेरा शाप धो दिया है दिवाकर।' जीवन के अँधेरे में सूरजमुखी के उग आने जैसा।

जीवन में आनेवाले हर पुरुष के साथ रत्ती के अनुभव को, उसकी प्रतिक्रिया को बड़ी विश्वसनीयता के साथ उपन्यास में अलगाया गया है। कोई चेहरा ऐसा नहीं जो किसी दूसरे पर चस्पा किया जा सके पर दिवाकर प्रकाश तक पहुँचने के पहले सुरंगों की संख्या कुछ कम होती तो प्रभाव ज़्यादा केन्द्रित होता। रीमा केशी और कुमु की छोटी सी गृहस्थी जिसकी भूमिका रत्ती की भावभूमि में दो छोरों को मिलानेवाले पुल की है उसका सूत्र भी इन सुरंगों के अँधेरे में जैसे एक बार खो जाता है। जिसका छोर अन्त में फिर से दिवाकर को मिलाना पड़ता है। प्रसंगों के इस दूरान्वयी विन्यास और बहुलता ने पूरी संरचना को शिथिल ही किया है।

कृष्णा सोबती के लेखन की बहुत बड़ी शक्ति उनकी कथा-भाषा है। पात्रों, उनकी अन्तर्क्रियाओं और बाहरी जीवन की एक-एक स्थिति और घटना को उसके वैशिष्ट्य में भाषिक युक्तियों से सम्प्रेषित करने का अद्‌भुत कौशल है उनके पास। कथ्य के अनुरूप सही शब्द, व्यंजक अप्रस्तुत, सटीक भंगिमाएँ

किसी अक्षय स्रोत से जैसे खुद-ब-खुद उनकी कलम की नोक पर आ विराजते हैं। उनके पाठकों को कहीं-कहीं व्याकरण-विरुद्ध होने की शिकायत ज़रूर होती है पर कहना न होगा कि रचनात्मक आग्रह से ऐसे विचलन की छूट अभिव्यक्ति में अनहोनी नहीं मानी जाती।

दास्ताने खानदान का आख़िरी पन्ना : 'दिलोदानिश'

एक दशक से कुछ ज़्यादा ही हो गया जब 'दिलोदानिश' को पहली बार पढ़ा था। पढ़ा ही नहीं था, उस पर लिखा भी था। कृष्णा सोबती पर 'कथा' के आयोजन में पढ़ने के लिए एक पर्चा। श्रोताओं ने तारीफ़ ही की थी और खुद को भी महसूस हुआ था कि रचना की मेरी समझ ठीक-ठाक ही थी। इधर दुबारा पढ़ने पर लगा कि बात उतनी ही नहीं थी जितनी मेरी पकड़ में तब आई थी, बल्कि कुछ और भी है, जो ज़्यादा गहरी और काबिले गौर है। हो सकता है इस पुनर्विचार पर उस शोर का असर हो जो इस पूरे दशक में 'स्त्री-विमर्श' के नाम पर साहित्य-जगत के गलियारों में बराबर सुनाई देते हुए लगभग एक ब्रांड बन गया है।

बहरहाल, उस लेख की शुरुआत कुछ ऐसे हुई थी : 'दिलोदानिश दास्ताने खानदान है और एक हद तक दास्ताने-शहर भी। यह शहर है जमुनाजी के किनारे से लगा-बँधा शहर दिल्ली।' इसके बाद कुछ तफ़सील से दिल्ली शहर यानी सफ़ीलों के भीतर कैद पुरानी दिल्ली के माहौल का ज़िक्र करने के बाद बात उन इंसानी-रिश्तों पर आ गई थी जिसके बीच एक 'सीधी-सादी जवाबदेही' का सवाल इस उपन्यास में उठाया गया है।

दूसरी बार पढ़ने पर लगा कि यह उपन्यास दास्ताने शहर तो उपन्यास में उतना ही है जितना कथानक की विश्वसनीय पृष्ठभूमि और अपेक्षित माहौल रचने के लिए ज़रूरी है। वस्तुतः जिन इंसानी रिश्तों की यह कहानी है उनके किरदार तो मध्य-भारत के किसी भी शहर में हो सकते थे। यह तो बीच-बीच में उनके पते-ठिकाने या बाज़ारों, मोहल्लों का ज़िक्र है जो पाठक को यह याद दिलाता रहता है कि यह कहानी दिल्ली के उस हिस्से में घटित हो रही है जिसे अब पुरानी दिल्ली कहा जाता है। जिसमें अब न वैसी हवेलियाँ बच रही हैं न वैसे खानदान जो मुट्ठी बन्द संयुक्त परिवारों की तरह रहते थे और न ही

वह चावड़ी बाज़ार, फ़राशखाना और आसपास के मोहल्ले जिनमें शहर के रईस बाशिन्दों की समानान्तर दुनिया उनकी 'रखैलों' के कोठों, डेरों पर आबाद रहती थी। अब न ये मोहल्ले वैसे रहे न मोहल्लों में बसनेवाले। इस माने में यह उपन्यास समय के उस दौर की कहानी कहता है जब तक मध्ययुग की सामन्ती जीवन-पद्वति निःशेष नहीं हुई थी।

जिन्होंने अपने पुरखों से इस पद्धति और सोच को विरासत में पाया था वे बुजुर्गों के नक़्शे-कदम पर चलना अपना फ़र्ज समझते थे। उनकी निगाह में ज़िन्दगी बज़्मे ऐश नहीं, अपने और अपने कुल-खानदान को सँवारने की पेशकश होती थी। पुरानी दिल्ली में रहनेवाले एक ऐसे ही उच्चवर्गीय कायस्थ परिवार के मुखिया वकील कृपानारायण से ताल्लुक है दिलो-दानिश के कथानक का। जो उस ज़माने की दिल्ली से वाकिफ़ हैं। वे जानते हैं कि इसी दिल्ली में एक समानान्तर जीवन-पद्धति उन व्यापारी लाला परिवारों की थी जिनकी ज़मीन-जायदाद के पुश्तैनी झगड़ों और व्यापार से जुड़े मुकदमों के सहारे वकीलों की वकालत चलती थी।

खास बात यह थी कि पुश्त-दर-पुश्त तवारीख़ के पन्नों से उभरनेवाली पुश्तैनी हवेलियों में ज़िन्दगी भर कुनबेदारी और खानदानी रवायतों की हिफाज़त करते रहने के बाद खानदान का मुखिया या कर्ता यह ज़िम्मेदारी अपने बड़े बेटे के कन्धों पर डालकर रुखसत होता था। इस काम को अक्सर एक वसीयतनामे की शक्ल में अन्जाम दिया जाता था ताकि पुश्तैनी हवेलियों में धड़कती ज़िन्दगी करीब-करीब उसी नक़्शे-कदम पर चलती रहे जिसे बुजुर्गों ने बनाया-चलाया था। हर बाप अपने बेटे में वे खूबियाँ देखने की ख्वाहिश रखता था जिन्हें कभी खुद उसके दादा साहब ने अपने बेटे में देखना चाहा था। खानदान के रस्मो-रिवाज़ और बिरादरी की तहज़ीब और तमद्दुन के बसिलसिला जारी रहने का बड़ा महत्त्व था। एक ढर्रे में बँधी इस जीवन शैली में न परिवर्तन की कोई गुंजाइश थी न सवाल उठाने या विरोध की इजाज़त। खानदान के बड़े बेटे के कद की पहचान उस सलीकामन्दी से होती थी जिससे वह अपने फ़र्ज को अन्जाम देता चलता था।

दिल्ली शहर का रुतबा, उसका सांस्कृतिक माहौल, भौगोलिक संरचना और ज़िन्दगी की लय की खासियत तो पूरे उपन्यास से कहीं ज़्यादा आख़िरी पन्नों में दर्ज वसीयतनामे में ज़ाहिर होती है। यह बात अलग है कि

वसीयतनामे में खानदानी ज़मीन-जायदाद की जो लम्बी फ़ेहरिस्त बयान की गई है, उस पर एतबार करना मुश्किल है। ऐसे रईस खानदान किसी बड़े शहर में उँगलियों पर गिने जाने लायक ही होते थे, वे भी व्यापारी या महाजनों के। वकीलों की लूट का वह हाल नहीं था जो वक़्त के साथ बढ़ते-बढ़ते आम आदमी के बस की हद से बाहर हो गया। उस तफ़सील के पीछे वकील साहब की रईसी से ज़्यादा ध्यान शायद इस बात पर दिया गया है कि उन वक़्तों के बुज़ुर्ग किस हद तक रिश्तेदारियों का निर्वाह करते थे। यही नहीं सम्बन्धों के दायरे में आनेवाले हर व्यक्ति के प्रति अपने फ़र्ज को अन्जाम देने की जिम्मेदारी की एक मिसाल कायम की थी वकील कृपानारायण ने।

कुल मिलाकर यह उपन्यास तो इंसानी-रिश्तों की कहानी ही कहता है। ऐसे खानदानों की जिनमें रिश्ते भी तय थे और उनके किरदारों की हैसियत भी। खासकर औरतों और मर्दों के बीच रिश्तों की। आम बात थी हैसियतमन्द मर्दों के लिए ब्याहता पत्नी के अलावा किसी दूसरी औरत से सम्बन्ध जोड़ लेना। किसी क़ो अख़्तियार नहीं था ऐसे सम्बन्धों के नैतिक, वाजिब या जायज होने के बारे में सवाल उठाने का। एक गृहस्थी की ज़रूरत थी और दूसरी दिल की। कृष्णा सोबती ने दोनों का नामकरण बहुत सोच समझकर किया है...कुटुम्बप्यारी और मेहकबानो। खुद उन दोनों पर क्या गुज़रती है इसकी वकील साहब को परवाह नहीं। उनके पास अपना तर्क है : 'सारा खेल...खाने-पीने-सोने और घर चलाने का ही तो नहीं। उनके लिए तो कुछ पाबन्दियाँ अपने साँचे में ढाल देती हैं और कुछ बिना साँचे के भी चल निकलती हैं।' वकील साहब की नज़र में दोनों की भूमिकाएँ साफ़ हैं। महक के जीने तक पहुँचते न पहुँचते वे कुटुम्ब को गृहस्थी के खानदानी तख़्त पर बिठाकर हलके दिल और सधी चाल से सीढ़ियाँ चढ़ जाते हैं। महक उनके लिए घर-गृहस्थी की रोज़मर्रा की 'स्थायी' भूल जाने का जरिया है। डेरे, कोठों से उतरकर समाज में शरीफ़जादे समझे जानेवालों के साथ सम्बन्ध कायम करनेवाली इन औरतों के दिल में घर की क्या कीमत है इस बात को समझकर भी वकील साहब जैसे समझना नहीं चाहते। महक की ऐसी बातों का कि : 'घर-गृहस्थी की कीमत तो बेघरों, डेरेदारों और सराय में रहनेवालों से पूछिए। घर की दहलीज़ लाँघने को बिचारे क्या से क्या कर डालें' वकील

साहब के पास कोई मुनासिब जवाब नहीं है। वे उसे ज़्यादा से ज़्यादा बहकाने की कोशिश ही कर सकते हैं : 'जानम, दूर के ढोल सुहावने ज़रूर लगते हैं, पर हमेशा वैसे होते नहीं।'

पर वे खुद अच्छी तरह जानते हैं कि उनसे लगी-बँधी और उनके बच्चों की माँ होने पर भी 'हवेली' में उसके नाम का कोई पट्टा तैयार नहीं किया जा सकता। एक तरफ़ बीवी है। 'जो भी माँग ले उसका हक बनता है।' उधर 'महकबानो वह पाने की हकदार है जो उसे हम दिल से देते हैं या जो देना चाहते हैं।'

कृपानारायण को इस बात का पूरा अहसास है कि 'किसी घटिया रईस की तरह हमने महक को ढंग का कुछ लिया-दिया भी नहीं। उधर स्त्री धन के नाम पर बीवी के जेवर गहने सेरों में तुलेंगे।' पर दोनों औरतों के बीच यह फ़र्क वकील कृपानारायण का किया-दिया उतना नहीं है, जितना उस विरासत का जिसे उन्होंने अपने बाबाजी से पाया था। जो कायदा उनका था वही बकील साहब को अपनाना था। इन कायदों को निबाहने के तर्क इंसानियत के नहीं उन रवायतों के होते हैं जो संस्कारों में गहरे पैवस्त रहती है : ''आख़िर जमे हैं गृहस्थी में। बिरादरी में दबदबा है। साख है। उसके लागू किए गए कायदे-कानून से भी कैसे बाहर जाएँगे। मर्यादा है। बाकी साहब इश्क़ मुहब्बत, सो पानदान की तरह साथ लगे ही हैं।'' यानी समाज के कायदे-कानून के दबावों के तहत ही दिल के अनुरोध जगह पा सकते हैं लेकिन महज शौक की तरह।

बीवी के कहने पर वकील साहब इस तरोताज़ा हवा पर दिल का कपाट तो बन्द नहीं कर सकते पर इस बारे में उनके मन में कोई दुविधा नहीं है कि 'जो घर नहीं, वहाँ बच्चे भी हों तो भी घर तो नहीं बन जाएगा।' क्योंकि ज़िन्दगी को कबीले की मर्यादा ने घेर रखा है जिसकी वजह से कोठों, छज्जों और डेरों को 'घर' का नाम नहीं दिया जा सकता। लेकिन ये सारी मर्यादाएँ सिर्फ़ औरतों की हैसियत और अधिकारों की सीमाएँ बाँधने के लिए हैं। घर की औरत का हक सिर्फ़ इतना है कि वह गृहस्थी की मालकिन बनी बैठी रहे, मर्द की बाकी कारगुज़ारियों से उसका कोई लेना-देना नहीं। और जो डेरेवाली है, वह होती रहे इस बात से निहाल कि वकील साहब ने उसे दुनिया की दो आला नेमतें बख्श दी हैं बेटा और बेटी। पर वकील साहब बखूबी जानते हैं

कि 'महक-जैसी औरत भला हम पर क्या हावी होगी। चल रही है क्योंकि चल निकली थी।' उन्हें इस बात का पूरा गुमान है कि **'आख़िर को हम मर्द हैं।'** उनकी ज़िन्दगी में महक का होना वह छोटा-मोटा गुनाह है जिस पर खाक उड़ाना बीवी के लिए वाजिब नहीं।

मर्दों की मर्जी पर चलनेवाली उस दुनिया में औरतों की भूमिकाएँ, उनके हक और हैसियत सब तय हैं। वकील साहब को इसका ऐलान करने में कोई संकोच नहीं है 'आप औरत हैं और आपको गृहस्थी बनाने-चलाने को ही ऊपरवाले ने बनाया है।' वकील साहब के मन में बीवी के हक और अख़्तियारों का जो खाका है, उसमें मोहब्बत नहीं, सिर्फ़ घर-गृहस्थी चलाने की सुविधा मुहैया करना आता है : 'हम हमेशा याद रखते हैं कि हमारी बीवी के कुछ खास अख़्तियार हैं और हमारे रहते उनकी हक-तल्फ़ी कभी न होनी चाहिए।' दूसरी औरत से सम्बन्ध रखना उनकी मर्दानगी का सबूत, उनका हक, ज़्यादा-से-ज़्यादा एक छोटा-मोटा गुनाह है जिससे महरूम रहना इंसान का नहीं, साधु-संन्यासी का काम हो सकता है। गोया कि औरतें इंसान ही न हों। कुटुम्बप्यारी की तरफ़ से इस फ़र्क को लेकर उठाए गए सवाल का जवाब देने की ज़रूरत भी कोई नहीं समझता। ज़्यादा परेशानी की बात यह है कि इस फ़र्क को खुद औरतों ने कबूल कर लिया है। अम्माँ जी के लिए मर्दों का यह व्यवहार एक ऐसा दस्तूर है जो हमेशा से इसी तरह चला आया और चलता रहेगा। वे बहू को समझाती हैं : 'बहूजी, जो तुम्हारे साथ हो रहा है वह भी कुछ नया नहीं।' वे बखूबी जानती हैं कि रोने-धोने से कुछ बदलने वाला नहीं। कुटुम्बप्यारी का गम उन्हें लगभग बेमानी लगता है, शायद इसलिए कि वे इस फ़र्क के असली कारण को खुद समझती और बहू को समझाती हैं : 'हमसे पूछो तो मर्द को गुमराह करनेवाले फ़क़त हुस्न और जवानी नहीं, उसकी कमाई है जो इसे खुदमुख़्तारी देती है।' उन्होंने इसके लिए धर्मशास्त्र की गवाही भी जुटा ली : 'हमसे पूछो तो घर की बहू ज़िन्दगी भर या मर्द की सुनेगी या बेटों की। धर्मशास्त्र भी तो यही कहते हैं।'

इस सबके बावजूद बिरादरी की मर्यादा ने जो दर्जा, जो पुख़्ता हैसियत ब्याहता बीवी को दी है, उसकी हकदार दूसरी औरत या रखैल हो ही नहीं सकती। वकील साहब की मुहब्बत चाहकर भी जाहिरदारी में महकबानो को कोई अख़्तियार नहीं दे सकती। वे अपनी इस बेबसी को महसूस ही नहीं

स्वीकार भी करते हैं। 'बानो, खुदा जानता है, हमारा बस चलता तो हम इस घर को हवेली में बदल देते पर बिरादरी की अपनी मर्यादा है।'

वकील साहब के मन में इस बात की कसक ज़रूर है कि 'इस औरत का कसूर इतना भर कि यह हमारी बीवी न थी।' पर बात महसूस करने की नहीं अमल करने की है जो वे शायद करना ही नहीं चाहते। बीवी की बेवफ़ाई को वे नज़रअन्दाज़ करने को तैयार हैं। उसे सँभालना उन्हें अपना फर्ज़ मालूम पड़ता है लेकिन खाँ साहब की तरफ़ महकबानो का ज़रा-सा रुझान होते ही बेरुखी अख़्तियार कर लेना वे अपना हक समझते हैं। दोनों औरतें उनके बच्चों की माँ हैं पर ब्याहता होने भर से बीवी को जो हैसियत बिरादरी में मिली है महकबानो उसकी हकदार भी नहीं है। उसकी बेटी मासूमा किसी शरीफ़ खानदान में वकील और उनकी ब्याहता बीवी की औलाद के रूप में तो स्वीकार की जा सकती है, महक की बेटी के रूप में नहीं—इस हद तक कि न महक को उसकी शादी में शामिल होने की इजाज़त है न शादी के बाद बेटी को माँ के घर आने की। माँ के रूप में औरतज़ात की इससे बड़ी बेइज़्ज़ती आख़िर क्या हो सकती है?

महकबानो जैसी औरतों की ज़िन्दगी की ट्रैजेडी यही है कि उन्हें फर्ज़ और मोहब्बत के बीच बँटे मर्दों से ज़्यादा-से-ज़्यादा मोहब्बत मिल सकती है, वह इज़्ज़त और सामाजिक हैसियत नहीं जिसकी वे तलबगार होती हैं। कोशिश करने पर भी रखैल की ज़िल्लत से बचाना दो नावों में पैर रखकर चलनेवाले वकील साहब के लिए मुमकिन नहीं हो पाता। जिस मर्द के साथ वह लगी बँधी है, जिसके बच्चों की वह माँ है उसी के बाहर उसकी अपनी कोई तौफ़ीक नहीं। वकील साहब के यहाँ उसका ज़िक्र न किसी रिश्ते से किया जाता है न नाम से। वह या फ़राशखानेवाली है या बकौल वकील साहब के साहबज़ादे दम्मो के 'मुसलमानी' है। कसूर दम्मो का नहीं ज़माने के दस्तूर का है जिसमें ऐसी औरतों का ज़िक्र, उसकी जात, शहर या ऐसी ही किसी पहचान से जोड़कर किया जाता है—ये सिर्फ़ मुसलमानी, बंगालन, पंजाबन या सिकन्दराबादवाली, रामपुरवाली ही हो सकती है, इससे ज़्यादा कुछ नहीं। व्यक्तिनामों या रिश्तों से व्यक्ति के रूप में समाज के बीच जो पहचान कायम होती है, इन्हें उसका हकदार नहीं समझा जाता। 'कोठेवालियों' की तर्ज पर, गुमनाम हस्तियों से ज़्यादा इनकी औकात नहीं होती। खतरा यह कि चेहरे पर

मर्द की पीठ होते ही इनका कोई वली-वारिस नहीं रहता। सबसे पहले इन्हें बच्चों समेत दर-बदर कर दिया जाता है। जज़्बातों की नींव पर खड़े इन इंसानी रिश्तों से कोई कानूनी हक तो इनका बनता ही नहीं, समाज में रुतबा और इज़्ज़त भी नहीं मिलती। मन-ही-मन भले ही वकील साहब सोचा करें कि भले ही एक मुसलमानी और दूसरी हिन्दुआनी हो पर हक़ीक़त तो यह है 'कि दोनों माएँ हैं और दोनों ने बच्चे हमी से से पाए हैं।' पर वकील साहब से बेहतर यह कौन जानता है कि इस मामले में कानून अन्धा है। उसकी नज़र में न दोनों औरतें बराबर हैं न उनके बच्चे।

इन रिश्तों के खतरों से महकबानो वाकिफ़ है। यही फ़र्क है उसमें और उसकी माँ नसीमबानो में। इसीलिए उसका फ़ैसला है 'हम अम्मीवाला खेल न खेलेंगे।' जिसके पीछे उसकी अम्मी हलकान हुई थी 'वह थी मुहब्बत बाइज़्ज़त।' महकबानो जानती है कि कलावन्तों-डेरेदारों के लिए यह सफ़र कितना मुश्किल है। इसी समझदारी ने उसे ताकत दी है जो उसे अपने हक में फ़ैसला करने का रास्ता दिखाती है।

बगावत दिलोदानिश के सभी स्त्री पात्रों ने की है। तरीके सबके अलग-अलग ज़रूर हैं। खानदानी समझी जानेवाली कुटुम्बप्यारी अपनी ज़बान, बेमौके उपस्थिति, किसी ज़ेवर के लिए ज़िद और असहयोग से या फिर ज़्यादा-से-ज़्यादा चोरी-छिपे भैरों-बाबा की हमबिस्तर होकर प्रतिशोध ले लेती है। उसके फूहड़ तौर-तरीकों की तुलना में महकबानो का व्यक्तित्व कहीं अधिक शाइस्ता और सलीकामन्द है। उपन्यास के शुरू में ही दोनों के बारे में मुंशी जी की टिप्पणी इस बात का इशारा कर देती है कि रचनाकार खुद किसके हक में है। मुंशी जी कहवा पीकर महकबानो के जीने से सोचते हुए उतर रहे हैं 'ऊपरवाले के रंग हैं। कहाँ हवेलीवाली ऐसी गुस्साई रहती है और कहाँ यह सिदक का ऐसा पानी पिए हैं कि जो देखे सलीके पर कुर्बान हो-हो जाए।' इस सलीके पर ताज़िन्दगी कुर्बान होते रहे वकील साहब; पर कुटुम्ब-कबीले के रस्मो-रिवाज़ ने उन्हें महक के प्रति ऐसा निर्मम बना दिया कि दोनों बच्चों से उसे अलग करने में भी उन्हें संकोच नहीं हुआ। और बच्चे! उन्हें भी माँ की मजबूरी की तुलना में बाप की हैसियत ज़्यादा रास आ गई। महक महज 'किसी मुड़े-तुड़े पुरजे की तरह कोने में फेंक दी गई।'

महक के सामने एक नज़ीर था अपनी माँ नसीमबानो का पर उसने वैसा

कुछ नहीं किया। वह न पगलाई न उसने कत्ल किया। पूरे होशोहवास और दानिशमन्दी के साथ अपने पूरे व्यक्तित्व को समेटकर वकील साहब के शब्दों में उन्हें 'ऐसा पछाड़ा ज़माने के सामने कि हमारी पीठ लगा दी।' छुन्ना को लगा 'बानो भाभी ने चोला बदल लिया है।'

जिन समधियों के सामने आने पर पाबन्दियाँ लगी थीं, जिस बिरादरी के कायदे-कानून ने उनसे बच्चों की माँ होने का हक छीन लिया था, उसी भरी बिरादरी के सामने सबको ठेंगा दिखाते हुए उन्होंने मासूमा की माँ और समधियों की समधिन होने का हक अदा कर दिया, सिर्फ़ इसलिए कि उस शाम उन्होंने ठान लिया था कि वे वकील साहब को पछाड़कर रहेंगी। खास बात यह कि उस मौक़े पर खड़े होने का अन्दाज़, बात करने का रुआब उनका खास अपना ही था। उनकी इस अदा का, जिसके बल पर उन्होंने वकील साहब को मात दी थी, किसी और मर्द से, यानी खाँ साहब से भी कोई ताल्लुक नहीं था। यह तो उनका खानदानी स्वरूप था जो माँ के ज़ेवर पहनते ही उन पर उतर आया था। रुख्सत होने से पहले बड़े सलीके से यह ऐलान करके कि 'दस्तूर के मुताबिक हमें तो आज बरती रहना है बेटे। मासूमा की माँ हैं हम।' महक ने कृपानारायण की बेटी की माँ होने का हक वापस छीन लिया जिससे कुटुम्ब-कबीले और बिरादरी का भय उन्हें महरूम किए दे रहा था।

इस बिन्दु तक पहुँचकर उपन्यास में घटनाओं का सिलसिला जैसे एक बार ठिठक जाता है। कल्पना करें हम उस शाम की, उस मज़लिस की। स्थितियों की बागडोर पूरी तरह अपने हाथ में लिये विजेता की तरह खड़ी महकबानो की। औरत जब हिम्मत जुटाकर ठान ले तो उसकी जीत तय है। उस पर ऐसे क्षणों में जो नूर उतरता है वह न ज़ेवर गहनों का होता है न आसपास खड़े मर्दों का। ऐसा नूर जिसके सामने सब सकते में हैं, बिरादरीवाले, रिश्तेदार, यहाँ तक कि खुद वकील साहब। वक़्त जैसे ठहर गया है। इस रोशनी का सोता जिससे सब जगमग हो उठा है बाहर नहीं भीतर है कहीं बहुत गहरे। **औरत के लिए महत्त्वपूर्ण है सही क्षण में सही मौके पर उसे पहचानकर हासिल कर लेना।** दिलोदानिश मुख्य रूप से इसी 'दूसरी' औरत की जीत की, उसके सशक्तिकरण की दास्तान है। उसके संकल्प के, भीतरी ताकत के सामने समाज के 'रीति-रिवाज़ और उन्हें वहन करने को अपनी जिम्मेदारी समझनेवाले

मर्दों की पराजय की, निस्तेज हो जाने की कहानी है।

यह बात दीगर है कि मर्द 'वही जीती' कहकर अपनी हार स्वीकार भले ही कर ले पर वह उसे अपनी तौहीन समझता है। जिसे न वह भूल पाता है न झेल पाता है। यह उसकी नज़र में ऐसा गुनाह है जिसे माफ़ भी नहीं किया जा सकता। पुश्त-दर-पुश्त दास्ताने खानदान में अपनी ज़िन्दगी के आख़िरी पन्नों में मर्दों की बनाई हदों के खिलाफ़ बगावत करनेवाली औरतों के लिए कोई जगह नहीं होती। वह बहन छुन्ना हो या रखैल महकबानो। वसीयतनामे में अगर बदरुद्दीन मौजूद है तो सिर्फ़ रिश्तए-खूँ की वजह से। पर एक बार अपनी ज़िन्दगी के फ़ैसले खुद करने का हक हासिल कर लेने के बाद औरत की नज़र में इन पन्नों की क्या अहमियत रह जाती है—इसका अन्दाज़ इस बात से लगाया जा सकता है कि छुन्ना और महकबानो दोनों खुद वकील साहब की जायदाद से अपने को अलग कर लेती हैं। यह महज इत्तफ़ाक नहीं है पूरे होशोहवास और दानिशमन्दी से खुद औरत का अपने हक में किया गया फ़ैसला है, जिसके पीछे न कोई आन्दोलनात्मक मुद्रा है, न आवेग न फ़तवा बल्कि वह सलीका है जो कृष्णा सोबती के लेखन की खासियत है। वह खासियत जो तथाकथित महिला लेखन या नारीवादी लेखन से अलग उनकी अपनी पहचान कायम करती है।

कृष्णा सोबती के कथा-साहित्य की एक और विशेषता जो उन्हें अपने समकालीनों के बीच तो विशिष्ट बनाती ही है, बाद की पीढ़ियों के लिए भी एक आदर्श उपस्थित करती है, उनकी भाषा-सजगता। विषय के अनुरूप उनकी भाषा का शब्दकोश ही नहीं, वाक्य-विन्यास और गद्य-लय भी बदलती चलती है। वे बड़ी सावधानी से अपने कथा-समय, परिवेश, चरित्रों की बोली-बानी में गहरे पैठकर उसे आत्मसात करती हैं। इसलिए उनकी रचनाओं में पात्र नहीं समय बोलता है—संवाद-लय में। यह बात अलग है कि कहीं-कहीं शब्द-प्रयोग की भूल-चूक चौंकाती है। इसके बावजूद उनकी कथा-भाषा स्वतंत्र अध्ययन का विषय है। 'मित्रो मरजानी', 'दिलोदानिश' और 'ज़िन्दगीनामा' की भाषा का स्वतंत्र और तुलनात्मक अध्ययन करने पर कुछ बड़े महत्त्वपूर्ण निष्कर्ष निकलेंगे, इसमें सन्देह नहीं।

(ख) उषा प्रियंवदा

अपने में सम्पृक्त : 'पचपन खम्भे लाल दीवारें'

उषा प्रियंवदा की कहानियों में जो रुतबा 'वापसी' का है, उपन्यासों में लगभग वैसा ही उनके उपन्यास 'पचपन खम्भे लाल दीवारें' का है। यह उपन्यास 1961 में प्रकाशित हुआ। रचना उनके अनुसार उसी वर्ष की गई यानी दिल्ली के लेडी श्रीराम कॉलेज में तीन वर्ष अध्यापन करने के दो वर्ष बाद। यह तथ्य इसलिए महत्त्वपूर्ण है, क्योंकि पाठकों का ध्यान तुरन्त आकर्षित करने का एक महत्त्वपूर्ण कारण उपन्यास शीर्षक रहा, जिसका आधार कॉलेज का वास्तु-शिल्प है। गोकि न कॉलेज की दीवारें लाल हैं न खम्भे गिनती में पचपन हैं। तथाकथित खम्भों का रंग ज़रूर लाल है। पर यह आंशिक समानता पाठकों को कल्पना के घोड़े दौड़ाने का मौका देने के लिए काफ़ी थी।

पश्चिम के 'नए आलोचकों' में डब्ल्यू.के. विमसाट ने आधी शताब्दी पहले आलोचना की वस्तुनिष्ठता की वकालत करते हुए दो तरह के भ्रम (फ़ैलेसी) के विरुद्ध सावधान किया था। उनका कहना था कि रचनाकार के आशय या निजी विवरणों के आलोक में कृति का विश्लेषण करने से 'इंटेशनल फ़ैलसी' के घटित होने की सम्भावना पैदा होती है और पाठकीय प्रभाव को महत्त्व देने से 'अफ़ैक्टिव फ़ैलेसी' का खतरा पैदा होता है। आलोचना पूरी तरह निरपेक्ष और वस्तुनिष्ठ हो इसके लिए उसे गुमनाम रचना के रूप में पढ़ना और भाषिक और संरचनागत विश्लेषण के द्वारा उसके अर्थ के मर्म को उद्घाटित करना ही आलोचना की पूर्वाग्रहमुक्त और सही पद्धति हो सकती है। आलोचक के लिए रचना की सत्ता रचनाकार और पाठक निरपेक्ष पृष्ठांकित कविता (पोयम ऑन द पेज) के रूप में होनी चाहिए। यह प्रस्तावित पद्धति छोटी कविताओं के प्रसंग में तो एक हद तक कारगर हुई पर उपन्यास जैसी वृहत्तर रचनाओं के लिए एकदम नाकाफ़ी साबित हो गई और तज दी गई। रचना-समय और उसके प्रेरक स्रोतों की जानकारी कभी- कभी उसके अर्थ के ऐसे पक्षों को उद्घाटित करने में मददगार हो सकती है, जिनके अलक्षित रह जाने की सम्भावना हो।

'पचपन खम्भे लाल दीवारें' की तात्कालिक व्यापक लोकप्रियता का कारण यह था कि उसका कथानक मध्यवर्ग की एक ऐसी शिक्षित युवती के

चरित्र पर केन्द्रित है जो दिल्ली के एक महाविद्यालय में प्राध्यापिका है। और यह उषा प्रियंवदा के निजी जीवन का सच था। नतीजा यह हुआ कि इस उपन्यास को किसी हद तक आत्मकथात्मक रचना के रूप में देखा जाने लगा। स्वभावतः उपन्यास की रचनात्मक खूबियों या खामियों का विश्लेषण करने से ज़्यादा पाठकों की रुचि उसमें आए पात्रों की पहचान करने और स्वयं उषा-प्रियवंदा के जीवन की घटनाओं से तालमेल बैठाने की दिशा में सक्रिय हो गई। कहना न होगा कि यथातथ्यता की इस खोज ने कुछ समय तक पाठकों को भरमाए ही रखा। ऐसा हुआ इसकी साक्षी स्वयं मैं हूँ। कई बार परिचित पाठकों यहाँ तक कि शोधार्थियों ने मुझसे ही यह जानना चाहा कि उपन्यास का 'अमुक' पात्र वास्तव में कौन व्यक्ति है? सबसे अधिक जिज्ञासा 'नील' के चरित्र को लेकर होती थी, जबकि मेरी जानकारी में उस दौर में लेखिका के आसपास वैसे किसी व्यक्ति का अस्तित्व था ही नहीं।

यह तथ्य इस बात का प्रमाण है कि रचना वास्तविक जीवन की अविकल प्रस्तुति नहीं होती। उसकी पुनर्रचना होती है। जिसमें सर्जनात्मक के योग से रचनाकार यथार्थ का नहीं यथार्थ की सम्भावना का सृजन करता है। जिसमें जो है उसके साथ जो हो सकता है या जो होना चाहिए का एक ऐसा घोल निर्मित होता है जो जस का तस वास्तविक न होने पर भी वास्तविकता का भ्रम पैदा करता है। ऐसा भ्रम, जो सच्चाई से ज़्यादा विश्वसनीय हो। जो पाठक के अनुभूति तंत्र के भीतर सहज ही प्रवेश पा ले और उसके अनुभव-वृत्त का विस्तार करे।

इस दृष्टि से 'पचपन खम्भे...' के सभी पात्र उसके केन्द्रीय सरोकार और नज़रिए से निर्मित पात्र हैं। इस निर्मिति में आसपास के जीवन से लेखिका ने सहायता ज़रूर ली होगी। मसलन किसी पात्र को गढ़ते हुए कोई विशेष व्यक्ति उनका मॉडल रहा हो या किन्हीं एकाधिक व्यक्तियों के मेल से उपन्यास का कोई विशेष चरित्र उपजा हो, या फिर घटनाओं के चारों ओर का वातावरण रचने में किन्हीं स्थलों या स्थितियों की प्रेरक भूमिका रही हो। इससे ज़्यादा कुछ नहीं। इस उपन्यास को पढ़ते समय लेडी श्रीराम कॉलेज में बिताए लेखिका के तीन वर्षों के जीवन के इतिहास से रचना को असम्पृक्त किए बगैर उसे सही परिप्रेक्ष्य में समझने में कठिनाई पैदा हो सकती है।

जिस समय उषा प्रियंवदा ने इस उपन्यास की रचना की, उस दौर में

मध्यवर्ग के परिवारों की शिक्षित लड़कियाँ खासी बड़ी संख्या में आर्थिक दृष्टि से आत्मनिर्भर हो चली थीं। व्यवसायों में तब तक अमूमन लड़कियों के लिए अध्यापन और डॉक्टरी दो पेशे सुरक्षित और सम्मानजनक समझे जाते थे। आधी शताब्दी बाद चयन की जैसी स्वतंत्रता आज हर वर्ग और क्षेत्र में दिखाई पड़ती है वैसी तब नहीं थी। पर इस आत्मनिर्भरता ने स्त्रियों में जितना आत्मविश्वास पैदा किया उतना ही असमंजस भी। विशेषकर ऐसे परिवारों में जहाँ बेटे के अभाव में घर की आय का मुख्य स्रोत बेटियों की कमाई होती थी।

लड़की पराया धन होती है, की आम मान्यता के चलते उसके विवाह का मतलब होता था परिवार का अपनी आजीविका के मुख्य स्रोत से वंचित होना। ऐसे में पचपन खम्भे की नायिका सुषमा के पिता के सन्दर्भ में "बात असल यह थी कि उन्होंने यह चाहा ही नहीं कि सुषमा की शादी हो, उनके अन्तर्मन में यह बात अवश्य होगी कि सुषमा से उन्हें सहारा मिलेगा। दरअसल उनके रिटायर होने में तब केवल तीन साल बाकी थे और बच्चे छोटे थे। उस समय सुषमा की शादी करने से उनकी सारी आर्थिक व्यवस्था गड़बड़ हो जाती।"

ऐसा नहीं है कि सुषमा को इसकी जानकारी नहीं थी। बल्कि "इस ज्ञान ने सुषमा के अन्दर न जाने कितना कड़वापन भर दिया। उसकी शादी नहीं होगी, यह उसने कल्पना ही नहीं की थी।" इस जानकारी और कड़वाहट के बावजूद, वह परिवार के प्रति दायित्व-बोध से उबर नहीं पाती। यह ऐसी स्थिति है जिससे न जाने कितनी स्त्रियाँ गुज़रती होंगी। **उसकी यह मजबूरी भारतीय परिवारों की संरचना और संस्कारों के कारण है। विकल्प सामने होने पर भी चुनाव के लिए वह अपने को तैयार नहीं कर पाती।** उसने इसे अपनी नियति मानकर स्वीकार कर लिया हैः "मैं केवल साधन हूँ। मेरी भावना का कोई स्थान नहीं। विवाह करके परिवार को निराधार छोड़ देना मेरे लिए सम्भव नहीं। मैंने अपने को ऐसी ज़िन्दगी के लिए ढाल लिया है। तुम चले जाओगे तो मैं फिर अपने को उन्हीं प्राचीरों में बन्द कर लूँगी।"

'उन्हीं प्राचीरों में अपने को बन्द' कर लेने का यह निर्णय सुषमा का विवशताजन्य निर्णय है, इच्छित नहीं। वह जानती है कि "इस क्रूर, कठोर, अन्धकारमय दुनिया में वह नील से ही कुछ सान्त्वना पा सकती है। नील के

स्पर्श में स्निग्धता है, उष्णता और आत्मीयता।''

सुषमा की पीड़ा उस स्त्री की पीड़ा है, जो **हर भारतीय औसत युवती की तरह एक सुखी सुरक्षित विवाहित जीवन का सपना पालती है**। इस सपने को पूरा करने के विकल्प एकाधिक बार उसके जीवन में आते हैं। नील के प्रस्ताव में उसके सामने सम्भावनाओं का संसार मौजूद है। एक कठोर निर्णय लेकर वह उसमें जब चाहे प्रवेश कर सकती है—वापसी के सारे रास्ते बन्द करके। पर वह ऐसा नहीं कर पाती। इस ख़याल के आते ही उसकी स्मृति में बिना वेतन पर छुट्टी लेकर घर में बीमार पड़े पिता, अपने बाकी बच्चों के बारे में चिन्ता करती, पिता की दूसरी पत्नी उसकी माँ का चित्र उग आता है।

जिस अवसाद की स्थायी छाया ने उसके जीवन को ढक लिया है उसके कई सबब हैं। बचपन में उसके स्वप्नों का केन्द्र नारायण। जिससे उसका विवाह दहेज के कारण न हो सका, माँ की इच्छा के बावजूद। अपनी विवशताओं में उलझकर रह गए बूढ़े पिता का चेहरा। छोटे भाई-बहनों को पालने की चिन्ता से ग्रस्त माँ का असुरक्षा बोध। नौकरी के लिए भटकना। और कॉलिज की नौकरी पा लेने के बाद उसने अपनी जो मनपसन्द छोटी सी गृहस्थी बनाई उसके रख-रखाव में माँ का लगातार हस्तक्षेप और टीका-टिप्पणी। दो छोटी बहनों के विवाह की चिन्ता में उनका रह-रहकर बिसूरना जिसके बीच अनजाने में मन की गहराई में बसी उस मृत पुत्र की याद जो सुषमा के बाद उत्पन्न हुआ था। **सबसे मिलकर एक परिदृश्य बनता है जो कमोबेश अन्तर से तमाम मध्यवर्ग के औसत परिवारों का सच हुआ करता था**। खास बात यह है कि इस पूरे परिदृश्य को उषा ने लम्बे विवरणों से नहीं कुछ व्यंजनात्मक वाक्यों से, छोटे-छोटे संवादों से, यहाँ वहाँ अर्थगर्भित मार्मिक टिप्पणियों से रचा है। चित्रकला की शब्दावली में ब्रश के स्ट्रोक्स से।

पर ये सब स्थितियाँ मिलकर उस मूल सरोकार के लिए पृष्ठभूमि तैयार करती हैं जो उपन्यास का वास्तविक कथ्य है। ये एक ऐसा वातावरण तैयार करती हैं जिसमें ''सुषमा को लगा कि वह एक दलदल में फँसकर रह गई है। वह छटपटाती है, उबरना चाहती है पर दिन-प्रतिदिन डूबती ही जा रही है।'' वह बहुत से निर्णय लेना चाहती है पर भीतरी अवरोध उसके आड़े आ जाता है। जैसे उसने एक कँटीली बाड़ अपने भीतर खड़ी कर ली हो। **ज़िन्दगी से**

जुड़े निर्णय वह अपनी इच्छा से नहीं परिस्थितियों के दबाव से लेती है। सामाजिक-दायित्व के उस बोध से लेती है जिसकी जड़ें मध्यवर्गीय परिवार की संरचना ने उसके भीतर गहरे संस्कार के रूप में जमा दी हैं। उसका पूरा जीवन उसकी अपनी शर्तों से नहीं पारिवारिक ज़रूरतों से परिचालित होता है। उसकी त्रासदी यह है कि ऐसे जीवन का चयन **उसकी चाहत के नहीं विवशता के तहत हुआ है।** दूर तक फैले मरुस्थल में नखलिस्तान की तरह नील की उपस्थिति उसे अस्थायी उल्लास से भरती ज़रूर है पर अन्ततः फिर अकेली छूट जाने के लिए 'अपने में सम्पृक्त'।

उपन्यास की शुरुआत "कुछ स्मृतियों, कुछ स्पप्न, कुछ अस्फुट शब्द, श्रमरत छात्र की तरह" बार-बार उन्हीं पृष्ठों को दोहराने से होती है। और फिर पूरी जीवन-गाथा, स्मृति-कथा के रूप में पन्नों पर उतरती जाती है। खूबी यह है कि **एक स्त्री के जीवन की त्रासदी होने के बावजूद उपन्यास कहीं मार्बिड नहीं होता।** सुषमा के चरित्र के चारों ओर पसरे कॉलेज के जीवन के सीमित परिवेश का जैसी सजीवता से चित्रण किया गया है उससे **स्त्री जीवन के न जाने कितने मोड़ और कैसे मुखड़े उद्घाटित होते हैं।**

भारत के केन्द्रीय विश्वविद्यालय से जुड़ा दिल्ली का नामचीन कॉलेज पर भीतरी माहौल के बारे में सुषमा की टिप्पणी 'नौ साल से मैं इस कॉलेज में हूँ नील, पर यहाँ लोग किसी को जीने नहीं देते।' उसकी व्यक्तित ज़िन्दगी के बारे में सहयोगियों की जासूसी, टीका-टिप्पणी, उसे अपदस्थ करने के लिए षड्यंत्र और योजनाएँ। कुल मिलाकर एक ऐसा माहौल जो सुषमा के चारों ओर परिवेश में मौजूद स्त्रियों की मानसिकता को, उनकी रुचियों और व्यवहार को उजागर करता है। उसकी अपनी मित्र मीनाक्षी भी एक डिनर के अवसर पर उसके बारे में होनेवाली बातचीत को बड़े करीने से उस तक पहुँचाने से नहीं चूकती : "मिस शास्त्री सबसे आगे बढ़-बढ़कर बोल रही थीं। सबने खूब रस लिया। तुम कब जाती हो, कब तुम्हारे यहाँ कौन आता है, किसने तुम्हें सिनेमा में देखा, किसने क्लब में—सबका सब वर्णन हुआ।" ये मिस शास्त्री स्वयं एक प्रौढ़ा कुमारी हैं, जिनके विवाह की सम्भावना नहीं दिखाई पड़ती। उन्हीं के बीच एक ही साल पहले आई स्वाति है जो किसी रहस्यमय कारण से आत्महत्या का प्रयत्न करती है। उस घटना पर तीखी निर्मम टिप्पणी करती मिसेज़ पुरी हैं। पूरी घटना की चर्चा में रस लेती शेष महिलाएँ हैं, जिनके बारे

में सुषमा की टिप्पणी है : "स्टाफ-रूम में एकत्र सभी महिलाओं को स्वाति की बातों में वही रस आ रहा था जो कि महरी-महाराजिन को पड़ोसिन की चर्चा में आता था।" सुषमा की पीड़ा यह है कि **'हम बहुत प्रबुद्ध, प्रगतिशील महिलाएँ बनने का दम भरती हैं।'**

पचपन खम्भे इन तथाकथित 'प्रबुद्ध, प्रगतिशील महिलाओं' से घिरी कहने के लिए आर्थिक दृष्टि से आत्मनिर्भर शिक्षित महिला की कहानी है जो हर निर्णायक क्षण में अपने लिए स्वैच्छिक जीवन का चयन करने का साहस नहीं जुटा पाती। उस दौर के संयुक्त भारतीय परिवारों की संरचना में ऐसे सदस्यों की कमी नहीं जो अपने से ज़्यादा परिवार के दूसरे लोगों के लिए जीने में जीवन की सार्थकता तलाशते थे। असम्भव नहीं है कि नारीवाद के समर्थकों को आज सुषमा में आत्मविश्वास और साहस की कमी, अपने पक्ष में निर्णय लेने की क्षमता का अभाव दिखाई दे। पर उसके निस्वार्थ सोच, त्याग करने की सामर्थ्य और परिवार के प्रति दायित्व-बोध और गहन संवेदनशीलता ने उसके रचना-समय के पाठकों में गहरी मर्मस्पर्शिता का एहसास जगाया था। इसीलिए और भी कि बाहरी वस्तुस्थिति और आन्तरिक द्वन्द्व, दोनों का चित्रण बड़ी नाजुक कलम से किया गया है। परिवार के सदस्यों, सहयोगियों, मित्रों और सबसे अधिक नील के साथ गुज़री स्थितियाँ इतने सहज सम्भाव्य रूप में घटित होती चलती हैं कि पाठक की सहभागिता बनी रहती है।

किसी संवाद में कहाँ कैसे हस्तक्षेप करके एकरसता भंग की जा सकती है इस कौशल का परिचय जगह-जगह मिलता है। बात सुषमा की मित्र मीनाक्षी और सुषमा के बीच हो रही है। शुभचिन्तक की मुद्रा में मीनाक्षी ने कहा, 'सुषमा, तुम बुरा न मानना, मैं बहुत दिनों से तुमसे यही बात कहना चाह रही थी। होस्टल की लड़कियों में, स्टॉफ रूम में, नौकरों में, हर जगह आजकल तुम्हारी ही चर्चा है।'

'मैं किसी की परवाह नहीं करती,' सुषमा ने भिंचे कंठ से कहा। संवाद पूरा हो इसके बीच–'पनसुटी के लाल रंग के फूलों ने एक झोंका खाया और दो पीली तितलियाँ एक-दूसरे का पीछा करती हुई दूर उड़ गईं।' और संवाद फिर चल निकला–

'हमारा दायरा ही ऐसा है। कॉलेज की चारदीवारी के अन्दर जो भी होता है उसमें सभी रुचि लेते हैं। तुम कब आई, कब गई, इसका लेखा सबके पास

रहता है।'

अपने पात्रों के चारों ओर के वातावरण के हवाले से वे अक्सर एक दृश्य रचती हैं : "सुषमा अकुलाकर उठ खड़ी हुई और उसने खिड़की की छड़ों पर अपना माथा टिका दिया। ठंडे लोहे के स्पर्श से उसके सारे शरीर में सिहरन-सी दौड़ गई। खुली खिड़की से हवा न जाने कौन-कौन सी सुगन्धें समेटकर अन्दर आकर ठिठक गई।

दूर कहीं दो लड़के। सड़क पर एक कुत्ता भौंक उठा और चौकीदार ने आवाज़ लगाई। होस्टल की सारी बत्तियाँ बुझ चुकी थीं। सुषमा आँखें फैला-फैलाकर उस अन्धकार में कुछ देखने लगी।"

उषा व्यक्तियों और स्थितियों को अक्सर जैसे एक फ्रेम में प्रस्तुत करती हैं। रूप-रंग, हाव-भाव, चारों ओर के वातावरण के ब्यौरे सब मिलाकर दृश्य-पटल पर लगभग एक रील की तरह संचरित होते चलते हैं। पात्रों का व्यक्तित्व उनकी वेशभूषा के डीटेल के बिना जैसे उन्हें मुकम्मल नहीं मालूम होता : "वह हलकी पीली बनारसी सिल्क की साड़ी पहने थी जिस पर चौड़ा गहरा गुलाबी बॉर्डर था। उस साड़ी के साथ उसके सोने के कर्णफूल बहुत सुन्दर लग रहे थे। आज उसने बाल भी नई तरह से बाँधे थे। भौंहे रोज़ से अधिक चिकनी और काली, होंठ साड़ी के बॉर्डर से साम्य रखते-गुलाबी। वह बाहर अपने ब्राकेट के बटुए के फुँदनों से खेल रही थी।"

यह बर्ताव वे स्त्री पात्रों के ही नहीं पुरुषों के साथ भी ठीक इसी तरह करती हैं, गोकि वहाँ बहुत डीटेल में जाने की गुंजाइश कम होती है : "नील गहरे सलेटी रंग का सूट पहने था, सफ़ेद कमीज़ और मैरून टाई। नील के हँसते चेहरे ने सुषमा के हृदय को सहस्रों शरों से बींध दिया।"

उषा प्रियंवदा के उपन्यासों की विशेषता है अपने चारों ओर के जीवन से किसी एक पक्ष की गहन पकड़ और बड़े कौशल से उसे मार्मिक विश्वसनीय कथानक में बाँधकर उसकी सहज प्रस्तुति। **वे बड़ी आसानी से पाठक को अपने अनुभूति-तंत्र का साझीदार बना लेती हैं**। ऐसा करते हुए उन्होंने आकाश की ऊँचाइयाँ या पाताल की गहराइयाँ नापने का प्रयास कभी नहीं किया। प्रायः ज़िन्दगी की कुछ ऐसी विडम्बनाएँ जो उनके पात्रों को असमंजस से पैदा होनेवाली विवशता से भरा जीवन जीने के लिए मजबूर करती हैं। ऐसी विवशता जिसके स्रष्टा वे स्वयं हैं पर विडम्बना यह कि वे

इसके लिए न उनको ज़िम्मेदार ठहरा पाते हैं जो इसका कारण हैं, और न अपने पक्ष में कोई निर्णय ले पाने की अक्षमता को। ऐसे पात्रों के प्रति पाठकीय प्रतिक्रिया सहानुभूति की होती है। भले ही उनके आचरण से पूरी सहमति न हो पर किसी हद तक वे विगलित तो करते ही हैं। यही ऐसी रचनाओं की तात्कालिक लोकप्रियता का कारण होता है।

ऐसी रचनाओं का सच प्रायः समयबद्ध होता है। उनसे किसी देशकालातीत विजन की उम्मीद नहीं की जानी चाहिए। न ही किसी ऐसे अनुभव की जो अपनी विलक्षता में प्रभावी हो। कुछ ऐसे विडम्बनापूर्ण चरित्र या स्थितियाँ जो अपनी आकस्मिकता और अनोखेपन से चमत्कृत करें। ऐसी रचनाएँ समयातीत प्रभाव छोड़ती हैं। **ठेठ समयबद्ध रचनाओं का प्रभाव समय के साथ क्षीण होता जाता है क्योंकि जिन सामाजिक तथ्यों से उनका रिश्ता होता है उनमें बदलाव के साथ उनके प्रति पाठकीय अभिरुचि में भी बदलाव आता है।** समय के साथ भारतीय मध्यवर्ग की शिक्षित आत्मनिर्भर स्त्रियों में, उनके जीवन के दृष्टिकोण और रवैये में जो अन्तर आया है उसके कारण पचपन खम्भे की नायिका उन्हें एक हद तक कमज़ोर अव्यावहारिक प्रतीत हो सकती है और उसका व्यवहार अतार्किक। ऐसी स्थिति में इन रचनाओं का महत्त्व किसी समाज या वर्ग के ऐतिहासिक विकास को समझने की दृष्टि से और अधिक होता जाता है—सामाजिक इतिहास की स्रोत-सामग्री के रूप में।

लम्बी अँधेरी सुरंग : 'रुकोगी नहीं राधिका'

'रुकोगी नहीं राधिका' का प्रकाशन 1967 में हुआ। समय के लम्बे अन्तराल में दो उपन्यास 'रुकोगी नहीं राधिका' और 'शेष यात्रा'—दो स्त्रियाँ, दो मनोभूमियाँ। दोनों की पृष्ठभूमि में उत्तर प्रदेश के मध्यवर्गीय परिवार और दोनों के अपने संघर्ष। 'शेष यात्रा' की अनु की कर्मभूमि अमेरिका है। 'रुकोगी नहीं राधिका' की नायिका का भविष्य अनिश्चित।

स्थितियों के प्रवाह में धकेल दी गई अनु ने ज़िन्दगी के सैलाब में थपेड़े खाकर तैरना सीख लिया है। बहाव उसे जिस तट पर पहुँचा देता है वह उसे ही गन्तव्य मानकर खुशी से स्वीकार कर लेती है। पर 'रुकोगी नहीं...' की

राधिका अपने फ़ैसले खुद करती है। ऐसा करने की योग्यता है उसमें। साहस भी। विकल्प भी हैं उसके पास। पर इन सबके योग से जो व्यक्तित्व बनता है, वही उसके निर्णयों के रास्ते की सबसे बड़ी रुकावट है। राधिका शिक्षित, समझदार, साहसी ऐसी आधुनिक स्त्री है जिसके जीवन में आनेवाला कोई पुरुष न उसके फ़ैसलों में हस्तक्षेप कर सकता है, न उन्हें बदलने के लिए उस पर कोई दबाव बना सकता है। ज़्यादा-से-ज़्यादा उसके पिता की तरह 'रुकोगी नहीं राधिका?' की प्रश्नवाचक भंगिमा में अपनी चाहत की तरफ़ इशारा ही कर सकता है : 'मैंने अपने बारे में कुछ सोचा नहीं है। चाहता हूँ, तुम यहीं रहो राधिका, पहले की तरह।'

किसी के जीवन में 'पहले की तरह' समय की वापसी होती कहाँ है? वह पापा हों या राधिका। सो राधिका को भी थोड़ी-सी स्वस्ति है कि अँधेरे में जवाब देते समय उसे 'पापा का मुँह नहीं दिखेगा'। जवाब एकदम प्रत्याशित है—'नहीं पापा, मैं जाना चाहती हूँ। मनीष...मेरे एक बन्धु...' बात बीच में छोड़ वह रुक गई। साथ ही उसके कन्धे पर रखा पापा का हाथ हट गया। जो कुछ घट रहा है, उस पर अँधेरे की चादर का होना ज़रूरी है। क्योंकि बाकी अनुमान्य है—'शायद वह फिर पीछे कुशन की टेक लगाकर बैठ गए हैं। शायद वह भी, कमरे में मँडराते जुगनू को एकटक देखने लगे हों।' ज़िन्दगी में फैले अकेलेपन के अँधेरे में रोशनी की तलाश पिता से ज़्यादा खुद राधिका के जीवन का सच है। भीड़ में निर्वासिता : ...''उसे लगा कि वह **इस भीड़, शोर-शराबे, चहल-पहल से एकदम कटी हुई है, वह अपने परिवेश का भाग नहीं रही। वह यहाँ रहते हुए भी निर्वासिता है, उसका जीवन निरुद्देश्य यात्रा है, एक लम्बी अन्धकारपूर्ण सुरंग—दो वर्ष पहले इस बोध ने उसे काफ़ी विचलित किया था; पर वहाँ तो भिन्न परिवेश था ही, एक भिन्न संस्कृति; वहाँ रहकर पार्थक्य की भावना बहुत सहज और स्वाभाविक थी, स्वदेश लौटकर स्वजनों के मध्य शायद उसके अन्दर का यह हिमखंड पिघल जाए!** पर ऐसा सम्भव नहीं लगता। नित्य-प्रति के जीवन की क्रियाएँ वह मशीनी भाव से सम्पन्न करती आई है, यह ऊब भरी अकुलाहट बढ़ती जाती है।''

भीड़ में अकेलेपन का एहसास, आत्मनिर्वासित होने का बोध, जीवन की निरर्थकता की अनुभूति, पलायन। भिन्न संस्कृति में भी पार्थक्य की भावना से ग्रस्त रहकर स्वदेश वापसी, यहाँ भी भीतर के हिमखंड के पिघलने की

सम्भावना से दुराशा। अन्ततः ऊब भरी अकुलाहट से भरी यांत्रिक ज़िन्दगी जीने की विवशता। **एक ऐसी लम्बी अन्धकारपूर्ण सुरंग जिसका अन्त नज़र नहीं आता।**

अभिव्यक्ति का यह ढब, अस्तित्ववादी सोच से प्रेरित इस मानसिकता का वर्चस्व सातवें दशक के दौरान खासे लम्बे समय तक कथाकारों की रचनाओं में दिखाई देता रहा। बाद में ऐसी ब्रांडधर्मिता से रचनाकारों ने क्रमशः निजात पा ली। 'शेष यात्रा' तक उषा प्रियंवदा भी 'रुकोगी नहीं राधिका' की व्यक्ति-केन्द्रीयता से उबर चुकी थीं। 'रुकोगी नहीं राधिका' में आरम्भ से ही घटनाओं का जो सिलसिला शुरू होता है वह उसके भीतर के अकेलेपन को गहराने के लिए काफ़ी है। दो वर्ष अमेरिका प्रवास के बाद वापसी पर उसे पहला एहसास अपने जीवन में 'घर' नाम की इकाई के अनस्तित्व का होता है : ''घर, **यदि कहीं घर है**! पापा का घर? बड़े भाई का घर? दोनों में से किसी ने यह ज़रूरत अनुभव नहीं की कि राधिका से मिलकर कोई उसे साथ ले आए।'' स्वातंत्र्योत्तर भारत में रिश्तों में विघटन की यह प्रवृत्ति जिस रूप में बढ़ी उसका अनावरण करता है यह उपन्यास। साथ ही व्यक्ति-स्वातंत्र्य का भी।

राधिका यदि पिता की इच्छा के खिलाफ़ डैन की मदद से विदेश जाने का निर्णय ले सकती थी तो वहाँ दो वर्ष बिताकर एक दिन अचानक यह निर्णय भी उसी का था कि 'उसे रहना तो अपने ही देश में है, और वह उस पर अडिग रही थी।'

देश में कुछ ऐसा है, जिसे वह पीछे छोड़ गई थी, रह-रहकर उसका मन उसी ओर लौटता है—एक तरह का नॉस्टेल्जिया। अपनेपन की तलाश। जो अपना था, अपने सारे जीवन का सन्दर्भ, उससे अलग कटकर रहने की बात विदेश में रहकर भी उसके मन में नहीं आई थी। पर अपने में उलझी राधिका की अपनेपन की इस तलाश के सूत्र उपन्यास के दूसरे पात्रों से भी जुड़े हैं। **'अकेलापन' एक ऐसी अनुभूति है जो कभी किसी की मानसिकता पर हावी हो सकती है।** वह उसके पिता हो सकते हैं जो माँ की मृत्यु के अठारह वर्ष काटने के बाद अपने अकेलेपन की भयावहता से उबरने के लिए अपने से उम्र में छोटी विद्या से शादी कर सकते हैं। अगर राधिका अपने को उनके 'खाली क्षणों की संगिनी, पूरे जीवन की धुरी' समझती है, उनकी सम्पूर्ण एकाग्रता की

कामना करती है तो यह उसकी भूल है।

उपन्यास का एक और चरित्र अकेलेपन से आज़िज आकर आत्महत्या के रास्ते मुक्ति पा लेता है। यह व्यक्ति है विद्या, राधिका की विमाता, उसके पिता से उम्र में काफी छोटी उनकी दूसरी पत्नी। समाचार सुनकर राधिका की प्रतिक्रिया है–'क्यों? उन्हें क्या कष्ट था?' यह अनकहा शायद सभी के मन में है। कोई नहीं समझता या समझना नहीं चाहता कि ''आँगन में अनार के पेड़ों के साये के बीच एक ऐसे मकान में जहाँ 'हर कोने में अन्धकार जैसे मुँह बाए, लीलने को तैयार' हो, लम्बे समय तक अकेला जीवन ढोने का कष्ट कैसा होता है। अकेलापन उसके पिता का भी स्थायी भाव हो गया है। पहली पत्नी की मृत्यु के बाद अठारह वर्ष के एकाकी जीवन से राहत पाने के लिए वे दूसरा विवाह करते हैं–उम्र में अपने से काफ़ी छोटी विद्या से। पर बहुत जल्दी वे गंगा-पारवाली कोठी में अकेले रहने के लिए चले जाते हैं। इस पार अकेली रह जाती है विद्या। ऐसा क्यों हुआ इसका खुलासा करना लेखिका ने ज़रूरी नहीं समझा।''

कुल मिलाकर यह उपन्यास अपने-अपने अकेलेपन को ढोते इन तीन पात्रों की गाथा है। दो स्त्रियाँ–राधिका और विद्या और एक पुरुष राधिका के पिता। विद्या इस भार से मुक्त होने के लिए नींद की गोलियों की ओवर-डोज़ लेती है। पिता अपने ढंग से इसे झेलने के लिए अभिशप्त हैं क्योंकि स्थितियों के निर्माता वे स्वयं हैं। और राधिका की सारी जद्दोजहद इस अकेलेपन से मुक्ति पाने की है। एक माकूल जीवन सहचर की तलाश जिसको लेकर वह किसी स्थिति में आश्वस्त नहीं है। लगातार अनिर्णय और स्थगन की मानसिकता उसे एक से दूसरी स्थिति और व्यक्ति की तरफ़ बढ़ाती है पर अन्त तक वह असमंजस से उबर नहीं पाती।

अकेलेपन की जिस यात्रा की शुरुआत स्वदेश में हुई थी, उसका अन्त अमेरिका प्रवास में भी नहीं होता। एक दुराशा की तरह विदेश उसके अनुभव की भयावहता को कुछ और बढ़ाता ही है। नए बने सम्बन्ध उसे अपने लिए और अजनबी ही बनाते हैं। स्वदेश में भी उसके जीवन की विडम्बना यह है कि सम्बन्धी पिता, परिवार, वापसी के बाद उसके भीतर की रिक्तता को भर नहीं पाते। नए सम्पर्क भी नहीं। अपने भीतर व्याप्त व्यग्रता का हल न उसे अक्षय के साहचर्य में दिखाई देता है न ही मनीष के प्रस्ताव में। उपन्यास के

अन्त में पिता के प्रस्ताव को अस्वीकार करने के प्रसंग में मनीष का उल्लेख महज पलायन मार्ग के अलावा कुछ नहीं। ऐसी व्यक्ति-केन्द्रीयता जिसकी गिरफ़्त में अकेलेपन से निष्कृति उसके लिए मात्र दुराशा होकर रह गई है।

अपनी खोज में अपने ही भीतर पैठकर यात्रा करनेवाले चरित्र इस उपन्यास के रचना-परिदृश्य में बहुतायत से दिखाई पड़ते हैं—कविता और कथा साहित्य दोनों में। सवाल यह है कि कहाँ व्यापक स्तर पर सामाजिक-राजनीतिक स्थितियाँ व्यक्ति की इस अन्तर्मुखता के लिए ज़िम्मेदार हैं और कहाँ उसकी निजी आत्मकेन्द्रीयता। एक स्थिति में रचनाकार वस्तुस्थिति की परख-पड़ताल की दिशा में व्यक्ति से समाज की ओर बढ़ता है दूसरी ओर समाज-विमुख होकर अन्तर्मन की गुफ़ाओं में गहरे गर्क़ होता जाता है। दूसरी स्थिति अधिक पीड़क और व्यग्र बनानेवाली होती है। वस्तून्मुखता चुनौती का सामना करने की मानसिकता को जन्म देती है और आत्मोन्मुखता पलायन की मनोवृत्ति को। एक अन्धकार से प्रकाश की ओर यात्रा है और दूसरी अन्तहीन अँधेरी सुरंग में निर्वासित होते जाने की विवशता।

अपने बारे में आत्मविश्वास के साथ दो टूक निर्णय लेने में स्त्री मन की असमर्थता उषा प्रियंवदा के दोनों आरम्भिक उपन्यासों की थीम है। दोनों के स्त्री पात्र उपन्यास के अन्त में अपने जीवन के बारे में जो फ़ैसला करते हैं, उसमें असमंजस का गहरा दंश है।

अन्तर यह है कि 'पचपन खम्भे...' की सुषमा नील से अलग होने का फ़ैसला परिवार के प्रति अपनी कर्तव्यनिष्ठा के बोझ तले करती है, जबकि 'रुकोगी नहीं राधिका' पारिवारिक सम्बन्धों के प्रति लगभग संवेदनहीन हो चुकी है। आर्थिक रूप से आत्मनिर्भर होने के बावजूद सुषमा के मन में बूढ़े होते पिता, विमाता और उसकी सन्तति के प्रति अपनी जिम्मेदारियों का एहसास उसे अपने प्रति निर्मम बनाता है। कर्तव्यपरायणता और समर्पण की मानसिकता उसे हताश ज़रूर करती है, आत्मपरायेपन की पीड़ा से ग्रस्त नहीं करती। अपने असमंजस पर काबू करके वह जो निर्णय लेती है उसकी परिणति अन्ततः स्थिति के विवश स्वीकार में होती है।

इसके ठीक विपरीत 'रुकोगी नही राधिका' की मानसिक बनावट जिस आधुनिक स्त्री की है उसके लिए पिता की इच्छा और पारिवारिक दायित्वों का बोध लगभग निःशेष हो चुका है। वह पिता की इच्छा के विरुद्ध डैन के

भरोसे अमेरिका प्रस्थान करती है और वापसी पर उनकी इच्छा की अनसुनी करते हुए 'मनीष' के हवाले से फिर घर छोड़ने का फ़ैसला लेती है। **उसका हर निर्णय उसके निजी स्वार्थ की भावना से प्रेरित है।** हर रिश्ते का मूल्य उसके लिए इस बात से तय होता है कि वह उसके कितना काम आ सकता है। इसी नज़र से वह पापा और बड़े दा की मसरूफ़ियत को देखती है और भाभी की संरक्षता को। वापसी पर विमाता विद्या के साथ पूरा तालमेल बैठाकर निर्वाह करने के संकल्प में भी उसका निजी स्वार्थ है। और अन्त में अपने अकेलेपन में पल-पल क्षरित होते पिता की इच्छा की उपेक्षा कर वह घर छोड़कर मनीष का सहारा लेने का निर्णय करती है, तो वह भी इसलिए कि व्यवहार-बुद्धि से उसकी समझ में यह आ गया है कि उस स्थिति में उपलब्ध विकल्पों में से शायद वही सबसे बेहतर साबित होगा। गोकि उपन्यास का अन्त जिस रूप में हुआ है उससे यह छिपा नहीं रहता कि विकल्प और सम्भावनाएँ आगे भी हो सकती हैं। यह अँधेरी सुरंग के बाद नज़र आनेवाला उजाला नहीं है। जबकि 'पचपन खम्भे...' की सुषमा ने अपने अकेलेपन को नियति मानकर परम्परासम्मत निदान पा लिया है।

'पचपन खम्भे...' से 'रुकोगी नहीं राधिका' तक की यह यात्रा परिवार की पारम्परिक संरचना और मूल्य-चेतना से मुक्ति के लिए छटपटाती 'सामाजिक' स्त्री से सर्वतंत्र स्वतंत्र आत्मकेन्द्रित 'व्यक्ति' स्त्री तक की यात्रा है। इन दोनों चरित्रों की मानसिक बनावट में जो अन्तर नज़र आता है, उसे कुछ हद तक रचनाकार की परिस्थितियों और परिवेश में आनेवाले परिवर्तन से जोड़कर भी समझा जा सकता है।

'पचपन खम्भे...' की रचना की मनोभूमि के निर्माण में लेडी श्रीराम कॉलेज के परिवेश और उनके तत्कालीन अनुभवों की भूमिका रही होगी। जीवन के उस दौर में वे पहली बार एक अपेक्षाकृत छोटे शहर के आत्मीय संवेदनशील माहौल से निकलकर महानगर की गहमागहमी से बजबजाते संवेदनहीन परिवेश में काम करने के लिए आईं और कुछ वर्ष रहीं। 'रुकोगी नहीं राधिका' के रचनाकाल (1967) तक महानगर से वापसी के बाद फुलब्राइट स्कॉलरशिप पर अमेरिका प्रवास और वहाँ से अस्थायी रूप में भारत आना तो हुआ पर इस परिक्रमा ने उन्हें बहुत अनुभव-समृद्ध और व्यावहारिक बनाया। पर तब तक उनके विकल्प खुले थे। अमेरिका लौटने

या भारत में वापस बस जाने की दुहरी मानसिकता के बीच झूलती एक पूरी पीढ़ी से उनका साबका पड़ा होगा। असम्भव नहीं है कि वे खुद भी इस लौटने न लौटने की दुविधा से गुज़र रही हों। इतना तय है कि 'पचपन खम्भे...' और 'रुकोगी नहीं राधिका' के स्त्री पात्रों की मानसिकता में **आधुनिक स्त्री की उत्तर-आधुनिक परिणति स्पष्ट रूप से देखी जा सकती है।**

गुज़रते समय का प्रभाव राधिका की मानसिकता पर ही नहीं, चारों ओर की सामाजिक स्थितियों पर भी पड़ा है—बड़े दा और भाभी के व्यवहार पर, अपने में सिमटी विद्या पर, घर के नौकरों के व्यवहार पर यहाँ तक कि शहर के रख-रखाव और परिवेश पर भी। यह परिदृश्य उसे भीतर तक आहत कर रहा है : "अब तो क्यारियाँ भी खाली पड़ी हैं। मेहँदी की बाड़ काफ़ी छिन्न हो गई है और बोगनबेलिया की रंगारंग लतरों को शायद भैंस, बकरियाँ खा गई होंगी। राधिका खड़ी है, और बीते समय का बोध तेज बहते पानी की तरह उसे कँपा रहा है। इस घर की घरती पर पैर रखते हुए ही हृदय में एक अजीब-सी छटपटाहट होने लगी है और जैसे तेज़ नाखूनों से परतें-की- परतें खुरची जा रही हैं।"

राधिका के बेगानेपन को बढ़ाने में इस बदले हुए परिवेश की महती भूमिका है। निकट सम्बन्धियों के व्यवहार और उनमें आनेवाले बदलाव की भी। पिता का गंगा-पारवाली कोठी में जाकर अकेले रहने का निर्णय और विद्या की आत्महत्या, राधिका के दुबारा घर छोड़ने के फ़ैसले का मुख्य कारण है। यह बिना कहे भी समझना मुश्किल नहीं है।

इस उपन्यास की भाषा के सहज प्रवाह में कहीं-कहीं तत्सम शब्दों के छींटे कंकरी की तरह खटकते हैं : 'वह मुस्कराया, **नमित** हुआ और चला गया। 'निष्क्रिय मस्तिष्क दूसरों के बारे में बहुत सोचता है।' 'अब वे मकान के **पार्श्व** के लॉन में थे।...दूसरी ओर घना **लता-मंडित मकान का पार्श्व...**।' जैसे प्रयोग वाक्य के सहज प्रवाह में बाधा देते हैं। शायद विदेश-प्रवास के कारण भाषा पर पकड़ ढीली होने की आशंका ने अनायास ऐसे बेमेल शब्दों के प्रति आग्रह बढ़ाया होगा। वरना उषा की भाषा भले ही मन्नू की तरह पारदर्शी और कृष्णा सोबती की तरह तराशी हुई न हो, पर कथ्य के अनुकूल होने की शिकायत उनसे भी नहीं की जा सकती।

सम्बन्धों की तदर्थ व्यवस्था : 'शेष यात्रा'

उषा प्रियंवदा का तीसरा उपन्यास 'शेष यात्रा' उनके अमेरिका प्रवास के लगभग बाईस वर्ष के बाद 1984 में प्रकाशित हुआ। इस बीच भारत से उनका सम्बन्ध लगातार बना रहा। वे बराबर स्वदेश आती-जाती रहीं। समय के इस दौर में लगभग पूरा विश्व अमेरिका की ओर सम्भावनाओं के देश के रूप में देख रहा था।

भारत की युवा पीढ़ी अपने भविष्य के निर्माण के लिए जैसे-तैसे उस धरती पर पैर रखने की जुगत में लगी थी। जो एक बार वहाँ पहुँच जाता, वह वापसी पर अपनी सफलता की सच्ची-झूठी दास्तानों से उन्हें प्रभावित करता जो पीछे छूट गए थे। मोहभंग की प्रक्रिया शुरू होने में अभी बहुत देर थी।

बाहर जानेवालों में दो तरह के लोग थे—उच्च शिक्षा के लिए और काम की तलाश के लिए। पढ़े-लिखे लोगों में वहाँ ज़्यादा पूछ डॉक्टरों और इंजीनियरों की थी। अमेरिकी युवा वर्ग के पास तब भी और अब भी इन पेशों के लिए पढ़ाई करने का न धीरज है, न वित्तीय साधन। यह बात अलग है कि बाहर से पहुँचनेवालों को भी वहाँ काम पाने से पहले अपनी डिग्रियों की वैधता को अतिरिक्त पढ़ाई करके साबित करना पड़ता था। जो वहाँ सफल हो जाता, वह अपनी बद्धमूल हीन ग्रन्थि के कारण उस जीवन शैली में दीक्षित होने और उसका प्रदर्शन करने के लिए आतुर रहता, विशेषकर अपने देशवासियों के बीच। इस धकापेल में यह तथ्य भी आँख से ओझल हो गया था कि जानेवालों में बड़ी संख्या ऐसे लोगों की थी जिनका भविष्य भारत में या तो अनिश्चित था, या उसे बनाने के लिए लगातार संघर्ष करना तय था।

बहरहाल, इस पूरे परिदृश्य ने भारत के मध्यवर्गीय परिवारों में एक विशेष परिस्थिति पैदा कर दी। विवाह के बाज़ार में अमेरिका-पलट नौजवानों का भाव इस कदर बढ़ गया कि अधिकांश माता-पिता अपनी अच्छी-भली विवाह योग्य कन्याओं के लिए टकटकी बाँधकर उधर देखने लगे। यही नहीं, लड़कों के माता-पिता भी विदेशी बहुओं की आशंका से बराबर इस बात का प्रयत्न करने लगे कि बेटा काम अमेरिका में और विवाह भारतीय लड़की से करे। कुल मिलाकर नतीजा यह हुआ कि अगर किसी विवाह-योग्य लड़की से

कोई अमेरिका पला लड़का लगभग अनुकम्पा भाव से विवाह करने की हामी भर देता तो कन्या और माता-पिता तो धन्य हो ही जाते, बाकी लोग उनके भाग्य से ईर्ष्या करने लगते। शुरू में तो स्थिति यह थी कि सहज विश्वासी परिवार आनेवाले के अमेरिकी प्रवास के बारे में तहकीकात या छानबीन करना भी ज़रूरी नहीं समझते थे। यह बाद की बात है कि जब ऐसे आनन-फानन में सम्पन्न विवाहों में धोखाधड़ी के मामले बड़ी संख्या में सामने आने लगे, और भारतीय समाज ऐसे प्रस्तावों और अनुकम्पाओं को लेकर बेहद सतर्क और संवेदनशील हो गया।

अजब रहन-सहन था इन अमेरिका निवासी भारतीयों का। जो पहले पहुँच चुके थे वे वहाँ अपनी सफलता और भारतीयता का बखान नवागन्तुकों से कुछ इस ढंग से करते : "मुझे यहाँ रहते हुए बाईस साल हो गए हैं, बाईस साल। और मुझे यहाँ अच्छा लगता है। मेरा तो सभी परिवार यहाँ है—भाई, बहन, मौसी, चाची, ताई, देवर, देवरानी..., सभी ने एक-दूसरे को बुला लिया। सभी अच्छी तरह हैं, तरक्कियाँ कर रहे हैं।" लगे हाथ यह भी कि, 'धनराज को तो रोज ताज़ा फुल्का चाहिए।' यह बात अलग है कि जो लोग उस दौर में यह कह रहे थे, वे आज अपने बच्चों के युवा हो जाने पर ठीक वही कह रहे हैं इसमें सन्देह है। जिन बच्चों का जन्म और पालन-पोषण अमेरिका में हुआ उनमें से अधिकांश जन्मना वहाँ के नागरिक होने के कारण 'फुल्का संस्कृति' के रहन-सहन, खान-पान की रवायतों को पिछड़ेपन के नाम पर कब का बाय-बाय कर चुके हैं। बड़े उत्साह से वे आर्थिक-बहबूदी की आत्मकेन्द्रित चूहा-दौड़ में तन-मन-धन से शामिल हैं। और वयोवृद्ध लोग आश्रय के लिए, अपनी-अपनी परिस्थिति के अनुकूल या तो वृद्धाश्रमों की शरण ले रहे हैं या अपने मूल की ओर वापसी की राहें तलाश रहे हैं। गिने-चुने अपवादों को छोड़कर वहाँ अब अच्छा किसी को नहीं लगता, पर इस सत्य को स्वीकार करना उनके अहं को गवारा नहीं होता।

बहरहाल, उस समय की स्थिति का सच वही था जो 'शेष यात्रा' का कथानक है और आंशिक रूप से आज भी सच है। तब तक सीता-सावित्री सिंड्रोम से ग्रस्त भारतीय नारी तलाक के प्रस्ताव पर वंचक पति के सामने अनु की तरह गिड़गिड़ाकर कह सकती थी : "मैं कुछ नहीं माँगूँगी। सच, मैं बिलकुल दिक्कत दिए बिना रह लूँगी। मोटर-बँगला मुझे कुछ नहीं चाहिए।

जो आप देंगे, वह सिर-माथे पर। बस, आप मुझे अपने साथ रख लें, मुझे अलग न करें। कितने लोग यों ही निभाते आए हैं, मैं पैरों पड़ती हूँ।''

अनु के लिए यह अकल्पनीय है कि शादियों की भी मौत होती है : 'पेड़-पौधे मरते हैं, जीव-जन्तु भी, आदमी-औरतें भी, **कहीं मैरिज भी मरा करती है, खासतौर से हिन्दुस्तानी मैरिज**।' इस बद्धमूल धारणा से उसे कोई दृष्टान्त, कोई तर्क आसानी से विचलित नहीं कर सकता। यह दो समाजों की जीवन-पद्धतियों, रीति-रिवाज़ों, मूल्यों और सोच का अन्तर है, यह बात उसकी समझ के बाहर है। **'शेष यात्रा' 'अनुका' नाम की इस स्त्री के व्यक्तित्वान्तरण की, उसके पुनर्नवा होने की कथा है।** अपने रचना-समय में बेहद प्रासंगिक। अमेरिका प्रयाण के बाद ऐसी अल्पशिक्षित पराश्रित युवतियों को तलाक देकर निराधार छोड़ देना या बैरंग स्वदेश लौटा देना उस समय आम बात थी। ऐसी शादियाँ कभी-कभी भारी दान-दहेज के साथ की जाती थीं। वैसी स्थिति में उस पैसे की वसूली और लड़की की सकुशल वापसी के लिए कभी-कभी उसके परिवारजनों को भारी मशक्कत करनी पड़ती थी। इस प्रक्रिया में परिवार कंगाल हो जाता था। बहरहाल, 'शेष यात्रा' की अनुका के साथ वैसा कुछ नहीं होता। लगभग अनजान मुल्क में बेबस स्त्री कैसे संघर्ष करते हुए अपना रास्ता तलाशती है, यह उपन्यास का प्रमुख कथ्य है—**स्त्री के सशक्तीकरण और आत्मविश्वास के अर्जन की कथा**। पर इस प्रस्थान-बिंदु के साथ ठेठ अमेरिकन वस्तुस्थितियों का प्रवासी भारतीयों द्वारा सहज स्वीकार, स्त्री चरित्रों के विविध रूप, स्त्री-पुरुष सम्बन्धों के विदेशी मॉडल की स्वीकृति, कुल मिलाकर उस दूर-देश में प्रवासी भारतीयों की आचार-पद्धति सबका खाका खींचता है यह उपन्यास।

अनु स्त्री-जीवन का एक रूप है तो नमिता ठीक दूसरा। अतिथि के रूप में डॉक्टर अहमद के यहाँ रात को रुके प्रणव के पास अँधेरे में जो स्त्री दबे पाँव आकर अहिस्ता से लेट सकती है और उस ओर से कोई प्रतिक्रिया न होने पर उसी तरह निस्तब्धता से लौट सकती है, वह 'दो दिन की सद्यःविधवा?' नमिता हो सकती है। इस पहचान से 'बहुत उदार और खुले होने के बावजूद प्रणव के मन में भारतीयता को कहीं ठेस लगी।'

नमिता ही नहीं, अनु से अलग होने के बाद, प्रणव के जीवन में एक दौर ऐसा आता है जब, ''उसे अकेले रहना अच्छा लगता था, यह जानते हुए

भी कि साथ काम करनेवाली नर्सें और दूसरी स्त्रियाँ उसे तरह-तरह से रिझाने की कोशिश में रहती हैं, खाने और पार्टियों में बुलाकर, मीठी-मीठी नज़रों से देखकर, हलके-फुलके मज़ाक करके पर वह किसी भी सम्बन्ध के लिए, चाहे कितना भी अस्थायी क्यों न हो, अपने को एकदम अनुत्सुक पा रहा था।'' **सम्बन्धों की यह तदर्थ व्यवस्था, रोज़मर्रा की ज़िन्दगी की व्यावहारिक सुविधाओं के लिए कायम किए जानेवाले अस्थायी सम्बन्धों की यह दुनिया, कम-से-कम उस समय तक भारतीय जीवन में आचरण का सहज-स्वीकार्य ढब नहीं था।**

सम्बन्धों का यह मॉडल भारतीय समाज के लिए जैसे आनेवाले समय की आहट थी। ''प्रणव की नमिता के घर में उपस्थिति परिचितों, अस्पताली सहयोगियों ने बहुत सहजता से स्वीकार कर ली, जैसे यह स्वाभाविक और उचित ही हो कि नमिता के पति से खाली करा लिये गए स्थान पर आनेवाला डॉक्टर उसके जीवन का नया पुरुष भी होगा।'' और फिर प्रणव वहीं रह जाता है बार-बार अपने को 'अनडिपेंडेंट और अनरिलायबल' घोषित करने के बावजूद। क्योंकि **''ज़िन्दगी में सिर्फ़ एक ही रिश्ता नहीं होता—पति-पत्नी का। स्त्री-पुरुष सम्बन्धों के अनेक पहलू होते हैं,** जैसे उसका नमिता से सम्बन्ध, जो न युवा थी, न सुन्दर, एक पढ़ी-लिखी समझदार और परिपक्व स्त्री, जो कि ज़िन्दगी में नए खतरे लेने को तैयार थी, उसका मूल्य भी चुकाने को।'' खास बात यह थी कि 'वह प्रणव को खुलेपन की अनुभूति देती थी।' दोनों के बीच का यह सम्बन्ध न किन्हीं शर्तों पर कायम होता है, न किसी बन्धन में बँधा होता है। प्रणव कभी भी उठकर चल देने का विकल्प अपने पास रखना चाहता था, यह जानते हुए भी कि उसे कभी भी चले जाने को कहने का अधिकार नमिता को भी है।

शादी के बारे में उनके कैज़ुअल रवैए ने भी उस दौर के पाठकों को कुछ विस्मित ज़रूर किया होगा। शादी के प्रस्ताव पर नमिता की प्रतिक्रिया दिलचस्प है : **मुझे शादी की ज़रूरत नहीं लगती। मगर, अगर तुम चाहते हो तो मना नहीं करूँगी। जाहिर है उसका यह मना न करना किसी जिम्मेदारी को स्वीकार करने के इरादे से नहीं बल्कि इस बोध से प्रेरित है कि शादी के बावजूद जब भी चाहें मुक्ति का विकल्प दोनों के पास है।**

इसका एक और कारण, जिसका ज़िक्र लेखिका ने नहीं किया है, यह भी है कि वहाँ के भारतीय परिवार तलाकशुदा या अकेले लोगों को लेकर

बेहद सशंक और अपने पारिवारिक जीवन के बारे में संरक्षणशील हो जाते हैं। ऐसे एकाकियों को अक्सर बारीकी से बिरादरी से बाहर कर दिया जाता है। क्योंकि ऐसी स्थिति में शादी उनकी व्यावहारिक ज़रूरत भी हो जाती है। **स्त्री-पुरुष सम्बन्धों के बारे में नैतिकता के दबाव से मुक्त खुलापन अनु के अलावा लगभग सभी स्त्री-पात्रों में दिखाई पड़ता है, वह विभा हो या चन्द्रिका।**

प्रणव ने अपना चुना हुआ जीवन जिया। जब जो स्त्री उसके सम्पर्क में आई उसके साथ स्थिति के अनुरूप अपनी इच्छा से जैसा चाहा वैसा सम्बन्ध बनाया—सर्व तंत्र स्वतंत्र नैतिकता या उचित-अनुचित के बोध की कोई सार्थकता न जानी न मानी। अन्तिम परिणति में ऐसे सम्बन्धों की निरर्थकता के एहसास के साथ जब वह अनु के पास वापस लौटा तो पाया कि, 'अब केवल यही दिख रहा है कि कोई रास्ता नहीं दिखता। कोई विकल्प नहीं बचा है।' तब तक अनु भी अपने ऊपर थोपी हुई स्वतंत्रता का पूरे दायित्व-बोध के साथ उपयोग करके अपना रास्ता चुन चुकी है—अस्तित्ववादी हल। दोनों ने चयन के अधिकार का उपयोग जिस रूप में किया उससे लेखिका की पक्षधरता साफ़ है। प्रणव की लगभग लक्ष्यहीन कारुणिक परिणति और अनु का अन्ततः दीपांकर के साथ एक स्थिर, सुखी वैवाहिक जीवन का चयन।

इतना ही नहीं, इस दौरान उसका कायाकल्प हो चुका है। एक अल्प शिक्षित, संकोची, निरीह भारतीय स्त्री से 'एक आत्मविश्वासी, सन्तुलित, लापरवाह-सी सादगी से भरपूर एक पूर्ण युवती।' प्रणव के पास अपने को तसल्ली देने के लिए इतना भर मानने के अलावा कुछ नहीं कि, "इन दस सालों ने अनु के साथ न्याय किया है, उसे निखारा है, तोड़ा नहीं। जिस पगली-सी बौराई लड़की को वह छोड़कर चला गया था, क्या वह यही है? प्रखर, मौन, स्थिर!"

उपन्यास के एक सिरे पर प्रणव है, ज़िन्दगी के प्रति अपने दृष्टिकोण और आचरण की समूची नेगेटिविटी के साथ, खुद अपने से एक पर एक झूठ बोलता हुआ : **"किसी को किसी की ज़रूरत नहीं होती है**। अन्ततः हमें अपने साथ ही रहना होता है, अपने स्व से ही जूझना होता है। हम सब अपने को अकेला पाते हैं। शादी, ब्याह, गिरस्ती, रिश्ते—जब तक चलते हैं, तभी तक रहते हैं। **किसमें इतनी ताकत है कि साथ-साथ दूसरे प्राणी की**

जिम्मेदारी ढोता रहे।''

दूसरे सिरे पर अनु है, अकेली, सही मुकाम पर पहुँचने के लिए संघर्ष करने के बाद अपने अतीत से मुक्त होकर : ''यह खालीपन अब नेगेटिव नहीं लगता। किसी के प्यार में न होना, किसी में अपने को समाहित न करना। इसका भी एक पॉजिटिव पक्ष है। मैं हूँ, अनु, अपने में तुष्ट, अपने स्वत्व बोध में सुखी, अपने सुख-दुख में अकेली, अपने में स्वाधीन। उसे यह अनुभूति प्रिय लगती है। उसने अपने व्यक्तित्व और अस्तित्व का लक्ष्य पा लिया है।'' **जो पाया है वह है 'इतने सालों की स्वतंत्रता...अपने निर्णय अपने आप लेने की जिम्मेदारी।'** चयन की स्वतंत्रता देकर और पाकर जैसे उसकी सारी कड़ुवाहट धुल गई है। **उपन्यास इसी आत्म-बोध की हिमायत करता है—बड़ी सहजता से।**

उपन्यास में जहाँ-तहाँ अमेरिकी जीवन-शैली के प्रसंग बिखरे हैं, जो भारतीय जीवन का कंट्रास्ट प्रस्तुत करते हैं। 'अतिथि देवो भवः' की भारतीय अवधारणा के बचे-खुचे अवशेषों के एकदम विपरीत चार दशक पहले भी एशियाई मूल के परिवारों में मेहमान की कैसी खातिर होती थी इसका एक उदाहरण प्रणव का डॉ. अहमद के घर शरणागत होने का प्रसंग है। डॉ. अहमद प्रणव को एअरपोर्ट से लाने के लिए, मेहमाननवाजी के ख़याल से नहीं, बल्कि इसलिए जाते हैं कि ''इतना तो करना हमारी जिम्मेदारी बनती है। एयरपोर्ट से इधर तक कोई यातायात भी नहीं है। आप जाते भी कहाँ! और फिर सुइसाइड, ड्रग्ज, एल्कोहल, डाइवोर्स, यह सब इस गॉड फारसेकन जगह में आम बात है।'' बात सुइसाइड की आई तो डॉ. अहमद ने अपने उन मित्र की आत्महत्या का कारण बताया जो हाल ही में घटित हुई थी : ''मेरी तरह वह भी इंग्लैंड से आए थे। बड़े ब्राइट, बड़े पॉपुलर, मगर कमज़ोरी थी एल्कोहल की। एक मरीज ने उन पर गलत इलाज का केस कर दिया था, उसी सिलसिले में बर्खास्त भी हो गए। केस भी हार गए, बस तभी से जो डिप्रेशन शुरू हुआ जान लेकर ही गया।''

घर पहुँचे मेहमान के बारे में गृहस्वामिनी का कहना है : ''इनका क्या है? रात को इसी सोफ़े पर सो जाएँगे। खुलकर आरामदेह बेड बन जाता है।'' इसके अलावा : ''या तो वह लोग शाम का भोजन करते नहीं, या उन्होंने दोपहर में इतना खा लिया होगा कि रात को खाने की ज़रूरत नहीं हुई। प्रणव

के सामने भोजन की बात नहीं हुई।'' कुल जमा नतीजा यह कि रात देर गए वह एक गिलास उठा लाया और उसमें अपने साथ लाई व्हिस्की उड़ेलकर पीता रहा।

इन प्रसंगों में ऐसा कुछ नहीं है, जिसे बड़ी संख्या में भारतीय पाठक जानते न हों। पर जिन्हें डॉलर में कमाने और तथाकथित मुक्त जीवन जीने का लोभ वहाँ खींचे लिये जाता है, वे जानते हुए भी इसे मानते नहीं। विचित्र प्रकार की आत्मप्रवंचना और असमंजस भरा जीवन वहाँ तब तक जिए जाते हैं जब तक बहुत देर हो चुकी होती है। और तब उनके पास अपने चयन का औचित्य सिद्ध करने के अलावा कोई चारा नहीं रहता। उपन्यास में इसी सत्य को रेखांकित किया गया है, स्त्री-जीवन के विविध रूपों पर विशेष आग्रह के साथ।

हर रचना समय के साथ एक जीवन जीती है। जिनके सरोकार सामयिक या कालबद्ध होते हैं, उनके प्रति पाठकीय अभिरुचि में भी उसी अनुपात में बदलाव आता है। सदाबहार रचनाएँ वही होती हैं जो देशकालातीत बुनियादी और बहुआयामी सवालों से मुठभेड़ करती हैं। जाहिर है 'शेष यात्रा' जैसी कृतियाँ सीमित कालावधि में अपने तात्कालिक प्रभाव में बहुत मार्मिक हो सकती हैं, पर समय में बहुत दूर तक पाठकीय अभिरुचि की सहयात्री होती हैं या नहीं, यह अलग सवाल है।

'शेष यात्रा' की रचना के साथ उषा प्रियंवदा ने स्त्री-जीवन पर केन्द्रित अपनी उपन्यास 'त्रयी' पूरी की। उनके इन तीनों उपन्यासों के कथानक उत्तर भारत के मध्यवर्ग की स्त्रियों के जीवन से सम्बद्ध हैं। 'पचपन खम्भे...' की सुषमा आर्थिक दृष्टि से आत्मनिर्भर है। 'रुकोगी नहीं राधिका' न पूरी तरह आत्मनिर्भर है न पराश्रित। अपने जीवन की सार्थकता की तलाश में वह रह-रहकर एक दोराहे पर आ खड़ी होती है। अन्त तक तय नहीं हो पाता कि उसने मंज़िल पा ली है। 'शेष यात्रा' की अनु विदेश की धरती पर अकारण परित्यक्त एक ऐसी युवती है जो बड़ी धीरता से संघर्ष करते हुए ऐसे मुकाम पर पहुँच जाती है जहाँ वह सन्तुष्ट है, निरावेग है। इस हद तक कि न पति नाम के पुरुष की वापसी पर उसके मन में कोई शिकायत है, न उसे बैरंग लौटाने पर कोई असमंजस या उद्वेलन।

ये तीनों उपन्यास बाहरी परिस्थितियों में घिरी स्त्री की अन्तर्कथा कहते

ज़रूर हैं पर इनके बीच कोई सोपानिक सम्बन्ध नहीं है। इसलिए ये किसी तयशुदा योजना के अनुरूप एक-दूसरे से पूरक सम्बन्ध से भी नहीं जुड़ते। तीन व्यक्ति, तीन तरह की परिस्थितियाँ, तीन तरह की मनोरचना परिणामतः तीन तरह के संघर्ष। मूलतः ये व्यक्ति-केन्द्रित कृतियाँ हैं। घटनाएँ, परिस्थितियाँ और परिवेश इनकी नायिकाओं के अन्तर्द्वन्द्व और व्यवहार की पृष्ठभूमि निर्मित करते हैं, नियामक या चुनौती की भूमिका नहीं निबाहते। वस्तुस्थितियों से टकराने की जगह, एक तरह से उनकी विवश स्वीकृति और उनके सन्दर्भ में आत्मनिर्णय की कशमकश में घिरी ये स्त्रियाँ समाज के एक सीमित स्त्री-वर्ग का प्रतिनिधित्व करती हैं। सामाजिक जीवन में स्त्री की हैसियत और उसके अधिकारों को लेकर किसी बुनियादी या व्यापक सरोकार से इनका बहुत लेना-देना नहीं है।

'पचपन खम्भे...' की सुषमा परिवार के प्रति कर्तव्यबोध की भावना से आक्रान्त है। आर्थिक रूप से आत्मनिर्भर मध्यवर्ग की यह कामकाजी युवती संयुक्त परिवार के परम्पराबद्ध संस्कारों में कुछ इस तरह जकड़ी है कि अपने निजी सुख-सन्तोष की तुलना में बूढ़े पिता, कम उम्र की माता और छोटे भाई-बहनों के प्रति अपने दायित्व का एहसास उसे अपने प्रति निर्मम और कठोर बनाता है। उसने अपने जीवन की सार्थकता दूसरों के प्रति अपने कर्तव्य के निर्वाह में खोजी है। आत्मोपलब्धि की तुलना में त्याग और आत्मदान उसे बड़े मूल्य प्रतीत होते हैं। भले ही इसके लिए उसे आत्मपीड़न की विवश स्वीकृति करनी पड़े।

राधिका उसकी तुलना में अधिक मुक्त और आत्मनिष्ठ है। वह अपने चुने हुए रास्ते के लिए वृद्ध पिता और परिवार की इच्छा की उपेक्षा करती है। विदेश उसे रास नहीं आता तो वापसी का निर्णय भी उसका अपना ही है। पर स्वदेश लौटने के बाद जिस जीवन-शैली की योजना उसके मन में है, वह कार्यान्वित नहीं होती। तब एक बार फिर वह स्थितियों से असन्तुष्ट होकर वृद्ध पिता की इच्छा के विरुद्ध घर छोड़ने का निर्णय लेती है। एक लगभग निश्चित विकल्प के लिए। हर बार उसका फ़ैसला अपने स्वार्थ से प्रेरित होता है। इस पूरी जीवन-यात्रा में वह लगातार जिस अकेलेपन की भावना से त्रस्त है वह खुद उसने सिरजा है। वह न औरों के लिए जीती है, न उसके फ़ैसलों में उनका कोई दखल होता है। इसलिए परिणामों की जिम्मेदारी और इन्हें

भोगने की तैयारी दोनों उसी की हैं। उसकी मानसिक बनावट पारम्परिक संस्कारों से मुक्त ऐसे ठेठ आधुनिक व्यक्ति की है जिसकी सोच पर अस्तित्वादी दौर के मुहावरे का प्रभाव स्पष्ट दिखाई पड़ता है।

'शेष यात्रा' की 'अनु' इन दोनों से एकदम भिन्न भारतीय मध्यवर्ग की ऐसी सहज स्त्री है जिसके जीवन का सबसे बड़ा अभिशाप एक प्रवासी व्यक्ति से उसके विवाह की घटना है। अकारण परित्यक्ता यह बेसहारा स्त्री, अनजाने परिवेश और लोगों के बीच कठिन परिस्थितियों में जीने का रास्ता खोजती है। उसके भीतर सुषमा और राधिका की तरह न असमंजस है, न अकेलेपन का त्रास। असहायता और नियति के विवश स्वीकार से क्रमशः उबरकर वह आत्मस्थ पारिवारिक व्यक्तित्व का अर्जन करती है। हताशा से मुक्त, अपने में सुस्थिर, परिस्थितियों के भँवर से निकली सशक्त स्त्री। जिसके भीतर उस पुरुष की वापसी पर, जिसने उसे निराधार छोड़ा था, न कोई उद्वेलन और असमंजस पैदा होता है, न प्रतिशोध का भाव। कुछ है तो निरुद्वेग दृढ़ता। कुल मिलाकर स्त्री के सशक्तिकरण का ऐसा मॉडल जो अपने रचना-समय में बहुतों के लिए आदर्श मुहैया कर सकता था।

उषा प्रियंवदा के इन उपन्यासों का मुख्य आकर्षण अलग-अलग ढंग के स्त्री पात्रों की मानसिकता को उनकी गहन और सूक्ष्म परतों के भीतर पैठकर उद्घाटित करने में है। एक दूसरे से एकदम भिन्न उनके ये पात्र अपनी विशिष्टता में प्रभावित करते हैं, एकरूपता या सामान्यताओं में नहीं। वे न एक दूसरे के प्रतिरूप हैं, न पूरक। विविधता की ऐसी पकड़ विषय के साथ गहरे इंवॉल्वमेंट से ही पैदा होती है। इनकी आन्तरिकता के साक्षात् के साथ उसके नियामक परिवेश का निर्माण भी उन्होंने बड़ी सधी कलम से किया है। आपसी अलगाव और पठनीयता को बनाए रखकर। इसका शायद एक बड़ा कारण है इन रचनाओं के बीच समय के लम्बे अन्तराल। वे लिखती तभी हैं जब कोई विषय उन्हें गहराई तक प्रेरित करता है। यह बात अलग है कि उनकी नज़र जीवन के व्यापक पक्षों और बुनियादी सरोकारों तक, उस अन्दाज में नहीं जाती जिस तरह कृष्णा सोबती की। उषा प्रियंवदा के ये उपन्यास अपनी सहज मार्मिकता में प्रभावित तो करते हैं, वैचारिक हिस्सेदारी के लिए आमंत्रित नहीं करते।

कौन किसका निमित्त : 'अन्तर्वंशी'

'शेषयात्रा' के सोलह वर्ष बाद, उषा प्रियंवदा का सबसे बड़ा (आकार में) उपन्यास 'अन्तर्वंशी' सदी के अन्तिम वर्ष 2000 में प्रकाशित हुआ। नाम कुछ कवित्वमय था—पिछले उपन्यासों से कुछ अलग। उससे कथ्य का अनुमान लगाना मुश्किल था। पढ़ने के बाद भी पाठक 'शीर्षक' के अर्थ की गुत्थी से उलझते रहे। यूँ उपन्यास के केन्द्रीय चरित्र के नाम में ही शायद इस गुत्थी की कुँजी मौजूद है। जिसकी यह कथा है उसका नाम ही है 'बँसरी'—श्यामलाल के हाते वाली, गणपति निवास की चुनमुन? पर सहसा ध्यान उस पर नहीं जाता। क्योंकि पासपोर्ट का फॉर्म भरते ही 'बँसरी' तो पीछे छूटकर 'वनश्री' हो गई और अमेरिका पहुँचने के बाद 'वाना'। बाद की प्रवास-कथा के सूत्र इसी 'वाना' नाम की स्त्री के जीवन को केन्द्र में रखकर बुने गए हैं। एक ऐसी स्त्री जिसे समय के साथ पासपोर्ट पर लगी अपनी तस्वीर भी अचम्भे में डालने लगी है, इस सवाल के साथ कि "यह मैं?...क्या उस तस्वीर का इस स्वयं से कोई सिलसिला, कोई सम्बन्ध है?"

राहुल के द्वारा किए गए नामांतरण पर पहली बार वह विस्मित है—"वनश्री मिशिर—कितना अजीब? ऐसा नाम तो कभी सुना ही नहीं। यह क्या नाम है?" पति शिवेश को यह दिया गया नाम पोएटिक लगता है और वह है कि 'पोएटिक' का मतलब भी नहीं मालूम। ऐसी स्त्री लगभग वैसी ही परिस्थितियों में, सम्भावनाओं के देश अमेरिका में प्रवेश करती है जैसी 'शेषयात्रा' की अनु। दोनों विवाहयोग्य लड़कियों की तलाश में अमेरिका-पलट वरों के लिए परिवारों या खुद लड़कों की पसन्द। लड़की की पसन्द-नापसन्द का सवाल पूरी तरह अप्रासंगिक। पर दोनों प्रसंगों में एक बुनियादी अन्तर वर की पात्रता का है। चुनमुन उर्फ़ 'बंसरी' को अपने पसन्द कर लिये जाने की जानकारी भी तब होती है, जब सब तय हो चुका है। गुपचुप ढंग से उसे देख-दिखाकर। छुटकी को धक्का देकर दिखाने पर खिड़की से उसने जिसकी झलक देखी वह तो 'राहुल' थे—लम्बे कद और सौम्य चेहरेवाले। पति के रूप में शिवेश की पहचान तो शादी के बाद ही हुई। पहचान के साथ ही लगातार यह कीर्तन कि **'वहाँ, वहाँ के लोग, वहाँ ऐसा'**—राहुल और शिवेश दोनों के मुँह से। इस हद तक कि 'वहाँ' कितना भयानक और डरावना-सा लगने लगा

है। एक बहुत बड़ा अँधेरा, मगर साथ ही साथ 'वहाँ' तो डाकवाला भी मोटरगाड़ी पर आता है, झाड़ूवाली भी। विस्मय और आतंक की मिली-जुली मनस्थिति में औसत मध्यवर्गीय भारतीय परिवार की वनश्री मिशिर नामक नवविवाहित कन्या जब अमेरिकी परिवेश में पहुँचती है तो उसके सामने राहुल के रूप में पति का कंट्रास्ट मौजूद है, जिसे दो क्षणों की भूल से वह शिवेश समझ बैठी थी। साथ ही 'आसपास के सभी लोग एक होड़ में, एक पागल दौड़ में रत'। इस दौड़ की दिशा एक ही है—सस्ते से महँगे की ओर। इतना ही नहीं इस दौड़ में शामिल परिवारों की स्त्रियाँ 'हाथों की उँगलियों में बड़े-बड़े हीरे झमकाती हुई वे सबकी-सब उसकी एकदम उपेक्षा करती हैं।'

शिवेश के बारे में भी पूरी जानकारी उसे वहाँ पहुँचकर ही मिलती है कि राहुल के सहपाठी रहे शिवेश को 'कहीं पढ़ाने तक की नौकरी नहीं मिलती। लेक्चरर तक नहीं। इतने दिनों से पीट रहे हैं और जूनियर साइंटिस्ट ही बने हुए हैं।' जीवन के अंतरंग क्षणों में अपने प्रति शिवेश का फूहड़ आचरण उसके मन में वितृष्णा ही पैदा करता है। जैसे वह जिन्स भर हो, जिसे उसकी मर्जी जाने बिना एकतरफ़ा भोगकर अपनी ज़रूरत पूरी कर लेने से उनका कर्तव्य पूरा हो जाता हो। उसके मन में दिन पर दिन बढ़ती और भी इच्छाएँ हैं। 'अपना निजी घर, अपनी गाड़ी, जो आए दिन धोखा न दे, समाज में सम्मान। शिवेश की अच्छी नौकरी। यह नहीं कि हर साल नए कान्ट्रैक्ट का इन्तज़ार।'

समय के साथ, बिस्तर पर शिवेश की उपस्थिति उसे असह्य लगने लगती है। इस मनःस्थिति पर काबू पाने के लिए रह-रहकर वह मन-ही-मन 'अपने जीवन के सुख दोहराती है, दो-दो बेटे, सुन्दर, स्वस्थ, एकाग्र रूप से चाहनेवाले शिवेश। वह स्वयं स्वस्थ है। कोई बीमारी-दुख नहीं, कितना अच्छा घर है, अंजी है, राहुल हैं, पर...'। समस्या इसी 'पर' की है। भौतिक सुख-सुविधाओं की कमी भी शिवेश के प्रति बढ़ती विमुखता का असली कारण नहीं है। वाना भीतर ही भीतर जानती है कि 'इसके मूल में क्या है; पर वह होंठों तक कैसे लाए?' यहीं वह 'शेषयात्रा' की अनु से भिन्न हो जाती है। अनु पति की निर्ममता की शिकार है। समस्या वहाँ भी पति-पत्नी के सम्बन्धों के बीच दरार आ जाने की है। पर दोनों की स्थितियाँ, दरार के कारण एकदम भिन्न। 'शेषयात्रा' के प्रणव ने एक बार ठान लिया तो वे निरीह पत्नी को अकारण

मुक्त करने के लिए स्वतंत्र हैं। इसके लिए उन्हें किसी बहाने की भी ज़रूरत नहीं है। अपने आचरण के बारे में किसी तरह का नैतिक दबाव भी वे महसूस नहीं करते। इसके विपरीत 'अन्तर्वंशी' की वाना सम्बन्ध को कर्तव्य-बोध से, नैतिक आग्रहों से सिर्फ़ इसलिए ढोती चलती है क्योंकि दूसरे सिरे पर जो व्यक्ति है उसके परित्याग का पर्याप्त कारण जुटाने में उसका भारतीय नारी-मन अपने को तैयार नहीं कर पाता। एक ही समस्या के दो चेहरे, दो पहलू। चेहरे और भी हैं। एक तीसरा चेहरा सुबोध राय के प्रसंग में सामने आता है। अनेक भारतीय नौजवानों की तरह, सम्भावनाओं की तलाश में भगोड़ा सुबोध राय जो अवैधानिक रूप से अमेरिका में रह रहा है। कभी राहुल का सहपाठी रहा सुबोध उसी सूत्र के सहारे खोजता हुआ राहुल की शरण में आ पहुँचता है। आम कहानियों की तरह पुरानी गाड़ियों के खरीदने बेचने का धन्धा करते-करते वह लखपति हो गया है। विदेशी लड़की सारा से विवाह करके दो बेटियों और एक बेटे का पिता है। सारा जैसी किसी लड़की से विवाह करना उसकी ज़रूरत थी, क्योंकि उसके पास अमेरिकन नागरिकता का प्रमाणपत्र था। कोई नहीं जानता था कि भारत में उसकी ब्याहता पत्नी बैठी है, परिवार भी इस स्थिति से अनजान है। आख़िर एक दिन उसकी पत्नी को साथ लिये जो प्रौढ़ सज्जन राहुल का दरवाज़ा खटखटाते हैं, परिचय पूछने पर उनका उत्तर है 'मैं उसका बाप हूँ, और यह उसकी बीवी है।' राहुल के यह कहने पर कि सुबोध का पता उसकी कम्प्यूटर डायरी में है, वह विभाग से लौटकर बताएगा, वे उसकी अनुपस्थिति में ही वहाँ से जा चुके थे। आगे क्या हुआ? इसका उत्तर उपन्यास नहीं देता।

सुबोध राय का प्रसंग सुनियोजित ढंग से शामिल करने का उद्देश्य प्रवासी भारतीय युवा-पीढ़ी का एक और रूप उजागर करना है। गाड़ियों की खरीद-फ़रोख्त तो निमित्त भर है। रचनाकार का मुख्य सरोकार अमेरिकावासी इन तरह-तरह के भारतीय पात्रों और परिवारों की ज़िन्दगी को, उनके आपसी व्यवहार, सम्बन्धों और संघर्षों को गहरी अन्तर्दृष्टि और पर्यवेक्षण सामर्थ्य से उद्घाटित करना है। खास बात यह है कि उषा प्रियंवदा इस पूरे परिदृश्य को स्त्री-जीवन को केन्द्र में रखकर देखती है। स्त्री के साथ औरों का व्यवहार, उसकी इच्छाएँ, परिस्थिति से संघर्ष करने की उसकी सामर्थ्य, उसकी कमजोरियाँ, उसके असमंजस। इन सबसे निर्मित होता है एक पूरा परिदृश्य।

'शेषयात्रा' की अनु प्रणव के सामने गिड़गिड़ाती है, उनसे अनुनय-विनय करती है। इस बात का आश्वासन देती है कि वे उसे जैसे रखेंगे वह रह लेगी। बिना अतिरिक्त अपेक्षाओं के। पर एक बार घर छोड़ने के बाद अपनी भीतरी सामर्थ्य के सहारे अनु वह सब सिद्ध करती है जो उसका प्राप्य है। इस दृष्टि से वाना की बनावट एकदम अलग है : "वह चाहती है कि **शिवेश** लाइन पर लगें। **राहुल की तरह** कहीं पक्की नौकरी लगे, फिर खरीदें गाड़ी, और घर, वाना जो मन आए वही शॉपिंग करे। हर साल बनारस वापिस जाए, आठ बड़े-बड़े सूटकेसों में खचाखच सामान ठूँसकर। ठीक है, भारत में सब मिलता है पर अपनी समृद्धि की नुमायश करने का भी एक सुख होता है–" वह अनु की तरह ज़िन्दगी के भँवर में असहाय फेंक नहीं दी गई है। इसलिए उसका निजी प्रयत्न पक्ष बहुत ही कमज़ोर है। वह जानती है कि 'पढ़ाई-लिखाई उसके बस की नहीं है।' इसीलिए सारिका के इस प्रस्ताव के सामने कि 'विदेशी छात्रों के लिए यहाँ अंग्रेज़ी क्लास होते हैं। उनमें तुम्हारा नाम लिखवाये देती हूँ...' वाना के सपने जैसे हवा हो जाते हैं। उसके सपनों की पूर्ति का साधन और सन्दर्भ राहुल ही है। अपनी ओर से प्रयास करने के विचार मात्र से तत्काल अपने वर्तमान में उसकी वापसी होती है। इस आत्मछल के साथ कि सारिका या दूसरे क्या जानें 'यह गहरा तोष, अपना जाया बाँहों में लेकर वक्ष से सटाने का सुख–'

भारतीय प्रवासियों के जीवन की सबसे बड़ी विडम्बना यह रही है कि वे हर स्थिति में वहाँ बने रहना चाहते हैं। वहाँ की ज़िन्दगी का सतही ग्लैमर, डॉलर की कमाई का लोभ उन्हें नागपाश की तरह अपनी गिरफ़्त में ले लेता है। सारिका का अपनी फेलोशिप अधबीच में छोड़कर भारत लौटने का निर्णय बाकी लोगों को–विशेषकर वाना और शिवेश को बेतुका मालूम होता है। बँसरी उर्फ़ वाना का कहना है : "यहाँ आकर कोई वापिस नहीं जाता।...पढ़े-लिखे लोग, एम.ए., पी-एच.डी., डॉक्टर टैक्सियाँ चलाते हैं, बैंकर, अफ़सर लोग सड़क पर फल बेचते हैं। भले घरों की पर्दानशीन औरतें बेट्रेसों का काम करती हैं। कोई नहीं जाता, झूठे सच्चे कारण ये सभी रहना चाहते हैं।" यह वाना के माध्यम से लेखिका की बेबाक टिप्पणी है। उस दौर के प्रवासी जीवन पर, जो भारत ही नहीं तमाम विकासशील देशों के प्रवासी नागरिकों पर लागू होती है। यह बात कि कोई अपने भविष्य, अपनी महत्त्वाकांक्षाओं, अपने माँ-बाप

या इस बोध से लौटने का निर्णय ले सकता है कि वह 'अपने देश को कुछ वापस देना चाहता है।' बहुतों की समझ से परे है।

यह कड़वा सच इस उपन्यास के रचना-काल का यथार्थ है—भारत में आर्थिक उदारीकरण की नीति के फलीभूत होने से पहले का। यह बात अलग है कि आज भी काफ़ी बड़ी संख्या में ऐसे लोग मौजूद हैं जो अलग-अलग कारणों से विदेशों में बसने के लिए लालायित हैं। पर अब विदेश की परिभाषा में इंग्लैंड, अमेरिका के अलावा तमाम यूरोपीय देश और आस्ट्रेलिया, न्यूजीलैंड भी शामिल हो गए हैं। मुख्य बात है पैसा—जिसके लिए तमाम भारतीय दक्षिण अफ्रीका तक के कई शहरों में अपने घरों के भीतर कैदियों का-सा जीवन जीकर संतुष्ट हैं, क्योंकि उनके बैंक बैलेंस और लॉकरों में सोना लगातार बढ़ रहा है।

उपन्यास में भारत लौटने के लिए व्यग्र सारिका की एक हादसे में मौत मानो प्रतीकात्मक हो—एक इरादे की मौत। उसके माँ-बाप का अमेरिका आना। मुख्य रूप से सारिका का सामान बटोरने। वाना के प्रति उनकी बेरुखी और ठेठ भारतीय मानसिकता से सामान को बटोर और अस्थि-कलश लेकर प्रस्थान—सब वाना के संस्कारों को ठेस ही पहुँचाते हैं। वाना के जीवन में होनेवाली तमाम घटनाएँ उसे धीरे-धीरे शिवेश से विमुख करने, उसके प्रति एक तरह का ठंडापन अख़्तियार करते जाने में सहायक होती हैं। उदाहरण के लिए शिवेश से छिपाकर सारिका से गर्भ-निरोधक गोलियाँ पाना। क्रिस्तीन के साथ सहज रूप में समलैंगिक सम्बन्ध बना लेना। आगे पढ़ने का निर्णय। अंग्रेज़ी क्लास की बंगलादेशी अंजुमन से मित्रता—उसकी जीवन शैली के प्रति आकर्षण। सारिका के इस स्त्रीवादी कथन से उसकी सहमति कि "अपने शरीर पर स्त्री का पूरा-पूरा कन्ट्रोल होना चाहिए। पति? पुरुष जाति ही स्वार्थी होती है। अपना बीज अधिक से अधिक बिखेरना यह पुरुष की बायलॉजिकल ज़रूरत है। जन्मजात स्वभाव है। प्राकृतिक है। जिससे नस्ल चलती रहे।" अंजुमन उर्फ़ अंजी के अपने पति से अलगाव को भी वह स्त्री-पक्ष से ही देखती है। जबकि शिवेश असलम को जानते हैं और उसे अच्छा इंसान मानते हैं।

कुल मिलाकर यह उपन्यास संस्कारों में बँधी, सामान्य शिक्षित एक ऐसी मध्यवर्गीय स्त्री की गाथा है जो विवाह सम्बन्ध से प्रवासिनी है। जिसके मन में पति शिवेश के सहपाठी राहुल के प्रति आकर्षण की एक ग्रन्थि विवाह-काल

से ही बद्धमूल और दमित है। शिवेश को वह जाने-अनजाने राहुल की कसौटी पर कसती रहती है जिस पर वे कभी पूरे नहीं उतरते। भीतर ही भीतर अपनी इच्छाओं का दमन करती वाना के चरित्र की व्याख्या उपन्यास के लगभग अन्त में राहुल के माध्यम से लेखिका ने जिस रूप में की है वही उसे समझने की कुंजी है : ''वाना आख़िरकार संस्कारी, पुराणपन्थी, रीति-रिवाज़ों में बन्दी एक हिन्दू स्त्री है। वह शिवेश से बँधी है। वह माँ है। बच्चे उसके चाँद-सूरज हैं और अब तो शिवेश पैसा भी कमाने लगे हैं। राहुल सोचता है, वाना ऐसे ही एक-एक दिन करके पूरी ज़िन्दगी बिता देगी। वह लीक पकड़कर चलती रहेगी। राहुल उससे कैसे कहे—यह सब छोड़कर निकल आओ वाना, मैं तुम्हें इन्द्रधनुष के उस छोर तक ले चलूँगा—'' चाहत दोनों ओर, संकोच के अपने-अपने कारण तब तक जब तक मज़बूरी में राहुल देवप्रिया से शादी का निर्णय नहीं कर लेता और शिवेश कमाई के लोभ में ड्रग्स के धन्धे में नहीं फँस जाता।

वाना इसी स्थिति के इन्तज़ार में न जाने कब से एकाधिक स्तरों पर जीती रही, न जाने कब से अपने 'अन्दर की स्त्री' का दमन करती रही। अपने 'स्व' को अपूर्ण रखने की पीड़ा से, छटपटाहट से गुज़रती रही। आख़िर वह साहस बटोरकर शिवेश को अपना निर्णय सुना देती है—'शिवेश! आई एम लीविंग यू'...'मैं तुम्हें छोड़ रही हूँ शिवेश।' ऐसे फ़ैसले प्रवासी अमेरिकी समाज में नई बात नही हैं। ''बिना विवाह के साथ रहना, ब्वाय फ्रेंड—उसका शिशु, जिनैल की सभ्यता में यह आम बात है। जिनैल के दोनों बच्चों के दो अलग-अलग पिता हैं, और साथ में एक भी नहीं रहता, सरकारी खर्च पर पल रहे हैं।'' ऐसे में अगर वाना इस तथ्य को अन्त तक शिवेश पर उजागर नहीं करती कि उसके गर्भ में राहुल का शिशु पल रहा है तो इसकी वजह भारतीय संस्कारों से पैदा होनेवाला संकोच है। इसी कारण वह अपने को शिवेश की आत्महत्या का 'एकमात्र निमित्त' माननें के अपराध-बोध से ग्रस्त है। वह जब ऐसी किसी स्थिति में फँसती है, उसके असमंजस से उबारने के लिए सहारे का एक हाथ किसी न किसी रूप में उपस्थित रहता है—सारिका, अंजी, किसी हद तक क्रिस्तीन और अन्ततः राहुल तो है ही। वही उसे अपराध-बोध से उबारता है : ''हम सब निमित्त थे। यह क्यों भूल रही हो कि शिवेश ने स्वयं ही अपनी समस्याओं को आमंत्रित किया था, उसे फ़डिंग आने पर नौकरी मिल

ही जाती, ड्रग बनाने और बेचने में कोई तर्क नहीं था–'' राहुल का यह आश्वासन कितना बेमानी है, यह वह खुद और वाना दोनों जानते हैं। वह जो कह रहा है, उसका स्रोत भावना नहीं 'अंग्रेज़ी में विचारों का सीधा अनुवाद' है–एक हद तक लचर तर्क। वह और वाना दोनों जानते हैं कि परिस्थितियों से त्रस्त, हारे-थके घर लौटे शिवेश पर वाना की इस घोषणा के साथ कि वह उन्हें छोड़ रही है और इस जानकारी ने कि उसके गर्भ में किसी और का शिशु पल रहा है, मारक प्रभाव छोड़ा होगा। आत्महत्या का निर्णय उसी भावोद्वेलित मनःस्थिति का परिणाम था। वाना को सांत्वना देने के लिए भले ही राहुल ने कहा हो कि 'वह शिवेश का अपना निर्णय था, अपनी जिम्मेदारी।' पर 'मन ही मन वह जान रहा है कि यह सज़ा उन **दोनों** को मरते-मरते शिवेश दे गए हैं, उस अपराधी भाव से उबरने में वाना को बहुत समय लगेगा।'

अपने-अपने अतीत को बेरहमी से काटकर फेंक देने का, उसे एकदम भुला देने की कोशिश करने का परामर्श भले ही व्यावहारिक और उन दोनों के हित में हो, पर उपन्यास का अन्त मरनेवाले के प्रति पाठक को निष्करुण नहीं बनाता। वह वाना की ऐसी मुक्ति से पूरी तरह आश्वस्त और उल्लसित भी नहीं होता। राहुल के साथ आगामी जीवन को हँसी-खुशी बिता पाने के व्यावहारिक निर्णय की नैतिकता का तर्क शायद इतना भर है कि आख़िर 'बँसरी'–वनश्री–वाना की पहली पसन्द तो वही था। शायद यह भी कि 'वह केवल शिवेश की पत्नी मात्र नहीं; उसके अतिरिक्त भी बहुत कुछ' है। उपन्यास इसी 'बहुत कुछ' को पा लेने का संघर्ष है। यह बात अलग है कि यह प्राप्ति शिवेश की मृत्यु की कीमत पर न होकर यदि उनसे मुक्ति में होती तो प्रभाव ज़्यादा मानवीय होता पर उनके कारुणिक अन्त ने इसे अधिक गहन और अधिक मार्मिक भी बनाया है, और मुक्ति के प्रयत्नों की नैतिक हदों पर सवाल भी उठाया है। यही प्रश्नशील अन्त इस उपन्यास की शक्ति है।

'अन्तर्वंशी' मुख्य रूप से प्रवासी परिवारों के सन्दर्भ में स्त्री जीवन पर केन्द्रित उपन्यास है। अलग-अलग स्थितियों की गिरफ़्त में फँसी स्त्रियाँ। संघर्ष के अलग रूप, जूझने की अपनी-अपनी सामर्थ्य और अपनी-अपनी नियति। पर उन्हें उस परिस्थिति में डालने की ज़िम्मेदारी किसी न किसी रूप में पुरुष की है। वह वाना हो, सारिका हो या अंजी। अंजी और सारिका में अपने निर्णय लेने की क्षमता और संकल्प की दृढ़ता है। सुबोध राय की पत्नी का उल्लेख

भर है। वाना लगातार असमंजस और अनिर्णय की मानसिकता में छटपटाता चरित्र है जो भीतरी शक्ति के बजाय लंगर की तलाश में बाहर देखती है। वह अंजी हो या राहुल। यह बात अलग है कि अवसर मिलते ही वह उसका उपयोग करने का साहस जुटा लेती है। पर उपन्यास के कथानक में दो प्रसंग ऐसे हैं जिनकी उपयोगिता ऐसी स्त्रियों की पीड़ा की ओर संकेत करना भर है जिसमें से एक पुरुष के छल की शिकार है सुबोध राय की परित्यक्ता। दूसरा प्रसंग पानवाली की लगभग अबोध कमसिन लड़की से राहुल की कच्ची उम्र के रिश्तों का है। उस भुच्च अपढ़ बालिका के प्रति दया और सम्मोहन की मिली-जुली भावना से प्रेरित जो शारीरिक सम्बन्ध घटित होता है वह न ठीक-ठीक प्रेम है और न छलावा। वह सिर्फ़ ऐसी मोहान्धता है जो व्यक्ति का विवेक हर लेती है। पर अन्तिम परिणति में दुर्घटना तो लड़की के साथ ही होती है। ऐसा भी नहीं कि उस सम्बन्ध को बनाने में राहुल की ओर से कोई पहल या ज़ोर-जबरदस्ती की गई हो। पर पारस्परिक आकर्षणों पर टिके इस सम्बन्ध का खामियाज़ा अन्ततः लड़की को ही उठाना पड़ता है। वह खुद जान से जाती है और राहुल के मन में दंश छोड़ जाती है—कुल मिलाकर एक त्रासद परिणति।

उपन्यास की मुख्य कथा में, दोनों प्रसंग **क्षेपक** की तरह जुड़े हैं। विशेषकर सुबोध राय वाला प्रसंग। उसकी विवाहिता भारतीय पत्नी का भविष्य एकाधिक सम्भावनाओं के लिए खुला छोड़ दिया गया है। पान के खोखेवाली की बेटी का प्रसंग भले ही मुख्य कथानक में कुछ योग न देता हो पर प्रभाव में मार्मिक ज़रूर है और राहुल के चरित्र-विन्यास की समझ में कुछ मददगार तो होता ही है।

अपनी पहले की रचनाओं की तरह 'अन्तर्वंशी' में उषा प्रियंवदा ने परिदृश्य के सजीव वर्णन भी किए हैं और प्रकृति के रंगारंग शब्द-चित्र भी खींचे हैं। ऋतुओं के बदलाव को वे प्रकृति में रंगों से चीन्हती हैं और गन्ध और स्पर्श से महसूस करती हैं : ''एकदम से सुगन्ध भरी हवा चलने लगेगी, मलय पवन नहीं। न जाने कहाँ की हवा कहाँ से उठती है और झकझोरती हुई कहाँ चली जाती है।...

पीछे की उपेक्षित बगिया में एक के बाद एक वृक्ष फूलेंगे, सबसे पहले पीली चम्पा, फिर बैंगनी, उन्नाबी, लाइलैक, फिर एक दिन आँख उघाड़ेगी तो पाएगी कि जाड़ा एकदम चला गया है, और चारों तरफ़ फूल ही फूल हैं, सफेद,

हलके पीले, गुलाबी हनीं सकल; तितलियाँ, बर्रें और मधुमक्खियाँ बौराई-बौराई घूम रही हैं, यहाँ से वहाँ, वहाँ से न जाने कहाँ।''

जब गरमी का अन्त आता है, तो, ''एकदम बदली और कई दिन तक धुआँधार बरसात। उसके साथ अँधेरा और ठंड। पानी से सारी पत्तियाँ झड़ने लगती हैं, फूलों की पँखुड़ियाँ नीचे गिरकर गीली मिट्टी में लिथड़ने लगती हैं। नदी की लहरों की गति तीव्र हो जाती है। कुछ ही दिन में नाँवें जाड़ों के लिए पानी से निकालकर स्टोरेज में रख दी जाएँगी और जाड़ा अपने सारे अस्त्र-शस्त्रों के साथ फिर चढ़ाई कर देगा।''

उषा ने जो वाक्य राहुल के बारे में लिखा था वह कहीं-कहीं उन पर भी लागू होता है। वर्षों से निरंतर अंग्रेज़ी वालों की सोहबत के कारण ऐसा हो जाना बहुत अस्वाभाविक नहीं। पर जब बात मुहावरों के अनूदित प्रयोग की हो जाए तो पचाना मुश्किल हो जाता है। मसलन—'अब तो गेंद मेरे कोर्ट में है'। या फिर 'क्या मिलता है उससे? **मुर्गियों के चारे लायक भर**'—या फिर 'मगर बात बहुत आगे जा चुकी है, **पुल के नीचे से कितना पानी बह गया है**,' गनीमत यह कि यहाँ जोड़ दिया गया कि 'उसने अंग्रेज़ी कहावत का सहारा लिया।'

कुछेक ऐसे प्रयोगों को छोड़कर उपन्यास की शैली में वही प्रांजलता और प्रवाह है जो उषा की कथा-भाषा की विशेषता है। वर्षों से अमेरिका-प्रवासिनी लेखिका की अभिव्यक्ति में ऐसा कुछ नहीं है जिस पर विदेशीपन की छाप हो। गोकि वहाँ रह रहे भारतीय परिवारों की दिनचर्या अमेरिकन इंगलिश में ही सम्पन्न होती है। इस नाते एक नज़रिए से पाठकों तक पूरे उपन्यास के अनुभव संसार का अनूदित संस्करण ही पहुँचता है। पर अभिव्यक्ति में देसी भाषिक संस्कार का सहज आग्रह कुछ ऐसे व्याप्त है कि ज़रूरत पड़ने पर लेखिका 'आगभिष्यत्' जैसे अप्रचलित प्रयोग से बचने का प्रयास भी नहीं करती 'आगे आनेवाला' या 'अनागत' के अर्थ में : ''पर तब आगभिष्यत का क्या मालूम था।'' कहना न होगा ऐसे एकाध स्थल संप्रेषण में बाधक नहीं होते।

दुःखग्रस्त मानसिकता का विलम्बित राग : 'भया कबीर उदास'

वर्ष 2007 में प्रकाशित उषा प्रियंवदा के इस उपन्यास की मूल चेतना को उसी की एक पंक्ति के सहारे समझा जा सकता है : ''दुःखग्रस्त मानसिकता

बार-बार एक ही पटरी पर गोल-गोल भागती रहती है, बार-बार वही प्रश्न मन में उठते हैं और कोई उत्तर न पाकर विलीन हो जाते हैं।" (पृ. 125)

जब तक उत्तर नहीं है, दुःख बरकरार है और उत्तर के लिए पाठक को लगभग अन्त तक प्रतीक्षा करनी पड़ती है। दुखः की प्रतीति इस रचना का स्थायी भाव है जिससे अस्थायी मुक्ति का एहसास उपन्यास की मुख्य पात्र लिली को उपन्यास के अन्त में ही होता है। दुःख के कारण की ओर संकेत भी वहीं उस विस्मृत पंक्ति के हवाले से किया गया है जो उसने कभी कम्पलसरी हिन्दी में पढ़ी थी, 'सब तन जलता देखकर भया कबीर उदास।' पर कबीर की उदासी का कारण तो परदुःख कातरता, सृष्टि की नश्वरता का बोध है। उपन्यास की मनोरचना इससे एकदम अलग है। दुःख के औपन्यासिक कारण की जानकारी पाठक को 'प्राक्कथन' में ही दे दी गई है।

उपन्यास की प्रमुख पात्र है लिली, वर्षों से विदेश में प्रवासिनी। उससे पहला परिचय 'अपने भीतर उमड़ते हुए आतंक' से ग्रस्त रोगी के रूप में होता है। रोग की शिनाख्त हो चुकी है। डॉक्टर अपना फैसला सुना चुके हैं : 'बहुत अधिक फैलने के आसार नहीं लगते। कैंसर प्रोटोकॉल के बाद आप पाँच-छह साल मज़े से जी सकती हैं।' बाकी है 'प्रोटोकॉल डिस्कस करने' के लिए रोगी की वापसी।

इस आरम्भिक परिचय के बाद रोग से जुड़ी चिन्ताओं, आशंकाओं और आतंक का आलापीय राग शुरू होता है। ऐसे जानलेवा रोग से पैदा होनेवाली दुश्चिन्ताएँ स्वाभाविक हैं—ऐसी स्थिति में और भी जब रोगी की आयु बहुत न हो। स्त्री हो या पुरुष, यह बोध कि कम उम्र में ही व्यक्ति बचे-खुचे वर्ष दैव अनुकम्पा की कृपा पर जी रहा है, किसी का भी मनोबल तोड़ने के लिए काफ़ी है। पर उपन्यास में इस विषाद पर स्त्रीत्व की गहरी छाप है। ऐसा स्त्री-मन जो आत्ममुग्धता और स्वरति से आक्रान्त है।

सब जानते हैं कि कैंसर के विविध रूपों में सबसे साध्य और कम घातक ब्रेस्ट कैंसर ही होता है। यूँ भी मरीज़ की पहली चिन्ता ज़िन्दगी बचाने की और यथासम्भव आयु बढ़ाने की होती है, न कि इस बात की कि 'मेरे एकदम वृत्ताकार, भरे-भरे, स्वर्ण-कटोरों-से उरोज—पूर्णेन्दु जैसे...' जो अनकहा छोड़ दिया गया वह यह है कि वे 'वे आपरेशन की भेंट चढ़ गए'। उरोज ही नहीं,

आपरेशन और थेरेपी के बाद गोवा आने पर बरसात में भीगते हुए यह विश्वास कि 'उसके पाँव बहुत सुन्दर हैं, एकदम सुघढ़ उँगलियाँ और अँगूठे सानुपात, सुडौल इसी स्वरति के कारण जब से आई है, रेत पर निशान छोड़ रही है।' यही नहीं कहीं से उभरता हुआ स्वर—'तुम्हारी आँखें कितनी सुन्दर हैं, तुम्हारी हँसी कितनी मीठी और सुरीली।'

मन में सवाल तो उठता ही है कि क्या लगातार छीजते जीवन का एहसास व्यक्ति को इतना आत्मग्रस्त बना देता है। जबकि सच्चाई यह है कि कीमोथेरेपी से दग्ध वक्ष के पुरते हुए घावों पर नई त्वचा आने की खिंचन यह भूलने नहीं देती कि वह इलाज की उत्तर-अवस्था की गिरफ्त में है।

गोवा पहुँचने के बाद उपन्यास के शीर्षक 'भया कबीर उदास' के अन्तर्गत 'कैंसर डायरी' का जो सिलसिला शुरू होता है, वह बीच में दस पृष्ठों (50-60) के एक 'अन्तराल' के अलावा संख्या में छह तक चलता है। गोकि आरम्भिक दो डायरियों में संख्या नहीं दी गई है। क्रम सीधे कैंसर डायरी II (पृ. 66) से कैंसर डायरी V और अन्त में 'कैंसर डायरी-परिशिष्ट, (पृ. 95) तक जारी रहता है। बीच में कैंसर डायरी III में उप-प्रसंग के बतौर एक 'कीमो डायरी' भी है।

उपन्यास के इन अध्यायों या उपशीर्षकों से (?) बिना पढ़े भी अनुमान लगाया जा सकता है कि कुल मिलाकर यह एक कैंसराख्यान है, जिसकी रचना इस रोग से ग्रस्त स्त्री के निजी अनुभव के रूप में की गई है। डायरी शैली का उपयोग इसमें दर्ज अनुभवों को प्रामाणिक बनाता है। उपन्यास में बीमारी से सम्बद्ध ब्यौरों को जिस रूप में दर्ज किया गया है वे गहरी अनुभूति और पर्यवेक्षण का साक्ष्य प्रस्तुत करते हैं।

इन डायरियों में रोग के लक्षण, उपचार की प्रक्रिया, इस जानकारी से लगनेवाला झटका कि 'अब कुछ दिन ही शेष हैं' और यह टीस कि 'कैसी कसी-कसी, नवयुवती जैसी देह थी मेरी।' विगत जीवन की स्मृतियाँ और यह पछतावा कि 'क्या-क्या उठापटक करती है ज़िन्दगी।' पहले ही कौन सुख मिला था जो अब यह दिन भी देखना पड़ रहा है। और अन्त में फिर यह हाहाकार कि 'स्वर्ण कटोरों की तरह मेरे उरोज, नागिन की तरह काले, लम्बे बाल—सब कुछ अब इस कैंसर की आहुति।' कुल मिलाकर एक ऐसी युवती की आन्तरिक मनोरचना का उद्घाटन करते हैं जो अपनी सामाजिक हैसियत, अपने दैहिक

आकर्षण के बारे में जितनी आत्मचेतस है उतनी ही बचे हुए समय का अधिक से अधिक उपभोग करने के लिए लालायित।

उपन्यास का अधिकांश स्मृति-कथा के रूप में लिखा गया है। उसमें दर्ज बीमारी से सम्बद्ध ब्यौरे हैरत में डाल देते हैं। इतनी जानकारी तो उसी व्यक्ति को हो सकती है जिसने इस रोग के बारे में गहरा अध्ययन किया हो, खुद इस अनुभव से गुज़रा हो या किसी मरीज़ को बड़े करीब से देखा हो। कैंसर डायरी IV में जहाँ सारा ट्रीटमेंट समाप्त हो चुका है, ट्यूमरों के नाप, स्थिति, कीमोथेरेपी का असर, रोग की स्टेजेस और रोग से ग्रस्त अंगों के प्रत्यारोपण की प्रक्रिया और सम्भावनाओं की पड़ताल, सब पूरी तरह प्रामाणिक रूप में दर्ज है—ऐसे ब्यौरे जो औसत पाठक को इस विषय पर ज्ञान संवृद्ध करते हैं। उन्हीं के बीच 'फिलिस टेट' नाम की एक स्त्री की केस-स्टडी जैसा प्रसंग भी नत्थी है। जिसके माध्यम से उपचार के बाद फिलिस की धर्मशाला-यात्रा के बहाने रोग के तिब्बती उपचार के विकल्प की जानकारी देना लेखिका का लक्ष्य है। लगे हाथों फिलिस की यह आत्मस्वीकृति कि 'कैंसर ने मुझे यह तोहफ़ा दिया था—एक पुनर्जन्म हुआ था मेरा। मुझे लगता था कि मैं बदल गई हूँ, कुछ और आध्यात्मिक हो गई हूँ।' यह भी कि परिवर्तन परिवार के और सदस्यों में भी हुआ है—सिवाय पति नाम के पुरुष के क्योंकि 'उसे तो जैसे एक नारी शरीर ही चाहिए था; मुझमें कुछ क्षति आ गई थी, जैसे बच्चा एक टूटा खिलौना फेंक देता है उसी तरह उसने भी—।' इस प्रसंग को डायरी में शामिल करने के दो उद्देश्य हैं—कैंसर के इलाज की वैकल्पिक तिब्बती दवाई और रोगी के मन पर आध्यात्मिक वातावरण के प्रभाव की जानकारी देना और ऐसी स्थिति में पुरुष की अमानवीय प्रकृति की तरफ़ इशारा करना।

उपन्यास में ऐसे कई छोटे-छोटे अवान्तर प्रसंग हैं जिनका इस्तेमाल ऐसी ही प्रासंगिक-अप्रासंगिक व्यंजनाओं के लिए किया गया है। उदाहरण के लिए अपर्णा, यूथिका और वसुंधरा के प्रसंग। तीनों महिलाएँ इस मामले में समानधर्मा हैं कि तीनों उसी बीमारी की शिकार हैं जिसकी स्वयं लिली उर्फ़ चमन। यह बात अलग है कि तीनों की बीमारी की स्टेज, उसका प्रकार, इलाज के बाद की प्रतिक्रियाएँ भिन्न हैं। पर कुल मिलाकर एक ऐसा माहौल बनता है जहाँ 'बिरादरी में हरेक की बीमारी पूरे-पूरे विस्तार से चर्चित होती थी, और उसके केन्द्र में न होते हुए भी प्रायः हर किसी को एक-एक चरण पता रहता

था।' अपनी-अपनी दिनचर्या में अपनी व्यस्तताओं में घिरे रहकर भी अकेलेपन से निजात पाने के लिए वे शाम को कभी वसुंधरा जी की बैठक में, अपर्णा के कमरे में इकट्ठी होती थीं। हँसी-मज़ाक, चाय-नाश्ता, सबके बीच कभी-कभी माहौल बिलकुल 'औत्सविक' लगने लगता पर आत्मपलायन की इस दौड़-धूप के बावजूद सबके अन्त आख़िर त्रासद ही होने थे और हुए। और उनकी सूचना ने लिली के भीतरी डिप्रेशन को कुछ और गहराया ही।

एक छोटा सा प्रसंग कैंसर डायरी-III के बीच 'आन्ना टामस द्वारा दिए गए लेक्चर नोट्स' का है जिसमें मरीजों को करणीय-अकरणीय के चार सूत्र दिए गए हैं। जिनमें से एक लिली पहले ही आज़मा चुकी थी। सूत्र का अन्तिम वाक्य था : 'इस दुनिया में कहीं-न-कहीं हमारा मनपसन्द साथी अवश्य है, अपने को ग्रहण करने के लिए खुला छोड़ दें, तभी कोई आपके निकट आ पाएगा।'

लिली इस सूत्र पर आचरण 'अन्तराल' में पहले ही कर चुकी थी। अपने ही छात्र रघु के गायक पिता शेषेन्द्र के प्रति 'अपने को ग्रहण करने के लिए खुला छोड़कर।' बड़ी चतुराई से उनसे यह बात छिपाकर कि वह ब्रेस्ट कैंसर की मरीज़ है। बताने से शेषेन्द्र के छिटक जाने का खतरा वह मोल नहीं लेना चाहती थी क्योंकि वह जानती थी कि खुद शेषेन्द्र का आग्रह ऐसे किसी सम्बन्ध में स्थायीत्व ढूँढ़ने का नहीं है।

उपन्यास में वस्तु-विन्यास की दृष्टि से कुछ अनावश्यक से प्रसंगों का समावेश सिर्फ़ पुरुषों की प्रकृति पर टिप्पणी करने के लिए कर लिया गया है। इनमें से एक है 'अपर्णा की कहानी का फुटनोट।' शीर्षक के अनुरूप इसकी हैसियत उपन्यास में भी एक 'फुटनोट' से ज़्यादा कुछ नहीं। वह एक सूचना भर है कि अपर्णा के बेसब्रे पति अरुण ने अपर्णा की मृत्यु का अनुष्ठान जैसे एक कम उम्र की लड़की से दूसरा विवाह करके किया। जो हर तरह नौकरानी जैसी लगती थी। भारत से ब्याह कर लाई इस कमसिन पत्नी ने दनादन बच्चे पैदा करने शुरू कर दिए। निष्कर्ष यह कि 'कितनी क्षणभंगुर होती है ज़िन्दगी और कितनी जल्दी लोग भूल जाते हैं।'

ठीक इसी तरह की निरर्थक सी घटना गोवा में—जहाँ एक कार्यशाला में कॉफ़ी-ब्रेक के समय जो प्रौढ़ अपरिचित पुरुष उसके पास बैठा था, उसकी ओर से पेश किया गया यह प्रस्ताव : 'आज भारत में मेरी आख़िरी रात है; कल

सुबह मैं वापस जा रहा हूँ। मैं चाहता हूँ कि यह आपके साथ सुखद रूप से बीते। आपकी आँखों में जो उदासी है; उसने मुझे बहुत खींचा है।' यह घटना सही भी हो तो भी बहुत विश्वसनीय नहीं लगती। साथ-साथ खाने- पीने, मित्रों की तरह भ्रमण करने का एक प्रस्ताव इससे पहले वनमाली की ओर से भी आ चुका था। इस दूसरे प्रस्ताव की सार्थकता सिर्फ़ इतनी थी कि उसने लिली के मन की आत्मविश्वासहीनता को पीछे ढकेलने में कुछ और मदद की। इस बोध के साथ कि 'एक दिन में दो-दो प्रस्ताव'। वरना इस प्रसंग का समावेश शायद इस टिप्पणी के लिए जगह निकालने के लिए किया गया है कि 'इस प्रौढ़ व्यक्ति के प्रस्ताव में केवल अवसरवादिता है; दस स्त्रियों से यही बात पूछेंगे तो कम-से-कम कोई न कोई सेक्स के लिए आकुल मिल ही जाएगी।'

इस उपन्यास के दो हिस्से हैं जिनकी आवाजाही एक दूसरे में बनी रहती है। रोग के आरम्भिक परिचय के बाद घटनास्थल अमेरिका से हटकर भारत में गोवा के एक पर्यटक रिज़ार्ट में केन्द्रित हो जाता है और उसके बाद कैंसर कथा स्मृति में चलने लगती है। एक ऐसी स्त्री जिसका मन तरह-तरह के आब्सेशंस की जकड़ में है—पहले अधूरी थीसिस का, उसके बाद कैंसर का, कुछ आगे चलकर एक कसक शेषेन्द्र के अजन्मे शिशु की। एक मोड़ पर आकर इस मनःस्थिति से उबरने का संकल्प। इस संकल्प के साथ कि 'अब तो कुछ करना ही होगा। सक्रिय रूप से अपने जीवन को गढ़ना होगा। पर कैसे? यह तो समय ही सुझाएगा, अभी तो अन्दर-बाहर के घाव बहुत गहरे और नए हैं।' इस संकल्प के साथ 'कैंसर डायरी-परिशिष्ट' में भारत लौटने के साथ बम्बई की ओर रवानगी की सूचना दे दी गई है।

इसके बाद जो घटित होता है—प्रत्यक्ष या स्मृति में, उस सबकी कर्म-भूमि भारत ही है—पहले गोवा और अन्त में दिल्ली की डिफेन्स कॉलोनी का एक फ़्लैट। गोवा में सारी व्यस्तताओं के लिए दिए रिज़ॉर्ट के मालिक वनमाली के साहचर्य में और दिल्ली में पहले माँ की अस्थायी उपस्थिति में फिर वनमाली की संगत में। गोवा में रहते हुए 'डायरी' की कुछ प्रविष्टियाँ ध्यान खींचती हैं। पहली : 'कोई एक लहर दूसरी लहर की तरह नहीं होती, पानी क्षण-क्षण बदलता रहता है अपने प्रवाह में, कोई भी वैसी-की-वैसी नहीं रहती।' और दूसरी : 'दुःखग्रस्त मानसिकता बार-बार एक ही पटरी पर गोल-गोल भागती रहती है।'

एक ही पटरी पर बार-बार गोल-गोल घूमनेवाली दुःखग्रस्त मानसिकता है लाइलाज रोग का बोध और यह टीस कि 'कैसी कसी-कसी नवयुवती जैसी देह थी मेरी।' हो सकता है कि ऑब्सेशन की तरह यह देह-राग विशेषकर उन स्त्रियों के लिए स्वाभाविक हो जिन्हें युवावस्था में ऐसी मारक बीमारियाँ अपनी गिरफ़्त में ले लेती हैं। पर इसका अतिरेक कुछ विचित्र तो लगता ही है।

आने-जानेवाली लहरों में तरह-तरह के प्रसंग हैं। कैंसर फ़ोबिया के अलावा कुछ ऐसे ब्यौरे जिनका संक्षेप उपन्यास के प्रभाव को विचलन से बचाता। मसलन वनमाली के व्यक्तित्व के पहनावे के विस्तृत ब्यौरे, वनस्पति-विज्ञान पर उसके साथ लम्बी चर्चा, जो जानकारी के प्रदर्शन का-सा प्रभाव छोड़ती है। यही नहीं, दिनचर्या के ब्यौरे, जिनमें खाने-पकाने से लेकर रोज़ की गतिविधियों का बखान किया गया है। इसी सबके बीच 'डायरी का एक फटा हुआ पृष्ठ' जिसमें पेमेला मार्टिन के घर के बारे में सूचना दी गई है। यह घर मरने से पहले पेमेला ने क्यों लिली के नाम लिख दिया, यह उसकी समझ के बाहर है। बहरहाल इस सूचना को चार पृष्ठों के अन्तराल से दोहराया गया है—क्यों? पाठक की समझ से बाहर है।

लिली के जीवन का अन्तिम पड़ाव है डिफ़ेन्स कॉलोनी में माँ का फ़्लैट। जहाँ पहुँचकर स्थायी दुःख से अस्थायी मुक्ति की सम्भावना पैदा होती है। गोवा से दिल्ली की यात्रा के बीच भी एक और गैरज़रूरी घटना नत्थी है। फ्लाइट छूटना और फिर वृद्ध दम्पती के साथ टैक्सी शेयर कर गन्तव्य तक पहुँचने का प्रसंग। ऐसी तमाम घटनाओं के निहितार्थ हो सकते हैं पर जो स्थायी रूप से भीतर धँसा है वह तो 'चाहे गोवा हो या दिल्ली, उसकी उरोजविहीन सपाट छाती उसे हर समय अपने पंक्ति से अलग होने के एहसास को चुभोती रहती है।' वह आश्वस्त है कि 'दुःख माँजता होगा औरों को, उसके लिए तलविहीन, जलविहीन कुआँ है; जिसमें वह बार-बार गिर जाती है; और वही कहीं अटक गई है—कोई नहीं उबारने आएगा उसे, अगर बाहर आना है तो अपने-आप।'

पर उबारनेवाला तो अन्ततः आता है—वनमाली के रूप में, लगभग अकस्मात् इस जानकारी के साथ कि वह वाइस-चांसलर की इस इकलौती बेटी के बचपन का परिचित बन्नू है। पिता के हेडमाली के ढेर से बच्चों में से एक।

जो उसे गोवा में ही पहचान लेता है पर इस पहचान को उस पर प्रकट नहीं करता। इस बीच उसने पढ़-लिखकर वनस्पति-विज्ञान के विशेषज्ञ के रूप में हैसियत बना ली है। उसका रिज़ॉर्ट है, फ़ॉर्म है, पर्याप्त धन-सम्पत्ति है और रेनी नाम की एक बददिमाग पत्नी भी है जिससे उसका अलगाव हो चुका है। माँ बहुत कुछ जानती हैं, पर वे भी इस रहस्य से तब तक पर्दा नहीं उठातीं जब तक हिन्दी फिल्म के नायक की तरह वनमाली उनके द्वार पर प्रकट नहीं हो जाता। जो उसके प्रवास काल में माँ के सम्पर्क में रहने के कारण सहज अनुमान लगा लेता है कि उसकी अनुपस्थिति में लिली अगर गोवा छोड़कर गई है तो वह ठिकाना माँ का ही होगा।

बहरहाल, एक बार माँ के पास पहुँचने के बाद स्वभावतः कुछ भूली-बिसरी यादें, कुछ पारिवारिक प्रसंग। उसके अमेरिका प्रस्थान के बाद ममी की आपबीती। नाते-रिश्तेदारों से भेंट-सम्पर्क और अन्त में वनमाली के यायावरी जीवन में उसके साथ घूमने का निर्णय जिसकी चरम परिणति बनारस में आकर होती है। यहीं दुःख के जलविहीन-तलविहीन कुएँ से वनमाली उसे उबारता है, शादी के प्रस्ताव के साथ—वह जैसी है उसे वैसे ही रूप में स्वीकार करके।

इस स्वीकार का एक मनोवैज्ञानिक कारण है—बचपन से मन में छिपी लालसा। वर्ग-भेद को पाटने की अतृप्त कामना, जिसे स्वीकार करने में वनमाली के मन में कोई झिझक-संकोच नहीं है : 'चौदह साल की उम्र से ही छिप-छिपकर तुम्हें देखा करता था; **तुम मेरे लिए आकाश के तारों की तरह अलभ्य थीं...** ।'

यही अलभ्य लड़की, उसकी अभुक्त कामना का मूर्तिमान रूप जब एक दिन अचानक उसके छोटे-से होटल की लॉबी में आकर खड़ी हो गई, तो होटल बन्द हो जाने पर भी उसे लौटा देना सम्भव नहीं हुआ। और लिली उसने भी तो अन्त में किनारे खड़े होकर मन-ही-मन गंगा का आह्वान करते हुए उसकी लहरों में एक पत्थर उछालकर सब बिसरा दिया था : 'इसके साथ बिसारती हूँ, रोग, क्षोभ और पराजय—'

उसने इस सोच से भी मुक्ति पा ली : 'कि थोड़ी सी हिम्मत करके छाती में पुनर्निर्माण करा ही लेती तो अब अपने को इतने अस्वाभाविक रूप से विक्षत न महसूस करती। या फिर टिशू एक्सपेंडर ही लगवा लेती जिससे बाद में सिलिकोन पाउज त्वचा के अन्दर आरोपण हो सकता।'

इस एक फ़ैसले ने उसमें आगे बढ़कर इस सौभाग्य का प्रार्थना के स्वरों में स्वागत करने का हौसला दिया : 'प्रभु मैं ऐसे ही नत और प्रस्तुत रहूँ और तुम मेरी अंजुलि बार-बार भरते रहना।'

उपन्यास में अगर कुछ अनाश्वस्तकारी है तो लिली के जीवन में वनमाली का संयोगजन्य पुनः प्रवेश। ऐसे संयोग वास्तविक ज़िन्दगी में कम, फिल्मी दुनिया में अधिक घटते हैं। इस उपन्यास की घटनाओं को तार्किक विन्यास की दृष्टि से नहीं, डायरी की टीपों के रूप में ही पढ़ा जाना चाहिए। जो तरंगों की तरह आती हैं और अपनी छाप छोड़कर विलीन हो जाती हैं।

अन्य रचनाओं की तरह अभिव्यक्ति में कहीं-कहीं अंग्रेज़ी वाक्यों के अनूदित रूप की मौजूदगी खटकती है : 'तुम बिलकुल नहीं बदली—वैसी की वैसी सुन्दर और **इच्छित**।' वैसे ही जैसे ऊष्ण, त्वरित, आत्सविक जैसे तत्सम प्रयोगों का आग्रह सहजता को बाधित करता है।

'भया कबीर उदास' में डायरी और आख्यान का घालमेल है। दिल्ली पहुँचने तक उपन्यास 'डायरी' की शैली में लिखा गया है और उसके बाद शीर्षक मुक्त कथा के रूप में। इससे जो असर पैदा हुआ है वह शैली में नवीनता का आकर्षण नहीं, संरचना में झोल और क्रमभग्नता का प्रभाव छोड़ता है। उपन्यास को पढ़ने के बाद एक समझदार पाठक ने कभी अपनी प्रतिक्रिया व्यक्त की थी : 'ओह देअर इज़ एन ओवरडोज़ ऑफ़ कैंसर इन इट। यू कैन कन्टेन इट टू एन एक्सटेंट नॉट बियांड।' यह कथन किसी हद तक तो सच है ही।

(ग) मन्नू भंडारी

अपने-अपने अहं, महत्त्वाकांक्षाएँ और कुंठाएँ : 'आपका बंटी'

1971 में मन्नू भंडारी का पहला उपन्यास 'आपका बंटी' प्रकाशित हुआ। शीर्षक में कथ्य की प्रकृति और व्यापकता का संकेत निहित था कि यह 'बंटी' मध्यवर्ग के तलाकशुदा दम्पतियों के बच्चों की समस्या पर केन्द्रित है और 'बंटी' 'आपका' यानी किसी का भी हो सकता है। प्रकाशित होते ही उपन्यास बहुत तेज़ी से लोकप्रिय हुआ, लगभग घटना की तरह। इसे तलाकशुदा

दम्पतियों के बच्चों की समस्या को पूरे विस्तार से परखने के सम्भवतः पहले मौलिक और उल्लेखनीय प्रयास के रूप में देखा गया। उपन्यास की एक खूबी यह थी कि उसमें समस्या का कोई आरोपित हल सुझाने के बजाय कथानक को एक ऐसे बिन्दु पर ले जाकर छोड़ दिया गया है जो यथार्थसम्मत है। यानी इस समस्या का निश्चित हल आज भी किसी के पास नहीं है। अलग-अलग रूपों में यह सवाल भारतीय समाज का ही नहीं, उन तमाम समाजों का भी है जहाँ स्त्री-पुरुष सम्बन्धों के बारे में दृष्टिकोण अधिक स्वच्छन्द है। मन्नू रचना-समय से अब तक अपने इस आग्रह पर कायम हैं कि इस रचना का केन्द्रीय सरोकार तलाकशुदा जोड़ों के बच्चों की समस्या है। उनके इस दावे से मैं तब से अब तक सहमत नहीं हो पाई हूँ। ऐसा मान लेना मेरी राय में इस रचना का एकपक्षीय और सरलीकृत पाठ करना होगा।

मैंने इस बात की ओर पहली बार 1972 में 'निरन्तर' के जुलाई-सितम्बर अंक में इशारा किया था कि इस उपन्यास की लेखिका का तादात्म्य शकुन के साथ हुआ है। इसलिए वह समस्या की स्थिति का दायित्व अजय पर डालकर सहानुभूति बराबर शकुन को देती रही है। ऐसा भले ही अनजाने में हुआ हो, पर अस्वाभाविक नहीं ठहराया जा सकता। इस नज़रिए से देखने पर इसका प्रभाव दोहरा है। एक इसे सफल व लोकप्रिय रचना बनाता है और दूसरा गहन और सार्थक।

इस उपन्यास पर जो बहुत सी समीक्षाएँ सामने आई हैं उनमें अक्सर 'बंटी' को ही केन्द्र में रखकर विचार किया गया है। यह सही है कि इसे पहली बार पढ़ने पर तात्कालिक प्रभाव यही होता है कि इसमें 'आपके बंटी' यानी हम सबके बंटी की कहानी है। यह भी सच है कि लेखिका इरादतन चूँकि 'बंटी' की कहानी लिख रही है, इसलिए कथानक में स्थितियों का चुनाव कहीं-न कहीं बंटी को केन्द्र में रखकर करने की कोशिश की गई है। कथा का फ़ोकस बंटी पर बनाए रखने के लिए लेखिका निरन्तर प्रयत्नशील है। उपन्यास में बंटी सबसे अधिक है। अजय कुछ प्रत्यक्ष कुछ परोक्ष—इतना भर जितना समस्याओं के लिए दोषी ठहराने के लिए उसकी ज़रूरत है। डॉ. जोशी उससे कुछ अधिक और एक अत्यन्त संतुलित समझदार इंसान के रूप में, क्योंकि वे शकुन और उसके चारों ओर की असंतुलित ज़िन्दगी को भरसक ठहराव देते हैं। पर बात किसी पात्र के कम या ज़्यादा होने की, सक्रिय या जड़ होने की,

उसके महत्त्व-निर्धारण की नहीं है।

इस उपन्यास को पढ़ने पर तात्कालिक प्रतिक्रिया यह होती है कि इसके केन्द्र में बंटी है और दूसरी समानान्तर प्रतिक्रिया यह भी होती है कि पढ़ने पर जो 'भावुकतापूर्ण बेचैनी और उमड़न' बंटी को लेकर होती है, उससे अधिक कहीं कुछ और है जो गहरे वैचारिक स्तर पर प्रभावित करता है, पर सहसा पकड़ में नहीं आता। समझ में यह कुहासा इसलिए है कि असमंजस स्वयं लेखिका के मन में है।

मन्नू भंडारी का ख़याल है कि वे इस उपन्यास की रचना तलाकशुदा पति-पत्नी की सन्तान की समस्या का सामना करने के लिए कर रही हैं। पाठक के मन में वाकई यह भ्रम पैदा होता है कि यह उपन्यास **जैनेन्द्र युग के मुख्यतः स्त्री-पुरुष केन्द्रित उपन्यासों की कड़ी में एक कदम आगे बढ़ाता है**। पर ध्यान से पढ़ने पर यह स्पष्ट होने लगता है कि इसके वस्तु-विन्यास में वस्तुगत स्थितियों की तुलना में शकुन की वे मनःस्थितियाँ महत्त्वपूर्ण हैं, जो इन स्थितियों की कारक हैं। इस प्रक्रिया की बेबाक समझ के लिए घटनाओं और संवादों के बीच बिखरी लेखकीय टिप्पणियाँ विशेष अहमियत रखती हैं। उन पर ध्यान देते ही समझ में आने लगता है कि बकौल लेखिका ''भीतर ही भीतर चलनेवाली एक अजीब ही लड़ाई थी वह भी, जिसमें दम साधकर दोनों ने हर दिन प्रतीक्षा की थी कि कब सामनेवाले की साँस उखड़ जाती है और वह घुटने टेक देता है, जिससे कि फिर वह बड़ी उदारता और क्षमाशीलता के साथ उसके सारे गुनाह माफ़ करके उसे स्वीकार कर ले, उसके सम्पूर्ण व्यक्तित्व को निरे एक शून्य में बदलकर।'' इस लड़ाई में बंटी आख़िर कहाँ है? क्योंकि ''दोनों ही एक-दूसरे की हर बात, हर व्यवहार और हर अदा को नया दाँव समझने को मजबूर थे और इस मजबूरी ने दोनों के बीच की दूरी को इतना बढ़ाया, इतना बढ़ाया कि फिर बंटी भी उस खाई को पाटने के लिए सेतु नहीं बन सका, नहीं बना।'' यानी **समस्या है खाई और बंटी की हैसियत उसे पाटने या न पाट पाने के साधन के रूप में सिर्फ़ सेतु की है**। उस पर विडम्बना यह कि शकुन (या उसके माध्यम से लेखिका) इस आत्मप्रवंचना की शिकार है कि बंटी का कोई स्वतंत्र व्यक्तित्व है जिसे उपन्यास की घटनाएँ कहीं आड़े तिरछे काट रही हैं।

शकुन के 'न चाहते हुए भी आशा की एक हलकी-सी किरण मन में

कौंधी थी। कौन जाने बंटी ही...।' दरअसल न चाहते हुए भी इस उपन्यास में बहुत कुछ होता रहता है। चाचा बंटी के लिए खिलौने देते हैं तो शकुन को भ्रम होता है कि 'बंटी को माध्यम बनाकर उस तक भी कुछ भेजा गया है।' जब यह भ्रम टूटता है तो **'बंटी केवल उसका बेटा ही नहीं, बल्कि वह हथियार भी हो जाता है जिससे वह अजय को टॉर्चर कर सकती है, करेगी।'** 'बंटी से न मिल पाने की वजह से अजय को जो यातना होगी, उसकी कल्पना मात्र से ही उसे एक क्रूर-सा संतोष मिलने' लगता है। उपन्यास में शकुन का पूरा जीवन इसी एक लक्ष्य से नियंत्रित होता है 'सामनेवाले को पराजित करने के लिए' जैसा सायास और सन्नद्ध जीवन उसे जीना पड़ा, 'उसने उसे खुद ही पराजित कर दिया। सामनेवाला व्यक्ति तो पता नहीं कब परिदृश्य से हट भी गया और वह आज तक उसी मुद्रा में, उसी स्थिति में खड़ी है—साँस रोके, दम साधे, घुटी-घुटी और कृत्रिम।' 'यही कृत्रिमता उसके व्यक्तित्व की धुरी है।'

बंटी के प्रति शकुन के रुख को बनाने-बिगाड़ने में उस अरक्षा की भावना की भूमिका बहुत महत्त्वपूर्ण है जो अजय को लेकर उसके मन में गहरे बैठ गई है। सात भाई चंपा की कहानी सुनाते हुए, इस बात पर बल देने से उसका अहं तृप्त होता है कि 'पापा लोग ऐसे ही होते हैं। उन्हें बच्चों का ख़याल कभी रहता ही नहीं। यह तो माँ ही होती है जो...।' वह रह-रहकर निश्चय कर लेना चाहती है कि ऐसे राजकुमारों की तरह जो अपनी माँ को बहुत प्यार करते थे और माँ के लिए बड़े-बड़े समुद्र तैर गए थे और ऊँचे-ऊँचे पहाड़ पार कर गए थे, बंटी भी 'इतना सब करेगा बड़ा होकर या कि निकाल बाहर करेगा,... हटाओ बुढ़िया को, बोर करती है।' उधर **बंटी के संकल्प के माध्यम से जैसे शकुन की आकांक्षाएँ ही व्यक्त होने लगती हैं**—'उसका मन करता कि ममी को पक्की तरह समझा दे कि वह उन्हें कभी नहीं छोड़ेगा।' बंटी वह माध्यम है जिसके द्वारा वह अजय को समर्पित सभी इच्छाएँ-मान्यताएँ पूरी करती है। बंटी जब ठोड़ी के तिल पर अचानक उँगली रख देता है तो अजय की याद ताजा हो जाती है और फिर ममी खुद ही उसकी उँगली लेकर तिल पर रख देती है। ऐसा करना उसे अच्छा लगता है।

उधर बंटी का सारा सोच भी ममी पर टिका है। रैक से उठाकर पापा की एकमात्र तस्वीर को खिलौनों की अलमारी में बन्द करके उसे लगता है कि

'जैसे ममी की ओर से उसने पापा के खिलाफ़ एक बहुत बड़ा कदम उठाया है।' पापा को याद करना भी उसके अपने लिए नहीं है। 'वह तो केवल सोच रहा है कि खुश होकर पापा फिर से उनके साथ रहने लग जाएँ तो? यह तो ममी की बात हुई, ममी की खुशी की।' यानी बंटी को ममी के सुख-दुख की, खुशी-उदासी की उतनी ही चिन्ता है, जितनी ममी को बंटी की। **अकाल प्रौढ़ बंटी उस मोर्चे का सबसे शक्तिशाली मोहरा है जिसे शकुन ने अजय के खिलाफ़ कायम किया है।** पर शकुन यह लड़ाई इस मोहक भ्रम में लड़ रही है कि उसके मन में बंटी के हिताहित की चिन्ता सर्वोपरि है।

शकुन का यह आत्मछल पहली बार तब बाधित होता है जब तलाक की रस्म अदायगी के रूप में वह अजय से पराजित होती है। उपन्यास में यहाँ से एक दूसरा दौर शुरू होता है जब उसका आहत अहंकार अजय को नीचा दिखाने के लिए फिर सन्नद्ध होता है। यहाँ से घटनाएँ मोड़ लेती हैं। बंटी उसके हाथ का हथियार न रहकर मार्ग की बाधा की भूमिका अख़्तियार कर लेता है। वही शकुन जो अब तक अपने को बंटी के हिताहित की चिन्ता से अभिभूत समझने का भ्रम पाले थी, उसके प्रति अपराध-बोध से भर जाती है और अजय का प्रतिरूप बंटी उसे हर स्थिति में जैसे गलत साबित करने पर उतारू हो जाता है।

ममी और डॉक्टर जोशी के सम्बन्ध की पहचान उसे बालक से प्रौढ़ बना देती है। डॉक्टर जोशी के परिवार के साथ कम्पनी बाग में घूमने की पूरी योजना उसे आक्रोश से भर देती है। शकुन के अपराध-बोध का मूर्तिमान रूप और अजय का प्रतिरूप बनकर वह उसका सबसे जागरूक पहरेदार हो जाता है। डॉक्टर जोशी की प्रतिक्रिया होती है : 'इट सीम्स, ही हसबैंड्स यू टू मच।' डॉक्टर जोशी के बच्चों के व्यवहार में कहीं कुछ ऐसा नहीं है क्योंकि उन्हें लेकर शकुन के मन में अपराध बोध भी नहीं है।

शकुन और डॉक्टर जोशी के रिश्ते को लेकर बंटी का विरोध, जब उसकी एयर-गन की ठाँय-ठाँय के स्वर में शकुन और डॉक्टर के बीच फैलता चला जाता है, तो शकुन को अपने आत्मछल का एहसास होता है, कंफेशन के रूप में : "ज़िन्दगी में हर ओर से कटकर वह पूरी तरह बंटी से जा चिपकी थी। सोचा था अपना सारा समय और सारा ध्यान उसी पर केन्द्रित कर देगी...**अपने सारे अभावों की पूर्ति उसी से करेगी। लेकिन नहीं, उसने रास्ता गलत चुना**

था, अतः उसका हर कदम भी गलत होता चला गया।''

आत्मछल का यह सिलसिला जारी रहता है। अपनी सुख-सुविधा के लिए वह जो नया रास्ता चुनती है, उसके बारे में भी वह फिर एक बार अपने को धोखा देती है, 'धीरे-धीरे वह आश्वस्त होने लगी थी कि उसने केवल अपने लिए ही नहीं, बंटी के लिए भी एक सही ज़िन्दगी की शुरुआत कर दी है।' उसे भ्रम है कि, 'अब बंटी को हर जगह और हर बात में पापा की कमी नहीं अखरेगी...व्यक्ति चाहे बदल जाए पर उस स्थान की पूर्ति तो हो ही जाएगी। अब वह उतना अकेला नहीं रहेगा। दो बच्चों का साथ उसे और अधिक नॉर्मल बनाएगा। 'ही विल ग्रो लाइक ए बॉय, लाइक ए मैन।' शकुन ने भले ही स्थिति की व्याख्या अपने पक्ष में कर ली हो, पर उसके मन में गहरा अपराध-बोध पैठ जाता है। 'तो क्या उसके मन में कोई गिल्ट है? इतनी देर से तर्क दे-देकर वह अपने **अपराधी** मन को ही समझाती रही है? बार-बार बंटी के हित की दुहाई देकर कहीं वह अपने किसी गलत काम को ही तो सही सिद्ध नहीं कर रही?' दरअसल वह बेबाक ढंग से सच को स्वीकारना ही नहीं चाहती : 'मन न इस बात को मानता है, न उस बात को। सही-गलत की बात भी वह नहीं जानती, जानना भी नहीं चाहती।' **इस उपन्यास की रीढ़ सही-गलत बात के बीच सही को दो टूक पहचानने की यह असमर्थता ही है।** पहचान जब कुछ-कुछ जागती है, तो इस एहसास के साथ कि 'सात साल गलत होने के अपराध बोध को उसने किसी न किसी स्तर पर हर दिन ही झेला है।' जब अजय का प्रतीक और उसके अपने अपराध-बोध का मूर्त रूप बंटी ठीक उसी तरह उसे गलत और अपराधी सिद्ध करने पर तुल जाता है तो शकुन के मन में आशंका जगती है कि वह 'शायद सारी ज़िन्दगी उसे गलत ही सिद्ध करता रहेगा, ठीक उसी तरह जैसे...।'

इस आशंका मात्र से, अजय से बदला लेने में असमर्थ शकुन जैसे बंटी से बदला लेने लगती है। वह फ़ैसला करती है कि 'बंटी उसके और अजय के बीच सेतु नहीं बन सका तो वह उसे अपने और डॉक्टर के बीच में बाधा नहीं बनने देगी।' **यानी बंटी न पहले कुछ था न अब कुछ है। उसे सिर्फ़ शकुन और किसी दूसरे के बीच कुछ होना भर है।** इन दो में से सिर्फ़ शकुन की स्थिति निश्चित है। दूसरा अजय हो सकता है, डॉक्टर जोशी या फिर कोई और भी हो सकता है। बंटी की स्थिति इस दूसरे के साथ शकुन के सम्बन्ध से

निर्धारित होती है, स्वतंत्र अस्तित्व के रूप में नहीं। जो शकुन बंटी को हॉस्टल भेजने के सुझाव मात्र से बौखला उठी थी, उसी ने अजय को लेकर कटुता उभर आने पर बंटी के बारे में फ़ैसला किया कि 'बंटी यदि सहज ढंग से अपने को उसके और डॉक्टर के बीच में से समेट नहीं लेता तो वह उसे अजय के पास भेज देगी। क्योंकि बंटी को दरार ही बनना है तो मीरा और अजय के बीच में बने। अजय भी तो जाने कि बच्चे को लेकर किस तरह यातना से गुज़रना होता है।' यानी चिन्ता इस बात की नहीं कि उसके और अजय के बीच चल रही खींचातानी में बंटी पर क्या गुज़र रही होगी। शकुन के मन में साफ़ है कि क्योंकि बंटी के लिए सेतु बनना सम्भव नहीं है इसलिए उसको दरार बनना है, यातना बन जाना है **जिसे शकुन डॉ. जोशी के साथ शेयर करना नहीं चाहती**। यानी मसला बंटी के हिताहित से ज़्यादा शकुन की अपनी सुख-सुविधा का हो जाता है।

इसके बाद मोर्चे का केन्द्र बदल जाता है। अजय और शकुन के बीच न रहकर अब तनाव शकुन और बंटी के बीच है। शकुन को बंटी से शिकायत है कि 'मुझे तंग करने में, सबके बीच शर्मिंदा करने में तुझे खास ही सुख मिलने लगा है आजकल,' और बंटी चाहता है 'कि ममी परेशान हों, दुखी हों।' उसे मन ही मन संतोष होता है, 'कुछ ऐसा कर डालने का जो नहीं करना चाहिए– ममी को परेशान करने का।'

उपन्यास में, शकुन और अजय के बीच सेतु न बन पाने की स्थिति में बंटी की स्थिति एक ऐसे 'ऊपर से थोपे हुए,' 'अनावश्यक प्रसंग' जैसी हो जाती है जिसे 'एक न एक दिन समाप्त होना ही था। सब लोग जैसे इसी दिन की प्रतीक्षा कर रहे थे।' खुद शकुन भी कहीं-न कहीं ऐसा चाहने लगी थी। उपन्यास में **बंटी को या 'हथियार' होना है या 'सेतु', किन्हीं दो के सम्बन्धों के बीच**। जब वह वैसा न होकर 'दरार' या 'बाधा' होने लगता है तो उसे सब काटकर फेंक देते हैं और तब सब कुछ जैसे का तैसा हो जाता है।

जो पात्र इस स्थिति का अक्सर पूरी निस्संगता से एक किनारे खड़े होकर विश्लेषण करता है वे डॉक्टर जोशी हैं। मर्म को पकड़ पाने का नज़रिया सिर्फ़ उनके पास है, शायद इसलिए कि बंटी से उनका सीधा रिश्ता नहीं है : 'तुम लोग अपने को, अपने ईगो को ऊपर न रखकर बंटी को ऊपर रखो। आई मीन उसकी दृष्टि से सारी बात सोचो तो ज़्यादा सही होगा।'

उपन्यास का सत्य वही है जो कुछ आगे चलकर कन्फ़ेशन के रूप में शकुन की जबान पर आ जाता है, **"सच, हम लोग शायद बंटी को मात्र एक साधन ही समझते रहे। अपने-अपने अहं, अपनी-अपनी महत्त्वाकांक्षाओं और अपनी-अपनी कुंठाओं के सन्दर्भ में ही सोचते रहे। बंटी के सन्दर्भ में कभी सोचा ही नहीं।"** गौरतलब बात यह है कि यह कन्फ़ेशन उपन्यास के अन्त में किया गया है। पर विडम्बना यह है कि इस कन्फ़ेशन के बावजूद शकुन को यह भ्रम है कि वह हर बार जो करती है वह बंटी के भले के लिए या फिर किसी दूसरे ऐसे कारण से जिसमें उसका निजी स्वार्थ नहीं होता।

शकुन का यह आत्मछल ही इस उपन्यास की सही समझ की कुंजी है। बंटी उपन्यास में एक अत्यन्त जीवंत और सक्रिय पात्र है। वह दो के बीच होनेवाली लड़ाई के परिणामों का भोक्ता है। ऐसी लड़ाई में भोगने वाला पात्र एक परजीवी बच्चा हो तो प्रभाव भावोद्वेलित करनेवाला ही होगा। इसीलिए इस उपन्यास की एक समीक्षा में 'कुछ-कुछ वैसी ही बेचैनी और उमड़न' का ज़िक्र किया गया था, जैसी 'वर्षों पूर्व शरतचन्द्र की तथाकथित भावुकतापूर्ण कहानियाँ पढ़कर हुई थी।' इसलिए ब्लर्ब पर प्रकाशक की विज्ञप्ति थी कि 'इस उपन्यास को देश-विदेश के हज़ारों परिवारों ने जिस व्यक्तिगत लगाव के साथ पढ़ा है, जिस तरह 'बंटी' को लेकर पत्र लिखे हैं, जिस तरह पाठक बंटी के लिए चिन्तित और उत्सुक रहे हैं—वह अपने आप में एक घटना है।' इन दोनों प्रसंगों में प्रभाव सम्बन्धी एक ही विशेषता की तरफ़ संकेत किया गया है। सवाल उठता है कि क्या 'आपका बंटी' की उस समय व्यापक लोकप्रियता केवल लिजलिजी या भावुक करुणा जगानेवाले उपन्यास के रूप में घटित हुई थी। क्या रचनाकार का यही लक्ष्य था। सवाल एक और भी है। लम्बे समयान्तराल के बीच सामाजिक स्थितियों में जैसे परिवर्तन आए हैं, वैवाहिक सम्बन्धों का स्वरूप जितना जटिल से जटिलतर होता गया है, उनकी दृष्टि से न इस समस्या का रूप वही रह गया है न ऐसी प्रतिक्रियाओं का विशेष अर्थ और मूल्य रह गया है। मानवीय संवेदनशीलता का जिस हद तक क्षरण होकर सम्बन्धों के निर्वाह में भी मुनाफ़ाखोरी जिस कदर बढ़ गई है, उसमें ऐसे कथानक और उनके प्रति विगलनधर्मी प्रतिक्रियाएँ अब गुज़रे ज़माने की बात लगती हैं।

पर वर्षों पहले लिखे गए इस उपन्यास के प्रति इस भावोद्वेलन वाली

तात्कालिक प्रतिक्रिया से अलग मेरा ध्यान एक दूसरी बात की तरफ़ गया था। लगा था कि इस उपन्यास का केन्द्र बंटी नहीं शकुन है। लेखिका की दृष्टि सिर्फ़ एक बात पर केन्द्रित है कि पूरी स्थिति की जिम्मेदारी और दोष शकुन पर न रहकर अजय पर बना रहे। उसके अहंकार को यह भी गवारा नहीं है कि इस घटना चक्र में उसकी भूमिका शहीदाना हो जाए। वह सिर्फ़ अजय को पराजित देखना चाहती है—वह भी ऐसे नहीं कि वह पाठक की करुणा और सहानुभूति का पात्र हो जाए। अपने प्रति करुणा जगाना भी शकुन की नज़र में कहीं-न-कहीं आत्मपराजय स्वीकार करना है। अतः लेखिका ने सबसे सुरक्षित रास्ता अपनाया है—अजय को दोषी ठहराते हुए बंटी के प्रति पाठक को करुणा-विगलित करके एक प्रकार के भावुकतापूर्ण आदर्शवाद की सिद्धि। ऐसा करके शकुन के आचरण के लिए किसी हद तक नैतिक समर्थन भी जुटा लिया गया है।

'आपका बंटी' का महत्त्व और सार्थकता, बंटी के प्रति पैदा होनेवाले भावोद्वेलन में नहीं शकुन की जटिल चरित्र-सृष्टि में देखी जानी चाहिए। हो सकता है कि लेखिका की दृष्टि में यह उपन्यास का अभिप्रेत न रहा हो। पर शकुन के चरित्र का सीधा-सपाट न रहकर अत्यन्त जटिल हो जाना ही इस उपन्यास को प्रौढ़ और सार्थक रचना बनाता है। मन्नू भंडारी के कथा-साहित्य की सबसे बड़ी विशेषता है—अनुभूत जीवन को सचेष्ट कलात्मक कौशल के बिना, सीधे-सपाट ढंग से प्रस्तुत कर देना। कहना न होगा कि शकुन के व्यक्तित्व में बद्धमूल इस आत्मप्रवंचना से जो जटिलता अनायास पैदा होती है, उसका निर्वाह भी मन्नू भंडारी ने खासे सहज ढंग से किया है। यही इसकी सफलता का रहस्य है। **व्यक्ति और माँ के बीच बँटी शकुन अवचेतन स्तर पर जिस गहरे आत्मद्वंद्व से गुज़रती है, उससे व्यवहार के धरातल पर एक तनावग्रस्त व्यक्तित्व जन्म लेता है।** यही व्यक्तित्व, शास्त्र की भाषा में इस उपन्यास का गुणीभूतव्यंग है।

ऐसा जान-बूझकर किया गया या अनजाने में हो गया, इससे उपन्यास के कलात्मक मूल्य में कोई अन्तर नहीं पड़ता। क्योंकि कृति की मूल्यवत्ता उसके निष्पन्न संरचित रूप से ही तय होती है, रचना-दृष्टि या प्रक्रिया से नहीं। चेखव की प्रसिद्ध कहानी 'डार्लिंग' के बारे में टॉलस्टाय ने संकेत किया था कि 'डार्लिंग' के प्रति गर्हणा के लेखकीय उद्देश्य को पूरा न करती हुई यह

कहानी अन्ततः इस पात्र के प्रति पाठकीय संवेदना जगाती है। मार्क्स ने 'बाल्ज़ाक' की वैचारिकता और यथार्थ-चित्रण के आपसी सम्बन्ध के बारे में कहा था कि शासक के प्रति लेखक के पक्षपातपूर्ण दृष्टिकोण के बावजूद यथार्थ के अत्यन्त प्रामाणिक और सजीव चित्र प्रस्तुत करने के कारण पाठक की करुणा का पात्र समाज का सामान्य वर्ग हो गया है। **कुछ रचनाओं का महत्त्व उस विशेषता में निहित रहता है जो रचना प्रक्रिया में अनजाने जगह बना लेती हैं।** 'आपका बंटी' ऐसी ही रचना है।

'आपका बंटी' की मुकम्मल और शायद सही समझ के लिए इस बात पर ध्यान दिया जाना ज़रूरी है। लगातार 'ब्लेम गेम' में उलझे उसके केन्द्रीय पात्र शकुन की तनावपूर्ण मानसिकता से 'आपका बंटी' की संरचना, स्थितियों का चुनाव, पात्रों का व्यवहार—उनके आपसी रिश्ते, भाषा, अर्थात् एक सम्पूर्ण इकाई के रूप में उसका गठन किस रूप में प्रभावित हुआ, इस पर स्वतंत्र रूप से विचार किया जा सकता है। वरना तलाकशुदा दम्पती की सन्तान की समस्या का रूप तो समय प्रवाह में इतना जटिल और परिवर्तित हो चुका है कि बच्चे के प्रति भावोद्वेलन से जन्मी करुणा की बैसाखी पर इसे स्थायी रूप में टिकाए रखने में कठिनाई होगी।

जीवन : राजनीति की गिरफ़्त में

मन्नू भंडारी

जैसे सुकुल बाबू तैसे आप : 'महाभोज'

मन्नू भंडारी का उपन्यास 'महाभोज' 1979 में प्रकाशित हुआ। यह उनके रचना-कर्म का नया प्रस्थान-बिन्दु भी है और चरम शिखर भी। मन्नू भंडारी ने सामाजिक जीवन, विशेष रूप से स्त्री-जीवन को विषय बनाकर अनेक महत्त्वपूर्ण कहानियाँ लिखीं, पर किसी राजनीतिक विषय के साथ ऐसी भाव-संलग्नता, ऐसा तन्मयीभवन इससे पहले उनकी रचनाओं में नहीं देखा गया।

इस उपन्यास के आसन्न अतीत की राजनीतिक घटनाओं को याद करें, तो इसकी तात्कालिक प्रेरणा की वजह बखूबी समझी जा सकती है। आपातकाल से आरम्भ होनेवाली पतनोन्मुख राजनीति के उत्तरोत्तर विकृत होते चेहरे से पर्दा उठने की शुरुआत तभी हुई थी जिसका अन्तिम छोर आज भी नज़र नहीं आता।

मन्नू भंडारी की रचनाओं के शुरुआती दौर के समानान्तर सदी की सबसे बड़ी राजनीतिक घटना देश के विभाजन और उससे जुड़ी विस्थापितों की समस्याओं पर कई वरिष्ठ कथाकारों की रचनाएँ सामने आ चुकी थीं। नेहरू की आर्थिक और विदेश नीतियों के बारे में सवालिया निशान भी लगाए जाने लगे थे और मोहभंग की सुगबुगाहट भी सुनाई पड़ने लगी थी। पर आगे चलकर चीन और पाकिस्तान के साथ युद्ध की घटनाओं का तत्कालीन सरकारों ने जैसी मजबूती और कौशल से निबटारा किया था

उससे व्यापक असन्तोष के लिए गुंजाइश नहीं मिलती थी। केन्द्र में स्थित सरकार का तम्बू उखाड़नेवाली ऐसी पहली घटना इमरजेन्सी की घोषणा और उसका क्रियान्वयन था। उस दौरान औसत जन जीवन में अनुशासन और व्यवस्था के नाम पर जो शासकीय दमनचक्र चला उसकी प्रतिक्रिया स्वरूप सरकार का तख्ता तो पलट गया पर इस पूरे घटनाचक्र के बाद राजनीति के चरित्र में गुंडा तत्त्वों का प्रभुत्व बढ़ चला और पद-लोलुप राजनीतिकर्मियों की समझ में वोट की ताकत का महत्त्व भली-भाँति दर्ज हो गया।

जाति-वर्ण व्यवस्था के नाम पर सामाजिक भेद-भाव और शोषण का इतिहास बहुत पुराना है। पर वोटों की राजनीति से जोड़कर सत्ता हासिल करने की कारगर रणनीति के रूप में इसका जैसा निर्लज्ज और विकृत इस्तेमाल पिछली उत्तर शती से सामने आया उसका अनवरत सिलसिला आज भी जारी है। सामाजिक जीवन का यह ऐसा सच है जो 'बीतता नहीं, रह-रहकर दोहराता है।'

'महाभोज' का कथानक इसी सच पर टिका है। उसमें आए देशकाल, पात्र, स्थितियाँ सब विभावन व्यापार हैं, राजनीति की विकृत सच्चाई को बेनकाब करने के माध्यम। क्योंकि जितना महत्त्व इस बात का होता है कि रचना में क्या कहा गया उतना ही इसका कि कैसे कहा गया। 'क्या' और 'कैसे' के समुचित तालमेल से ही रचना प्रभावी भी होती है और देशकालातिशायी भी।

'महाभोज' की दीर्घकालिक लोकप्रियता का मुख्य कारण यही है कि उसमें आनेवाले पात्र, समुदाय, घटनाएँ सब साधन हैं, जीवन में राजनीति की केन्द्रीय स्थिति की कथा कहने के। नाम-रूप विशिष्ट कथानक के माध्यम से यह जीवनव्यापिनी राजनीति की गाथा है। इस घटित होते हुए यथार्थ का लेखिका ने भावयित्री प्रतिभा से आभ्यन्तरीकरण किया और कारयित्री प्रतिभा से उसे नाम-रूपात्मक विशिष्ट व्यक्तियों में ढालकर ऐसा सजीव रूप दिया कि वे कल्पना के सामने साक्षात् घटित होती प्रतीत होती हैं। यही प्रत्यक्षता इस उपन्यास के सफल नाट्य-रूपान्तर में साधक हुई। उल्लेख करना अप्रासंगिक न होगा कि उस समय 'बेलची कांड' नाम से पूरी हरिजन-बस्ती को निर्ममता से जलाए जाने की मर्मांतक घटना की अन्तर्ध्वनि उपन्यास में

एकाधिक बार सुनी जा सकती है। उसी तरह जैसे इमरजेंसी के दौरान हुई ज़्यादतियों की।

उपन्यास की सबसे बड़ी शक्ति इसके चरित्र हैं। वे व्यक्ति नहीं साक्षात् व्यक्तित्व हैं। नामों के अलावा उनके संवाद, बातचीत का लहज़ा, मुद्राएँ, एक-एक भंगिमा, वेशभूषा, चाल-ढाल सब मिलकर पाठक की कल्पना के सामने जो ठेठ व्यक्ति खड़े करते हैं वे वर्ग प्रतिनिधि होकर भी विशिष्ट बने रहते हैं। सबकी अलग, निजी पहचान है पर सब मिलकर एक स्थिति या माहौल रचते हैं। एक ऐसी रागमाला जिसका हर स्वर अलग पहचाना जाता है।

खेल पूरी व्यवस्था का है। जिसमें मंत्री हैं, पार्टियाँ हैं, उनके नुमाइंदे हैं, पुलिस और मीडिया है, नौकरशाही है, तथाकथित न्याय-व्यवस्था है, ग्राम-पंच और पंचायत है, बेजबान भीड़ के बीच अलग-अलग रंग के इक्के-दुक्के प्रतिरोध के युवा-स्वर भी हैं। पर कठपुतलियों के इस खेल में, डोर जिसके हाथ में है, वह एक राजनेता है, मुख्यमंत्री जिसे सब 'दा साहब' के नाम से जानते हैं।

उपन्यास, चुनाव की राजनीति, यानी सत्ता में बने रहने के दाँव-पेंच के इर्द-गिर्द बुना गया है। कथा के सूत्रधार 'दा साहब' प्रायः सूत्रों में बोलते हैं। **जबान पर लगाम और व्यवहार में ठहराव,** दा साहब के चरित्र की कुँजी है। फिर भी छिपा नहीं रहता कि उनके भीतर-बाहर में गहरा अन्तर है। उनकी वेशभूषा, घर की साज-सज्जा, रहन-सहन सब पर देशीपन की छाप है। वे जानते हैं कि उस समय भी सादगी के दिखावे का मूल्य था। इसलिए उनकी बातचीत, पहनावे, हाव-भाव सब पर गरिमा का आच्छादन पड़ा रहता है। अंग्रेज़ियत को उन्होंने अपनी आगेवाली पीढ़ी के लिए छोड़ दिया है।

आचरण में देशीपन के साथ गाँधीवादी आदर्शों और निर्विकारता का ऐसा घोल उनके व्यक्तित्व पर पुता रहता है कि लखन जैसे पात्रों का ज़ोर और तेज़ी भी वे अनन्त धैर्य से झेल जाते हैं। अजब भेदक दृष्टि है उनकी। अपनी पार्टी के लोगों की उठा-पटक भी उन्हें क्षुब्ध कर जाती है : 'लोगों में दिनों-दिन बढ़ती यह पद-लोलुपता कहाँ ले जाकर पटकेगी देश को?' वे गैरों पर ही नहीं अपनी पार्टी के असंतुष्टों पर भी भरोसा नहीं कर सकते : "आजकल चुनाव में दोहरी लड़ाई लड़नी पड़ती है। एक क्षण को भी आदमी चैन से नहीं बैठ

सकता। हमेशा सतर्क-सावधान। अपनों से, परायों से—सभी से सचेत! एकदम चौकस।''

दा साहब की ठीक विरोधी-प्रकृति का पात्र है लखन—सहज उत्तेजनशील, अधीरता और महत्त्वाकांक्षा का मूर्तिमान रूप। उस जैसों के लिए दा साहब के ज्ञान कोश में सफल राजनीति के ऐसे न जाने कितने सूत्र हैं : 'आवेश राजनीति का दुश्मन है। राजनीति में विवेक चाहिए। विवेक और धीरज।'

हर व्यक्ति उत्तरोत्तर उन्नति की आकांक्षा से छटपटा रहा है। इस बात को दा साहब खूब जानते हैं। उनकी उँगलियाँ बराबर समय की नब्ज़ थामे रहती हैं। लोगों की इसी कमजोरी का फ़ायदा उठाकर वे स्थितियों को अपने पक्ष में मोड़ लेते हैं :

'स्वभाव है आदमी का। जो जहाँ है, वहाँ से सन्तुष्ट नहीं। और चाहिए...और चाहिए...।'

दा साहब को पक्ष-विपक्ष के पात्रों के कन्ट्रास्ट में ऐसे कौशल से प्रस्तुत किया गया है कि उनके चरित्र का वैशिष्ट्य अपने आप उभरता चला जाता है। हारे हुए नेता सुकुल बाबू को इस बात का एहसास हो गया है कि राजनीति गुंडागर्दी के निकट चली गई है। इसलिए उनके लिए मुख्य मुद्दा है अपनी हार को जीत में बदलना—'जो भी हो, जैसे भी हो।' वे लगातार हरिजनों की वोटों पर कब्जा करने के लिए अनुकूल अवसर की तलाश में रहते हैं। बेसब्री इतनी कि चुनाव की मीटिंग खत्म होते न होते मन ही मन वोटों के हिसाब-किताब, उनकी जोड़-घटा में जुट जाते हैं। साधन की नैतिकता-अनैतिकता उनके लिए बेमानी है। उधर दा साहब हैं जिनकी अदा है : 'मेरे लिए राजनीति धर्मनीति से कम नहीं।' यह बात दीगर है कि 'धर्मनीति' की उनकी अपनी अवधारणा क्या है? सम्भवतः उनके आचरण में वह कूटनीति का पर्याय है।

दा साहब उपन्यास में ऐसे राजनेता-वर्ग का प्रतिनिधित्व करते हैं जिसके चेहरे पर स्वाधीनता-संग्राम के दौर के गाँधीवादी मूल्यों—अहिंसा, सत्याग्रह, निर्लिप्तता का मुखौटा किसी हद तक तब भी कायम था। एक खास काट के ऐसे नेताओं के प्रति लेखिका का मनोभाव, मुख्यमंत्री दा साहब का चरित्रांकन करते हुए बराबर व्यंग की प्रच्छन्न अन्तर्धारा के रूप में

झलकता रहता है। हर घटना या प्रसंग के छोटे-छोटे ब्यौरे, उनके हाव-भाव, उठने-बैठने की मुद्राएँ, बातचीत की लय, ज़रूरत पड़ने पर चुप्पी सबका वर्णन कुछ ऐसे किया गया है कि एक निहायत शातिर कूटनीतिज्ञ गुरुघंटाल नेता का बिम्ब उपन्यास के पन्नों पर उतरता चला जाता हैः 'बड़े ऊँचे किस्म की घाघ और घुन्नी चीज हैं दा साहब।'

यह बात दा साहब पर ही नहीं उन सभी पात्रों पर लागू होती है जो चुनाव की सरगर्मी से बजबजाते उस परिवेश के किरदार हैं। सबके अपने-अपने लक्ष्य, स्वार्थ, बोली-बानी, तेवर, पहनावा सब एक दूसरे से एकदम अलग, उनकी अपनी पहचान। और तो और उनका नामकरण भी एक हद तक उनकी निजता का व्यंजक है। त्रिलोचन सिंह उर्फ़ लोचन बाबू नाम से जैसे व्यक्ति का बिम्ब कल्पना में साकार होता है वैसा जोरावर, सदाशिव आत्रे उर्फ़ अप्पा साहब या सुकुल बाबू कहने से नहीं।

चुनावी राजनीति की इस मुख्य कथा से जुड़ी समाज की विभिन्न संस्थाओं की कारगुज़ारियाँ भी उपन्यास में यथास्थान दर्ज हैं। मीडिया के बढ़ते महत्त्व पर दा साहब की पैनी नज़र भी है और पकड़ भी। उसी तरह पुलिस के डी.आई.जी पर भी।

लखन दा साहब की संतई मुद्रा को तोड़ने के लिए कमर कसे है। 'मशाल' नाम के अख़बार के बारे में जब वह अपनी शिकायत पेश करता है : "एक इन 'मशाल' वालों को छूट मिली हुई है, उल्टा-सीधा जो मरजी आए छापने की। इमरजेंसी में बन्द हो गया था, ठीक था। ऐसे अख़बार पर तो आपको भी... ।"

पर दा साहब हैं कि हाथ ही नहीं रखने देते, "यह तुम नहीं, तुम्हारा स्वार्थ बोल रहा है।...अख़बारों को तो आज़ाद रहना ही चाहिए। वे ही तो हमारे कामों का, हमारी बातों का असली दर्पण होते हैं।...अपनी छवि देखने का साहस होना चाहिए आदमी में। बड़ी हिम्मत और बूता चाहिए उसके लिए। इससे जो कतराता है, वह दूसरे को नहीं, अपने को ही छलता है।"

खास बात यह नहीं कि वे इस प्रसंग पर लखन को शीशे में उतार लेते हैं। खास बात यह है कि वे यह सब ऐसे निरावेग ढंग से कहते हैं कि 'आवेश का एक कतरा तक कहीं नहीं दिखाई दे रहा है—न दा साहब के

चेहरे पर, न स्वर में।'

संवाद का यह सिलसिला तब तक जारी रहता है जब तक लखन उनके सामने हथियार नहीं डाल देता और 'उसके आवेश पर दुख, निराशा और पराजय की गहरी परत' नहीं चढ़ जाती।

उपन्यास ऐसे तुर्की-बतुर्की, तुम डाल-डाल तो हम पात-पात वाली शैली में लिखे संवादों से पटा पड़ा है। ये संवाद ही प्रसंगों को जीवन्त बनाते हैं। सिर्फ़ दा साहब के साथ ही नहीं, गाँववालों की गवाही दर्ज करते हुए एस.पी. सक्सेना और थानेदार के बीच हुए संवाद में भी यही नाटकीयता देखी जा सकती है। बिना शब्दों की फ़िज़ूलखर्ची किए बातचीत के ये छोटे-छोटे टुकड़े प्रायः दो विरोधी प्रकृति के पात्रों के बीच घटित होते हैं। पर इसकी विडम्बना और पराकाष्ठा उपन्यास के अन्त में अपनी पत्नी के साथ दा साहब के संवाद में दिखाई पड़ती है।

अपनी पति-परायणा समर्पित पत्नी के सामने भी दा साहब संतई मुखौटे वाले चेहरे के साथ प्रकट होते हैं। आदर्श भारतीय पत्नी की तरह 'जब कोई संकट की स्थिति आती है तो वे दा साहब से अधिक चिन्तित होती हैं और जब संकट टल जाता है तो प्रसन्नता भी दा साहब से अधिक जमना बहन को ही होती है।'

अख़बार (मशाल) में छपी ख़बरों में वे वही पढ़ती समझती हैं जो उन्हें दा साहब दिखाना समझाना चाहते हैं। लोगों की भटकन का जितना दुःख दा साहब की आवाज़ में उभरता है, उससे मुक्त करने की उतनी ही तत्काल प्रतिक्रिया जमना बहन की होती है। अपने और तत्कालीन राजनीति के बारे में दा साहब ने उनकी जो समझ बनाई है उनका निचोड़ उनके इस कथन में गौरतलब है : "शुक्र है भगवान का कि सब बातें सलट गईं! आजकल राजनीति में घटिया तरह की जो घालमेल चलती है, उसे देखकर लगता है कि तुम जैसे संत आदमी को तो संन्यास ले लेना चाहिए। तुम्हारे बस का है यह सब करना।"

उत्तर में गीता के निष्काम कर्मयोग की दुहाई देते हुए, दा साहब बात को कुछ ऐसा मोड़ देते हैं कि वह कर्तव्यपरायणा पत्नी के द्वारा उनके पसंदीदा लँगड़े आम और केसरिया संदेश पेश करने पर खत्म होती है। यही नहीं गदगदाती-सी पत्नी के इस विश्वास पर भी कि "मेरा मन कहता है, चुनाव

भी तुम ही जीतोगे। सौ फ़ीसदी।"

उपन्यास के अन्त तक जमना देवी को ही नहीं औरों को भी विश्वास हो गया कि दा साहब ने पक्ष-विपक्ष दोनों की सारी गोटियाँ जैसे जहाँ चाहा वहीं बिठा दी हैं। विरोध की आवाज़ वह बिसू या बिन्दा की हो, या उनके अपने ही पक्ष के जोरावर की, उनकी शतरंजी चालों के सामने सब व्यर्थ, नाकारा साबित होने के लिए अभिशप्त है। दरअसल बिसेसर की मौत घटना नहीं, प्रसंग है–राजनीति के चरित्र को बेनकाब करने का ज़रिया। आगज़नी और बिसू की मौत का जवाब माँगनेवाली सारी आवाज़ें, नारे, पोस्टर सब दा साहब की एक ही धोबी-पाट वाली पटकी के सामने मुँह के बल ज़मींदोज़ होते नज़र आते हैं। चाल भी कैसी मासूम–मीटिंग में जाने से पहले बिसू के बाप हीरा के घर पर दस्तक, उसे कन्धे से थामे, बगल में बैठाकर गाड़ी से सभा-स्थल तक लाना। भीड़ पर ठीक वही असर हुआ जैसा वे जानते थे कि होगा। किसी को शबरी-निषाद की कथा याद आई तो किसी को उसके भाग्य से ईर्ष्या होने लगी। दा साहब के इस बड़प्पन से पूरी भीड़ नतमस्तक–'बेटे तो जाने कितनों के मरते हैं–पर ऐसा मान?' इस एक दाँव से दा साहब ने पूरी बाजी उलट दी और एजेंडा की सुई बिसू की मौत की जवाबदेही से हटाकर घरेलू उद्योग-योजना के प्रचार पर टिका दी।

कब किस स्थिति से कैसे निबटना है इसका अद्भुत विवेक है दा साहब के पास। ज़रूरत पड़ने पर इमरजेंसी का हवाला देकर : "आप लोगों ने तो भोगा है उस बादशाह को। जब जिसकी मर्ज़ी आई उठाया और जेल में। कोई मुकदमा नहीं, कोई सुनवाई नहीं, कोई फ़ैसला नहीं...कोई सज़ा नहीं। कानून कब्जे में, पुलिस चंगुल में, जिसको चाहो उठाओ–जिसको चाहो पटको।"

पर बिन्दा के उग्र विरोध पर इससे काबू नहीं किया जा सकता : "बिन्दा डरेगा भी नहीं...चुप भी नहीं रहेगा और बिकेगा भी नहीं टुकड़ों से, जो आप डालने आए हैं।" और दा साहब फौरन पैंतरा बदलते हैं : "बहुत अच्छा लग रहा है आपका यह जोश और मैं कदर करता हूँ ऐसे जोश की...।" उनकी समझ में आते देर नहीं लगती कि बिन्दा की आवाज़ को दबाया नहीं जा सकता। जालसाज़ी से फँसाया ही जा सकता है।

उपन्यास का मुख्य विषय बिसू की हत्या की घटना नहीं, उसके माध्यम से राजनीति के विकृत चेहरे का नकाब उठाना है। मामले की तहक़ीक़ात के बारे में बिन्दा की टिप्पणी उसके अपने चरित्र और व्यवस्था के इस ढकोसले दोनों को उजागर करती है : ''क्यों झूठमूठ गाँववालों के साथ मज़ाक कर रहे हैं? दा साहब से लेकर आप तक की शतरंज में आज बिसू की मौत का मोहरा फिट बैठ रहा है, इसीलिए इतने ज़ोर-ज़ोर से तहक़ीक़ात हो रही है—बड़े प्यार से बुला-बुलाकर बयान लिये जा रहे हैं। पर होना-जाना कुछ नहीं है।'' नहीं जानता था बिन्दा कि होना-जाना तो है और आख़िरी गाज उसी पर गिरनेवाली है।

उपन्यास का समूचा विन्यास, जिस एक सूत्र की व्याख्या के लिए रचा गया है, वह है : ''नाम, चेहरे, लेबुल भले ही अलग-अलग हों पर अलगाव है कहाँ—सुकुल बाबू...दा साहब...राव...चौधरी...।

तब?'' और यह 'तब'? अब भी सवालिया निशान की तरह अनुत्तरित खड़ा है। यही सरोकार है जिसके कारण 'महाभोज' की लोकप्रियता बरकरार है। आनेवाली पीढ़ियों को जब तक इस 'तब' का हल नहीं मिल जाता, 'महाभोज' उन्हें राजनीति के विकृत चेहरे को आइने में दिखाता रहेगा—'नाम, चेहरे, लेबुल' भले ही अलग-अलग हो जाएँ।

मन्नू भंडारी की भाषा की पारदर्शिता इस मंज़र की सहज-संप्रेषणीयता में साधक हुई है। सहजता के साथ, उसकी संवाद-लय का रोज़मर्रा की ज़िन्दगी से गहरा रिश्ता है। उसका 'वैशिष्ट्य बातचीत के तेवर में, वाक्यों में निहित व्यंग में, ज़रूरत पड़ने पर बिम्बों के प्रयोग में रह-रहकर उभरता है। जैसे : 'तभी राजनीति में एक ऐसी मारक हवा चली जिसने बड़े-बड़े राजनेताओं की रीढ़ को नीचे खींचकर दुम में बदल दिया था,' या 'गाँव के अधिकतर लोगों के लिए यह सारा तमाशा जुम्मन पहलवान के अखाड़े में होनेवाली कबड्डी से कम दिलचस्प नहीं।' कहना न होगा कि यह कबड्डी जब तक संसद के सदनों में, विधान सभाओं में, पार्टियों की अपनी बैठकों में खेली जाती रहेगी इस समस्या से रूबरू होनेवाली 'महाभोज' जैसी रचनाओं में पाठकीय रुचि बरकरार रहेगी।

कृष्णा सोबती

इतिहास/ जो नहीं है और इतिहास/ जो है : 'ज़िन्दगीनामा'

'सूरजमुखी अँधेरे के' के बाद फिर एक लम्बा अन्तराल। ऐसा नहीं कि इस बीच कृष्णा सोबती ने लिखा नहीं, पर सात साल बाद जो उपन्यास 1979 में प्रकाशित हुआ, वह अखंड पंजाब की सांस्कृतिक ज़िन्दगी के खंडित होने का बयान है और कृष्णा सोबती की रचनात्मक साधना का चरम शिखर।

यह महज़ संयोग नहीं है कि प्रकाशन के बाद कुछ वर्षों तक समकालीन उपन्यासों में 'ज़िन्दगीनामा' सबसे चर्चित और सबसे अधिक विवादास्पद रचना रही। जिन दो विशेषताओं ने पाठकों को चौंकाया, उनमें एक था इसका वस्तु-विन्यास और दूसरी इसकी भाषा। 'ज़िन्दगीनामा' के पहले विभाजन की घटना से प्रेरित दो महत्त्वपूर्ण उपन्यास प्रकाशित हो चुके थे। यशपाल का 'झूठा सच' और भीष्म साहनी का 'तमस'। 'झूठा सच' उस घटना पर लगभग एक विराट दस्तावेज़ के बतौर रचा गया और 'तमस' एक मानवीय त्रासदी के रूप में। गोकि दोनों में लेखकों की वैचारिक प्रतिबद्धता और आग्रह स्पष्ट दिखाई पड़ते हैं। इन उपन्यासों में घटनाएँ अपने तारतमिक और तार्किक क्रम में पाठक तक उसी भाषा में संप्रेषित होती जाती हैं जिसमें पढ़ने का वह अभ्यस्त है। कृष्णा सोबती ने इन दोनों से हटकर अपनी राह बनाई। इनसे ही नहीं 'ज़िन्दगीनामा' इसी थीम पर उसी दौर में लिखे गए दो मशहूर उर्दू उपन्यासों– 'आग का दरिया' और 'उदास नस्लें' से भी अपनी बनावट और सरोकारों में अलग और विशिष्ट है।

अखंड पंजाब के जिस भौगोलिक अंचल की संस्कृति-कथा जिस भाषा में 'ज़िन्दगीनामा' में कही गई है, वह गुजरांवाला की देहाती भाषा है या अविभाजित पंजाब की छह आंचलिक भाषाओं में से एक अंचल की पंजाबी है, यह तय करने में भाषिक-विश्लेषणकर्त्ताओं की दिलचस्पी हो सकती है। साहित्य के पाठक के लिए तो सवाल यह महत्त्वपूर्ण है कि वह भाषा कथ्य से कितनी अभिन्न है, या कथ्य को उसकी समग्रता में संप्रेषित करने में कितनी दूर तक कारगर हो सकी है।

भाषा से जुड़े सवाल पर कुछ आगे चलकर। फिलवक्त उस मूल सरोकार को समझने की कोशिश करना वाजिब होगा जो इस कालजयी रचना का प्रेरक

रहा। इस उपन्यास का लक्ष्य विभाजन की भौगोलिक घटना से पैदा होनेवाली सामाजिक समस्याओं और मानवीय स्थितियों की भयावहता का साक्षात्कार कराना नहीं है। न ही यह इस राजनीतिक घटना के कारणों की जाँच-पड़ताल कर उसमें विभिन्न संस्थानों और विचारधाराओं की भूमिका पर रोशनी डालने और मूल्य निर्णय देने की कोशिश है। इसका लक्ष्य है मानवीय सम्बन्धों में अन्तर्निहित अन्तर्विरोधों का विश्लेषण। इस दायित्व को जिस विराट फलक पर अंजाम दिया गया है वह अखंड पंजाब की संस्कृति-कथा का सतही दस्तावेज़ प्रस्तुत नहीं करता। उसमें आद्यंत दिखाई पड़नेवाला सरोकार कहीं अधिक गहरा और बुनियादी है। एक ऐसा सरोकार जो गहरी पीड़ा से पैदा होता है—एक साँझी संस्कृति और ज़िन्दगी के निर्ममतापूर्वक बीचोबीच चाक कर दिए जाने की पीड़ा से—"कौन जानेगा कौन समझेगा अपने वतनों को छोड़ने और उनसे मुँह मोड़ने के दर्दों की पीड़ा को। जेहलम, चनाब बहते रहेंगे इसी धरती पर। लहराते रहेंगे खुली-डुली हवाओं के झोंके इसी धरती पर इसी तरह। हर रुत मौसम में इसी तरह बिलकुल इसी तरह। सिर्फ़ हम यहाँ नहीं होंगे, नहीं होंगे, फिर कभी नहीं होंगे, नहीं।"

उपन्यास की यह आरम्भिक कविता-पंक्तियाँ अपने वतन से, पुरखों की यादों से, नदी-नालों, खेत-खलिहानों से, अलविदा कह चले मन की भावभीनी श्रद्धांजलि भी है और वर्तमान की पीड़ा भी। एक हद तक नॉस्टेलजिया भी।

ज़िन्दगी की गति, आचार-व्यवहार और संस्कृति हमेशा एक निश्चित तार्किक क्रम में आगे बढ़े, यह कतई ज़रूरी नहीं होता। बेतरतीब ज़िन्दगी से जब लेखक किन्हीं विशेष घटनाओं या प्रसंगों का चुनाव एक विशेष दृष्टिकोण से करता है, तो वह मूल दृष्टि ही उन प्रसंगों को व्यवस्था में संयोजित करती है। इससे भिन्न एक दृष्टि वह होती है जो क्रमिक विकास-विस्तार या अन्विति साधने के बजाय जीवन की समग्रता या बहाव को समेटकर कुछ सजीव प्रामाणिक चित्र खड़े कर देती है। 'ज़िन्दगीनामा' की मूल दृष्टि एकदम यही है। इसीलिए पाठकों ने उसमें 'कथाप्रवाह का अभाव लेकिन जीवन-प्रवाह पूरी लहर-बहर के साथ' देखा है।

पाठकों के एक वर्ग की परेशानी यह है कि इस रचना में 'सब कुछ क्रमहीन है, बेतरतीब है'। उन्हें इसमें 'केवल टुकड़ों का संग्रह' दिखाई देता है। दरअसल 'ज़िन्दगीनामा' की संरचना की अपनी विशिष्टता, उपन्यास वर्ग में

आनेवाली तमाम रचनाओं से उसकी अलग पहचान कायम करती है। लेखिका का उद्देश्य विभाजन-पूर्व उस अंचल में धड़कती ज़िन्दगी को पन्नों पर उतार लाना नहीं है। उसकी विशेषता है साँझी-संस्कृति के व्यापक परिदृश्य की प्रस्तुति। एक लम्बी परम्परा, पंजाब की धरती की माटी की महक, उसमें रसी-बसी लोक कथाएँ, जिनके छोर एक ओर पुराणों को छूते हैं और दूसरी ओर विभाजन-पूर्व के लोक-जीवन को। यह सब लेखिका को गहराई तक उद्वेलित करते हैं। इस साँझी संस्कृति का सम्मोहन उसके भीतर जैसे तमाम सूक्ष्म संवेदनों के साथ जीवित है—अपनी सर्वांगता में। इसी अर्थ में वह है 'इतिहास/जो नहीं है और इतिहास/जो है।' 'ज़िन्दगीनामा' इसी संवेदनीयता में साझेदारी का आह्वान है।

इसीलिए 'ज़िन्दगीनामा' की जाँच के औज़ार यह नहीं हो सकते कि उसमें घटनाओं के बीच कार्य-कारण सम्बन्ध, उनके प्रमुख प्रसंग, प्रमुख प्रासंगिक संदर्भों का रिश्ता, चरित्र, अभिव्यंजना-शिल्प आदि कैसा है? उसके पृष्ठों पर तो ज़िन्दगी अपनी बहुरूपता में, मानवीय व्यवहार और रूप के अतीत और वर्तमान असंख्य छवि-चित्रों को तमाम बारीक तफ़सील के साथ लिये-दिये धड़कती है। इस रचना में विशेष जातीय जीवन का पूरा परिदृश्य साकार है। एक विशेष भू-खंड की ज़िन्दगी का बहाव कैद है। इसीलिए वह 'ज़िन्दगीनामा' है।

इस उपन्यास का केन्द्रीय चरित्र ही ज़िन्दगी है—आंचलिक उपन्यासों के अंचल की तर्ज़ पर। इतिहास, लोक कथाएँ, किंवदन्तियाँ, किस्से, लोक-गीत, दस्तावेज़—सब इस केन्द्रीय चरित्र में रंग भरते हैं। एक विराट चरित्र का निर्माण करते हैं जो एक बहुत बड़े फलक पर अपने पूरे स्थानीय रंग के साथ गतिशील है। इस चरित्र के साथ रचनाकार का गहरा रिश्ता है। न जाने कितनी भाव-भीनी स्मृतियाँ इसके साथ जुड़ी हैं। आरम्भ में रची कविता की पंक्तियाँ ही जैसे कवि मन की संवेदनशीलता के साथ आनेवाले पृष्ठों पर फैलती चली गई हैं। विश्वनाथ त्रिपाठी ने सही कहा था कि 'इसमें इतनी अछूती मार्मिक उपमाएँ हैं कि कोई प्रथम कोटि का कवि ही वैसा प्रयोग कर सकता है।' अछूती मार्मिक उपमाएँ इसमें इसलिए भी हैं क्योंकि इसका विषय अछूता है, विशिष्ट और असामान्य है। वस्तु की वैयक्तिक स्वानुभूत अभिव्यक्ति ही इसके गीतात्मक विन्यास का कारण है। स्मृतियों ने रचनाकार को उद्वेलित किया है,

पर यह उद्वेलन आवेश के रूप में नहीं, थिराए हुए आवेग के रूप में प्रकट होता है। वह जैसे लेखक के अनुभव, उसकी टीसती हुई स्मृति का हिस्सा बन गया है। यह उपन्यास उस बीते हुए कल को फिर से जीने की कोशिश है। वस्तुतत्त्व को उसकी भाषिक अभिव्यक्ति के साथ फिर से महसूस करने की रचनात्मक कोशिश का परिणाम है–'ज़िन्दगीनामा'।

एक साँझी संस्कृति है, जिसके देहाती अंचल में सब धर्मों और वर्गों के लोग हैं। उनका आपसी जीवन-व्यवहार है। रहन-सहन का ढंग है। त्यौहार हैं। टकराहटें हैं। पीढ़ियों के अन्तर हैं। स्त्री-पुरुष सम्बन्धों की कुल मिलाकर वही संरचना है जो पितृसत्तात्मक समाजों में होती है। स्त्रियाँ बराबरी के दर्जे की हकदार भले ही न हो, पर उनकी अपनी हैसियत है। बड़ी-बूढ़ियों का रुतबा है और अन्ततः महत्त्वपूर्ण है वह किस्सा जहाँ उपन्यास समाप्तप्राय है।

शाह मियाँ मीर वज़्दोहाल में बैठे थे। चौंककर उठे और छज्जू भगत के चौबारे की ओर चल दिए। पहुँचे तो देखा छज्जू भगत चौके में खाना बना रहे हैं। शाह मियाँ मीर ने चौके की दहलीज़ के बाहर खड़े होकर अन्दर आने की इजाज़त माँगी। दोनों के बीच जो घटित हुआ, उसका आख़िरी संवाद है :

छज्जू भगत का कंठ भर आया। भर्राए गले से कहा–'मियाँ मीर, तुमने एक और खता कर डाली। मेरे दोस्त, अन्दर आ के मेरे गले न लग गए तुम! लानत तो मुझ पर है! मुझसे बड़ा मेरा चौका समझ लिया! साँइयाँ, मुहब्बत में यह गुनाह है गुनाह! इस एक लमहा में तुमने हम दोनों के बीच समुद्र ला बहाया है। अब मैं इधर और तुम उधर।'

किस्सा अपनी जगह और सुननेवाले गंडासिंह के ख़याल की भटकन अपनी जगह–वह तो सरकार फिरंगी और गदरी और इंकलाबियों के बीच होनेवाली मुठभेड़ पर अटका है। उसकी भविष्यवाणी "भावें टोंबू लिखवा लो शाह जी, हकूमत का पट्टा देसी रियाया के हाथों में पहुँचकर रहेगा। एक बार तख़्त-ताज से हौली हुई सरकार, फिर ख़लकत अपनी नहीं रुकती। नारा एक ही बुलन्द हो के रहेगा–आवाज़े-खलक़ को आवाज़े ख़ुदा समझो।"

आवाज़े-खलक़ कारगर तो हुई पर खंडित होकर! साँझी-संस्कृति में जीता हुआ एक भूखंड दो में बँट गया। यह बँटवारा एक घटना भर नहीं वह बुनियादी गलती थी, वह विष-बेल जो बाद के वक्तों में दोनों टुकड़ों में खूब फूली-फली है। यह राजनीतिक बँटवारा पंजाब के किसी देहाती अंचल तक

सिमटकर नहीं रुका। कुछ लोगों को वह 'रोज़मर्रा की घटनाओं का एक बेहद खूबसूरत कोलाज' मालूम हुआ। जबकि सामान्य अर्थ में 'खूबसूरत' वह है ही नहीं। वह एक निहायत तकलीफ़देह टूटन को झेलने की प्रक्रिया है। इतिहास गवाह है कि इस प्रक्रिया ने धर्म और सियासत के नाम पर अखंड संस्कृति को कुछ इस तरह तोड़ा है कि टूटने का यह सिलसिला आज भी बीचोबीच चाक कर दिए उन दोनों टुकड़ों को लगातार तोड़ रहा है।

रहा सवाल भाषा का। भाषिक दृष्टि से 'ज़िन्दगीनामा' निश्चय ही एक प्रयोग है। ऐसा सायास प्रयोग जिससे बचना शायद लेखिका के बस की बात ही नहीं थी। रचना से जो प्रभाव वह पैदा करना चाहती है, भाषा उसका एक समर्थ माध्यम है। सांप्रदायिक दंगों की भयानकता तथा विभाजन की दुर्घटना से उत्पन्न जिस गहरी पीड़ा का चित्रण इस उपन्यास में किया गया है उसके लिए इसके पंजाबी लहज़े और शब्दावली की अपनी सार्थकता है।

इस सवाल का गहरा रिश्ता लेखकीय सरोकार से है। उपन्यास का मुख्य सरोकार राजनीतिक नहीं मानवीय है। सरोकार का क्रम उलट भी सकता था। सामाजिक स्थितियों के मूल में सक्रिय राजनीति की निजी समझ और पहचान में पाठक को साझेदार बनाना यदि उपन्यास का उद्‌देश्य होता, तो 'उखड़े हुए लोग' या 'तमस' के ढंग के उपन्यास की आशा की जा सकती थी। पर जब रचनात्मक स्तर पर राजनीति उतनी ही दूर तक प्रासंगिक हो जितनी दूर तक वह सामाजिक परिदृश्य को ठोस परिस्थितिगत आधार देने के काम आए, तब 'मैला आँचल', 'परती परिकथा' या 'ज़िन्दगीनामा' जैसी रचनाएँ सामने आती हैं। ऐसे उपन्यासों में लेखकीय संवेदना का केन्द्र जीवन, उसका आचार-व्यवहार, उसके अन्तर्विरोध, उसकी पीड़ा—यानी समूचा सांस्कृतिक परिदृश्य होता है। घटनाएँ अतार्किक भले न हो, चरित्रों और प्रसंगों की भरमार होती है। ये समवेत रूप में जीवन के एक खंड की आंचलिकता को उसकी जातीय विशेषताओं के साथ मूर्त रूप देते हैं। ऐसी स्थिति में रचनात्मक प्रक्रिया में भाषा की भूमिका अत्यन्त महत्त्वपूर्ण हो जाती है। लेखक उस भूखंड को परिदृश्यात्मक विस्तार के रूप में ही नहीं भाषिक-व्यवहार के रूप में भी जीने का प्रयत्न करता है। वह जीवन को और बातों के अलावा भाषा के जरिए भी पहचानता और उससे रिश्ता कायम करता है। पहचान कायम करने की यह प्रक्रिया द्वन्द्वात्मक होती है। जब उसकी वस्तु समकालिक नहीं होती तब यह

प्रक्रिया और भी जटिल हो जाती है। रचनाकार देशकाल का अतिक्रमण करके वस्तुगत अनुभव का अर्जन करता है। पात्रों का भाषिक व्यवहार उसके लिए पहले ज्ञानार्जन का और फिर अनुभव का विषय बनता है। अर्जित अनुभव की प्रामाणिकता ऐसे संदर्भों में हमेशा प्रश्नातीत नहीं होती।

इस दृष्टि से 'ज़िन्दगीनामा' के भाषिक वैशिष्ट्य ने पाठकों का ध्यान बराबर आकर्षित किया है। अधिकांश पाठकों को उसके प्रयोग में एक नाकाम या फिर एक सार्थक कोशिश दिखाई पड़ी। भीष्म साहनी को इसमें 'धरती की गन्ध', 'उन लोगों के व्यक्तित्व की महक,' 'पंजाब की साँझी संस्कृति का रंग' और 'लम्बी परम्परा की सूझ' देखने के बावजूद 'शब्दों में निहित सूक्ष्म संवेदनाओं को ग्रहण करने में **भाषा** रुकावट' मालूम होती है। महेन्द्र भल्ला को उसमें 'पंजाबी और हिन्दी आपस में टकराती हुई चलती' महसूस होती है। 'दो सहेलियों की तरह' गलबहियाँ डालकर नहीं, बल्कि 'अजनबियों की तरह अपने-अपने अलग अस्तित्वों के लिए लड़ती हुई'। उन्हें शिकायत है कि 'ये भाषाएँ परस्पर गुम्फित नहीं हो पातीं' और इस तरह 'ज़िन्दगीनामा' दोनों भाषाओं की जुगलबन्दी की एक बहुत बड़ी परन्तु असफल कोशिश होकर रह जाता है।

किसी रचना की भाषा पर विचार करते हुए मुख्य प्रश्न उसकी विशुद्धता का नहीं बल्कि यह होना चाहिए कि उसके कथ्य और अभिव्यक्ति या भाषा के बीच अभिन्न सम्बन्ध है या नहीं। कथ्य से अलग स्वायत्त रूप में भाषा की विशुद्धता, आभिजात्य या संस्कार की जाँच-पड़ताल विशेष मायने नहीं रखते। प्रश्न वही महत्त्वपूर्ण है जिसका संकेत भीष्म साहनी ने किया है। क्या इस उपन्यास की भाषा 'शब्दों में निहित सूक्ष्म संवेदनाओं को ग्रहण करने में' रुकावट पैदा करती है।

यह सवाल काफ़ी हद तक पाठक के अपने भाषा-संस्कार से जुड़ा होता है। कृति को पढ़ने के दौरान उसे अक्सर अपने निजी-संस्कार का अतिक्रमण कर कृति की भाषिक संरचना के माध्यम से उसके भाव-संसार में प्रवेश करना पड़ता है। विशेषकर आंचलिक बनावट की रचनाओं में। तब यह प्रश्न कुछ हद तक उसकी अपनी सामर्थ्य का भी हो जाता है। इस दृष्टि से एक वर्ग के पाठकों के लिए 'ज़िन्दगीनामा' की भाषा कठिनाई पैदा कर सकती है तो दूसरे वर्ग के लिए ''मैला आँचल' और 'परती परिकथा' की। यह प्रश्न पूर्वी

और पश्चिमी हिन्दी के विभिन्न रूपों से जुड़े भाषा-संस्कारों का है। ऐसी बाधाओं का निरसन कृति के कथा-रस, कथ्य के प्रवाह और सरोकारों के महत्त्व के सहारे भी सम्भव हो जाता है। घटना-क्रम, पात्रों के व्यवहार उनकी बोली-बानी के लहजे के बीच बहुत से अपरिचित, अप्रचलित शब्दों का अर्थ पाठक पर संदर्भ के हवाले से अनायास उद्घाटित होता चलता है। बशर्ते ये शब्द भाषा-व्यवहार के बीच सहज प्रवाहित हों। कठिनाई वहाँ होती है जहाँ संवाद-लय के बीच कुछ प्रयोग बरबस लाए गए महसूस हो। ऐसे शब्द विवादी स्वर की तरह अपने को स्वयं प्रकट करते चलते हैं। भाषा-प्रयोग में विशुद्धता, विकृति, साहसिकता आदि के सारे सवालों का गहरा सम्बन्ध विषय के चुनाव और उसे प्रस्तावित करने की दृष्टि से होता है। जिन रचनाओं का माध्यम संवाद हो वहाँ यह कठिनाई और बढ़ जाती है। वर्णन और ब्यौरों में तो भाषा में एक सीमा तक लेखकीय व्यक्तित्व का हस्तक्षेप सह्य और स्वाभाविक हो सकता है, पर संवादों की भाषा तो सिर्फ़ ज़िन्दगी का हस्तक्षेप ही झेल सकती है। विशेषकर ऐसी रचनाओं में जहाँ लेखक समय का अतिक्रमण कर अतीत की दास्तानों को ज़िन्दा करने की चुनौती स्वीकार करता है। ऐसे कथानकों को उनकी वास्तविकता में प्रस्तुत करने के लिए उनके समय की भाषा की पकड़ बहुत कारगर और प्रभावी माध्यम सिद्ध होती है। आभिजात्य, शुद्धि और संस्कार के नाम पर जीवन की वास्तविकता पर पर्दा डालना एक ऐसा फ़रेब है जो तथाकथित विकृत, फूहड़पन या साहसिकता के विरुद्ध नाक-भौं सिकोड़ने से पैदा होता है।

'ज़िन्दगीनामा' सिर्फ़ सफ़ेदपोश समाज की दास्तान नहीं है। उसमें एक भू-खंड का समाज अपनी समग्रता में सबरंग विद्यमान है। इसलिए उसकी भाषा समय के एक खास दौर की ज़िन्दगी की बोलती धड़कती भाषा है। अपनी समूची लय, मुहावरेदानी और ज़िन्दा शब्दावली के साथ सबरंग भाषा। लेखिका ने संवादों में भाषा की लय और लहज़े को पकड़ने की भरसक कोशिश की है। उदाहरण के लिए यह संवाद जो एक दृश्य और पात्रों के आपसी सम्बन्धों की प्रकृति को उजागर करता है :

सिर पर भत्ता रखे सामने से आती फ़तेह को देखा तो चाची ने लाड़ से घुड़का—"क्यों री धिया मटक्कनी, अब तो राजी हो न, जिस पर मन था, अपना हो गया! कैसा है री जवाँई हमारा?"

फ़तेह मर गई, आँकी-बाँकी हो हस्स-हस्स जाए।

''अरी, ज़रा ढंग से निकला कर। खिल-खिल मटकती रहेगी तो पिंड आँखों से खा जाएगा। तन पर कहीं काली थिगली खोंस डाल।''

फ़तेह ने दुपट्टी में हाथ डाल परांदा छाती पर लहरा लिया—''अब तो ठीक है न चाची!''

''सुन कुड़े, तू ही अनोखी इस सवारी पर नहीं चढ़ी। ज़रा सँभल के। दिन-रात आग जलाए रहेगी तो ढल जाएगी जल्दी!''

इसी संवाद को यदि खड़ी बोली के आधुनिक विन्यास में रूपान्तरित कर दिया जाए तो न बात वही रहेगी न प्रभाव। पंजाबी के लहजे ने ही नहीं, मुहावरेदानी ने भी 'ज़िन्दगीनामा' की भाषा को बहुत प्रभावी बनाया है। 'दूध-मक्खन की तरह दिल के दर्पण में भी बल आ जाए तो ख़याल मैला हो जाता है'—जैसे प्रयोगों के सामने विशुद्धता और आभिजात्य का आग्रह कितना बेमानी हो सकता है, कहने की ज़रूरत नहीं। 'ज़िन्दगीनामा' की भाषा ज़बाने खलक़ है। परेशानी उन्हें हो सकती है जिन्हें ज़बाने खलक़ को ज़बाने-अदब मानने से परहेज़ हो। खुद रचनाकार के अनुसार ''यूँ भी जहाँ औकात/न कलम की हो/न लेखक की/ ज़िन्दगी खुद-ब-खुद/फैलती चली गई हो काग़ज़ के पन्नों पर/कुछ इस तरह/ज्यों धरती में उग आया हो/गहरी जड़ों वाला/विशाल ज़िन्दा रूख''—तो पाठक के सामने चुनौती है इस विशाल ज़िन्दा रूख की जड़ों में जाने की, पत्ते गिनने-पहचानने की नहीं। कहना न होगा कि जड़ों की पहचान की शर्तें भी अपनी होंगी—अक्सर परम्परागत ढाँचों और बनी बनाई लीक को चुनौती देती हुई।

जीवन : जीने की कला

कृष्णा सोबती

हम हैं तो समय है : 'समय सरगम'

जाती हुई सदी के अन्तिम और आनेवाली सदी के पहले वर्ष (2000) में कृष्णा सोबती की एक और कथाकृति 'समय सरगम'। फिर एक नई थीम, एक नया सरोकार—नए अन्दाज़ में। लेखिका ने अन्तिम पृष्ठों में नाम की सार्थकता को खुद कुछ ऐसे स्पष्ट किया है, "समय सरगम/समय एक राग/नहीं। समय में निबद्ध हैं अनेक राग/अनेक बन्दिशें/हर बंदिश में अपनी स्वर-लहरी/.../समय के सातों स्वर परस्पर आबद्ध हैं एक गूँथ में/एक गहरे नेह का नाता बाँधे रहता है, उन्हें स्थायी अन्तरे से।"

इन 'अनेक बन्दिशों' में से एक बन्दिश, उसकी अपनी स्वर-लहरी को, उसकी एक-दूसरे में घुली-मिली निकटता और दूरी को कुछ ऐसे बाँधा है कृष्णा जी ने शब्दों में कि 'अन्तर में उदित होता है एक आलोक पुँज। लय-ताल का सुर-सिंगार।' समय की यह सरगम आदिम और षड्ज के आगे पढ़ते हुए सुर यानी निषाद-कथा है। पढ़ने पर पहली बार प्रतिक्रिया हुई कि इसमें न तो बीते हुए की साज-सँवार की उत्कंठा है, न ही भविष्य की आशंकाजन्य उदासी। कुछ है तो बस 'सम्मोहित भाव से संचित जीवन के राग को चीन्हने का प्रयास।'

उपन्यास पर बातचीत करने का प्रस्ताव अलीगढ़ से आए आशुतोष कुमार की ओर से आया, तो मैंने अपनी प्रतिक्रिया को सूत्रबद्ध किया—'वृद्धावस्था का उत्सव'। बात चौंकानेवाली थी। उन्होंने कथन की सफ़ाई चाही और परिणामतः होनेवाली लम्बी बातचीत को बड़े कौशल से इसी शीर्षक से

लेखबद्ध कर दिया। पर बात शुरू हुई तो उतने पर खत्म नहीं होगी—आगे तक जाएगी।

सही है कि यह मुख्य रूप से पुराने नागरिकों की, कृष्णाजी के शब्दों में 'हम दो बुढ़ाते नश्वर' या वरिष्ठ नागरिकों की कुछ आपबीती, पर उससे कहीं अधिक जगबीती है। लेखिका ने इन हमसफ़र लोगों के लिए हर जगह (कुछ अपवादों को छोड़कर) 'सयाने' शब्द का प्रयोग किया है : 'बूढ़े सयानों की टोली हर शाम इस छोटे-से बगीचे में पहले टहलती है, फिर बतियाती है।' या 'हम जैसे सयानों की भीड़ तितर-बितर हो चुकी है।' इस शब्द के साथ उनका लगाव साभिप्राय है।

ये 'सयाने' बौद्धिक हैं। समय ने उन्हें अनुभव और ज्ञान-समृद्ध किया है। क्योंकि 'समय देह को कुतरता नहीं—उसमें रसता है। सारी धूल-मिट्टी और गर्दो-गुबार के साथ।' दूसरों की दृष्टि या मर्म अपने में सोख लेने की क्षमता ने उनके शब्दों में खुद को पराई आँख से देखने की सामर्थ्य पैदा की है। वही इनके शब्दों के पीछे का वर्चस्व है।

पूरी पुस्तक में बिखरी टिप्पणियाँ इनकी समय-सजगता की गवाह हैं। बहस किसी विषय पर हो सकती है। एक तरफ़ 'शास्त्र' है तो दूसरी तरफ़ 'शस्त्र'। फिर विषय कुछ भी हो सकता है। पूरे देश का परिदृश्य : ''पूरा देश उलझा है जातीय स्मृति की खलबली में। मैं द्विज हूँ, मैं अब्राह्मण हूँ। मैं क्षत्रिय, मैं राजपूत, मैं अराजपूत, मैं जाट-गूजर, मैं कमज़ोरवर्गी, मैं दलित, मैं अनुसूचित।

ठहरिए, ठहरिए, भारतीयता कहाँ है?

भारतीयता?

वह न्यायालय के तराजू में—''

विषय की नज़ाकत को ध्यान में रखते हुए उसे बदल देने के प्रस्ताव के बावजूद बात अक्सर रह-रहकर किसी गम्भीर प्रसंग पर ठिठक जाती है। मसलन 'गुलाब-पुत्रिका' प्रयोग के पीछे ईशान 'कहीं स्त्रीत्व के दबाव' की सम्भावना देखते हैं, तो आरण्या की तत्काल स्वीकृति, 'पार्क का पुत्र-समाज तो बहुसंख्यक है। हमें अल्पसंख्यकों की भी चिन्ता है। इसीलिए इन पुत्रियों को पहचानना भी ज़रूरी है।' या हँसी-हँसी में देश की न्याय-व्यवस्था पर एक टीप : 'हाँ, फ़ैसले के लिए एक युग लग सकता है।'

न जाने ऐसे कितने विषय हैं इन दो 'सयानों' के पास जिन पर बात करते—एक-दूसरे के बारे में वह पुख्ता समझ विकसित होती है जो तमाम आपसी असमानताओं के बावजूद उन्हें अन्ततः सहजीवन के पक्ष में निर्णय लेने के लिए प्रेरित करती है। इनमें एक विषय है—संयुक्त परिवार। दोनों के अपने अनुभव हैं। उनके अनुरूप पक्ष-विपक्ष में तर्क हैं। ऐसे तर्क जो पाठकों को साझेदारी के लिए आमंत्रित करते हैं। क्योंकि उनका सच समाज के बहुतों का सच है।

आरण्या ने स्वेच्छा से जिस एकाकी जीवन का वरण किया उसके पक्ष में उसका कहना है, 'परिवार के ऊपरी ढाँचे की संगत और भीतरी तनावों से दूर यह शान्त अब मुझे सुखकर लगता है।' आरण्या की नज़र में 'संयुक्त परिवार का मसला' एक पूरा पुराण है। क्योंकि 'परिवार का स्वामित्व व्यक्ति की उत्पादक हैसियत से जुड़ा है। भाई-भतीजे सगेवालों के मुँह ताक रहे हैं कि तेवर कुछ ढीले पड़ें, गुस्सा छने तो बात बनें।' आरण्या इस नतीजे पर 'अपनी कीमत पर इसकी पड़ताल' करके पहुँची है कि 'परिवार की साझी श्री पैसे के व्यापारिक प्रबन्धन में निहित है। उसकी आन्तरिक शक्ति क्षीण हो चुकी है। घनी छाँह की जगह घिसी हुई पुरानी चिंदियाँ फरफरा रही हैं।' ईशान के इस शक का कि वह अकेले होने से ही तो कहीं इसके विरोध में नहीं बोल रही, आरण्या के पास माकूल जवाब है : 'नहीं ईशान, जिस वर्ग की कामकाजी लड़की की बात मैं कर रही हूँ—उसमें की हज़ारों-हज़ारों लड़कियों की पहचान इस एक आवाज़ में शामिल है।'

पारिवारिक संरचना में ईशान का भरोसा अपनी जगह है, शायद सही भी, 'मानवीय मन के आवेग और आवेश को परिवार ही नियंत्रित करता है। असंख्य डोरों से वह समाज से जुड़ा है। इसी में रहकर स्त्री-पुरुष दोनों अपनी-अपनी अन्तःशक्तियों को विकसित कर सकते हैं।'

सवाल सिर्फ़ समाज में संयुक्त परिवार नाम की संस्था के विघटन का ही नहीं, उन तमाम मसलों का है जिन्हें 'सृष्टि के दो मन, स्त्री-पुरुष अलग-अलग दिशाओं से एक ही बिन्दु को देख रहे हैं। देख रहे हैं कि मानवीय होने के एक-से अधिकार को पा सकें। जी सकें।' ईशान की तो टेक ही है जिसे वे अक्सर दोहराते हैं, 'तुम सम्पूर्ण पुरुष नहीं हो सकते, अगर स्त्री की तरह प्यार करना न सीखो।'

दार्शनिकता की सरहदों को छूती ऐसी टीपों के अलावा अपने निजत्व के बाहर सामाजिक स्तर पर भेदभाव ग्रस्त व्यवस्था पर भी पूरी चौकस नज़र है इन सयानों की। वे विवश हैं, वैसे ही रहने को जैसे रहा जाता है—तब तक जब तक वे हैं पर यह बेचैनी अपनी जगह कि "पुरानी व्यवस्था अब भी कायम है, नए बदलावों के साथ। लड़के और लड़की में भेद। परिवार में पुत्री और पुत्र का अबोला द्वन्द्व जारी है। गर्भ में ही पुत्रियों की हत्या और पुत्रों के संरक्षण-साधन, भाई-बहनों में झगड़े चलते रहते हैं। कानून बन चुके हैं, मगर उन्हें लागू कौन करेगा!"

उपन्यास में ऐसे कई प्रसंग हैं जो लेखकीय सरोकारों की बहुआयामिता का खुलासा तो करते हैं, पर लगे हाथ मूल कथानक की बुनावट में झोल भी पैदा करते हैं।

धोबी रामखेलावन धुलाई लेकर आए तो भारी परदों को लगाने में आरण्या की असमर्थता के कारण उसके प्रस्ताव पर सहायता के लिए राज़ी हो गए। पर इस प्रक्रिया में दोनों के बीच जो संवाद होता है उसका उपसंहार वे बेटे के साथ हुए अपने विवाद पर एक लम्बी टिप्पणी से करते हैं। उनके कथन का सार एक कविता में कुछ ऐसे दोहराया गया है :

"घर है हमारा देश
परदे हवा में फड़फड़ाते रहे।
कमज़ोर, अनपढ़ जातियों पर अत्याचार होते रहे।
बहू-बेटियों पर बलात्कार होते रहे।
राष्ट्र है धुले-पुँछे पुण्यवान वर्गों के लिए।
यही कुछ कह रहे थे शायद रामखेलावन।

परदों की धुलाई तो इस प्रसंग में बहाना भर है। ऐसे प्रसंग और भी हैं। बचपन से ईशान के साथ काम करनेवाले लड़के बहादुर का मानसिक विक्षेप और असामान्य व्यवहार। इस पूरी घटना की उपयोगिता इतनी भर है कि ईशान और आरण्या की सोच के अन्तर को यह एक बार फिर रेखांकित करती है :

'आरण्या कोशिश करो मेरी बात समझने की। इसे मालूम नहीं कि यह क्या कर रहा है। इस पर नरसिंह उतरता है।'

'बहादुर होश में नहीं होता। समझो कि यह मानसिक व्याधि है।'

'व्याधि या उपाधि—मुझे कुछ जानना नहीं। मैं इतना कहे देती हूँ कि ऐसे अन्धकार और अन्धविश्वास को उचित समझने और ठहराने को मैं गलत समझती हूँ।'

उपन्यास के अन्त में 'यही धरती' शीर्षक से तीन पृष्ठों का एक परिशिष्टनुमा संवाद है। बातचीत करनेवालों में उपन्यास के पात्रों की उपस्थिति सिर्फ़ उसे उपन्यास से जोड़ने के लिए है, वरना पूरी कृति में यह प्रसंग अतिरिक्त रूप से चस्पाँ है। मूल उपन्यास तो पृ. 153 पर ही खत्म हो गया है। शीर्षक के अनुरूप इसमें कुछ भविष्यवाणियाँ हैं—आनेवाली सदी के बारे में। सम्पन्न अगड़े गोरी आबादी और निर्धन, पिछड़े, काली आबादी के देशों की सम्भावित भूमिकाओं के और मनुष्य की मनुष्यता के बारे में।

ऐसे प्रसंगों की ओर बहिर्गमन इन सयानों की बौद्धिक बनावट, इनकी विचारशीलता का उद्‌घाटन तो करता ही है, शायद यह संकेत भी करता है कि दो असमान सोच और जीवन-शैली के धनी ऐसे सयानों में ही एक दूसरे को स्पेस देने का, सहजीवन का चुनाव करने का विवेक हो सकता है।

इन वरिष्ठों की नज़र चारों तरफ़ के जीवन पर है—बढ़ती उम्र के अहसास के बावजूद वे आत्मनिष्ठुर नहीं हैं। जिस मौसम को शास्त्र 'वानप्रस्थ बुढ़ापा' कहता है, वह इनकी नज़र में 'लम्बी अवधि का घनत्व है। जीए हुए का साक्ष्य।' जीए हुए का ही नहीं जो जी रहे हैं उसका भी। इसीलिए गाहे-बगाहे वृद्ध-सम्मेलन भी होते हैं और 'वरिष्ठों की यह हमउम्र टोली चुपके-चुपके ही एक-दूसरे पर नज़र रखे रहती है।' उपन्यास का ग्यारहवाँ खंड इन्हीं 'अकेले-अकेलों की जीवन-शैली' का ब्यौरा है। इनकी अपनी ही कठिनाइयों और अपनी ही सहूलियतों का लेखा-जोखा। उम्र के जिस मुकाम पर ये खड़े हैं, वह जीवन को गहरी और भरपूर निगाहों से देखने का समय है। जीवन को टूटकर प्यार करने का समय है। पर मोहाविष्ट होने का नहीं। सयानापन इसी में है।

उपन्यास में सन्निकट मृत्यु की सर्वत्र उपस्थिति है। जिए जा चुके एक सम्पूर्ण जीवन और आसन्न मृत्यु के तनाव के बीच भी इनके भीतर हताशा कहीं नहीं दर्ज होती। वे जानते हैं कि वैयक्तिक एकान्त और पारिवारिक सहजीवन के बीच द्वन्द्व में से किसी एक के चुनाव में समस्याओं का हल नहीं पाया जा सकता। उनके सामने नज़ीर है भरे पूरे संयुक्त परिवार की स्वामिनी

दमयन्ती का। अत्यन्त सफल, सक्रिय जीवन बिताने के बाद अपने ही बँगले के अकेलेपन में बन्दिनी कामिनी का। जो बेटे-बहुओं की साजिशों का शिकार है, और प्रभुदयाल का जो तीन बेटों के परिवार में, अपने ही घर में पराए हैं। बहू-बेटों की जासूसी के शिकार हैं। किसी महिला से सम्बन्ध जोड़ने का आभास होते ही, मेरठ से आते-जाते अचानक रास्ते में उनकी मृत्यु होती है—गला घोंटने से।

कुल जमा, समय का सच यह कि अब परिवार स्नेह, सुरक्षा और आदर के घरौंदे नहीं रह गए हैं, उत्तराधिकार का तंत्र हो गए हैं। उनकी बात अलग है जिन्होंने अपनी समझ-बूझ, साहस और सक्रियता से स्थितियों को साध रखा है। ऐसा भी नहीं है कि संयुक्त परिवारों में अभी सयानों का वैसा ही हश्र हो जैसा उपर्युक्त व्यक्तियों का हुआ पर सम्पत्ति के झगड़े अमूमन रिश्तों पर भारी पड़ते हैं, यह आज की कड़वी सच्चाई है।

उपन्यास के सरोकारों का एक और महत्त्वपूर्ण आयाम है पितृसत्तात्मक सामाजिक संरचना में स्त्री की अस्मिता का संघर्ष। स्त्रीत्व के दोनों रूपों, सामान्य और विशिष्ट के प्रति लेखिका बराबर सचेत रही है। पितृसत्तात्मक समाज में स्त्री होने के अलावा वह एक विशिष्ट व्यक्ति भी है इसका आग्रह कृष्णा सोबती के सभी उपन्यासों में दिखाई पड़ता है—बिना स्त्रीवादी मुखौटे के। वह 'डार से बिछुड़ी' की पाशो हो, 'मित्रो मरजानी' की 'मित्रो', 'सूरजमुखी अँधेरे के' की रत्ती, 'दिलोदानिश' की महकबानो या गृहस्थिन कुटुम्बप्यारी। सबके निजी व्यक्तित्व हैं, एक-दूसरे से अलग और विशिष्ट। 'स्त्रीवाद' के ब्रांडधर्मी फार्मूलों से एकदम मुक्त। वे हाशिए के नागरिक की तरह बाहर से नहीं, सत्तातंत्र के भीतर अपनी अस्मिता के लिए आमने-सामने की लड़ाई लड़ती हैं।

'समय सगरम' की आरण्या में तो खुद को भी अपने से बाहर खड़ी होकर देखने का हौसला है। दूसरे की नज़र से :

'सड़क पर चलते हुए एक-दूसरे की निगाह से अपने पर नज़र डाली। चुस्त-दुरुस्त। कपड़े न ज़्यादा गर्म न ठंडे। अपना भार उठाने को सुखकर।'

यह सयानी आत्मसजगता, आत्मग्रस्तता, आत्मदया से एकदम अछूती है। वे न समाज में स्त्री की दयनीयता पर विलाप करती हैं, न पुरुष-

केन्द्रित समाज में उसकी उत्पीड़ित अस्मिता को भूलती हैं। उनमें वह सब है जो हर औसत स्त्री में होता है। छुट्टियों में ईशान की अपनाई हुई बच्चियों की प्रतीक्षा में उनके प्रति वत्सल भाव का उदय इसका साक्ष्य है : 'रंग-बिरंगे रिबन, जूते, मोजे, किताबें, पेंसिलें, रबर—उनके आगमन को सिर्फ़ दो घर ही नहीं, दो मन गुँजान हैं।' पर इस अर्थ में वे आत्मस्थ और विशिष्ट हैं कि उन्होंने परिवार में बच्चों को समेट लेने की योजनाओं को सुखकर मानते हुए भी 'बच्चों की देखभाल की सिरदर्दी से बचने का इरादा बदल दिया।'

पूरे उपन्यास में जो कहा गया और जो अनकहा छोड़ दिया गया, उस सबके साथ दोनों के बीच तर्क-वितर्क का मुख्य विषय है कि व्यक्ति के लिए एकान्त जीवन अधिक गरिमामय है अथवा पारिवारिक जीवन। दोनों के अलग-अलग ढंग से जिए गए जीवन के बीच से ही तो सहजीवन की वह राह निकलती है जो जिए जा चुके सम्पूर्ण जीवन और आसन्न मृत्यु के तनाव के बीच एक नई सम्भावना को जन्म देती है। इस मंज़िल से ज़्यादा महत्त्वपूर्ण है वह प्रक्रिया जिससे गुज़रकर वे यहाँ पहुँचते हैं।

उनके बीच एक-दूसरे की जो सयानी समझ है, वह अपरिभाषेय है। एक बार भी इस शब्द का इस्तेमाल किए बगैर प्रेम का एक बेहद गहरा अहसास जो एक-दूसरे के जिए हुए का आदर करने में, एक-दूसरे की भिन्नताओं को बिना शर्त स्वीकार करने की सामर्थ्य में व्यक्त होता है। इन भिन्नताओं को वे बखूबी समझते ही नहीं, स्वीकार भी करते हैं; निस्संकोच भाव से :

'ईशान शुष्क गम्भीरता से बोले—हमारी सोच में गहरा अन्तर है, लगभग विपरीत दिशाओं का-सा।'

'जी हाँ। जाग्रत और निद्राभिभूत का अन्तर। आपके यहाँ आत्मज्ञान और मेरे यहाँ आराम-विश्राम। शायद इसलिए कि मैं कृष्णमूर्ति नहीं पढ़ती।'

एक ही दिन जन्मे इन दो सयानों की सोच में ही नहीं, जीवन-शैली में, दिनचर्या में भी भारी अन्तर है। पर अन्तर से ज़्यादा वह समझदारी कि 'इस विवाद से तो हम दोनों कुछ भी न पा सकेंगे।' इसी समझदारी के कारण एक-दूसरे का बराबर ख़याल रखते हुए, साथ देते हुए, साज-सँभार करते हुए, उपन्यास के लगभग अन्त में जब वे एक साथ रहने का फैसला

करते हैं, तो यही समझदारी शालीनता में रूपान्तरित हो जाती है। इतने भर से—

"ईशान ने हर शब्द को तौला हो—आरण्या, जो कहने जा रहा हूँ उसे हँसी में मत उड़ाना। अगर मैं यह कहूँ कि एक कमरा, अटैच्ड बाथरूम, एक बालकनी तुम्हारे लिए मेरे फ्लैट में ही मौजूद है।

हूँ...हूँ ईशान, मुझे सोचने को एक दिन चाहिए होगा। कल सुबह तक बता सकूँगी।"

नपे-तुले शब्दों में, न शब्दों की फ़िज़ूलखर्ची, न बड़बोलापन, न ही कोई झिझक। बस उतना ही जितना स्थिति की गरिमा बनाए रखने के लिए ज़रूरी है। इसके बाद की स्थिति का बयान जिस काव्यमय गद्य लय में किया गया है उसमें आरण्या की जगह वाचक की भूमिका ईशान ले लेते हैं। अपनी आत्मा पर 'पनीले बादल की तरह छाए' जिस प्रसंग को वे आरण्या तक पहुँचाना चाहते हैं, वह भी 'बिना शब्दों के उच्चारण के', उसमें सहायक होता है मृत्यु-शय्या से लिखा अपने अजन्मे पुत्र के लिए युगोस्लाव सैनिक का एक पत्र जो ईशान के पास सुरक्षित है, जिसके लिए उनके मन में जो आदर भाव है उसमें वे सहभागी बनाते हैं आरण्या को। इस विश्वास के साथ कि 'जितना जल हमारे-तुम्हारे घर में शेष है, वह इस सँझाते समय के लिए कम नहीं।'

पूरे उपन्यास में वैयक्तिक एकान्त और पारिवारिक सहजीवन के बीच जो कशमकश है उसमें अन्ततः वाचिका सहजीवन का चुनाव कर लेती है। जीवन भर अपने एकान्त की गरिमा को निभाने के बाद एक साथी, एक दोस्त का चुनाव है यह—स्त्री की अपनी इयत्ता की रक्षा करते हुए।

सयानों की यह गाथा जीवन के अतल में गहरे झाँकने का उपक्रम है। बाहर पसरे विस्तार के अनेक पहलुओं का जायज़ा लेते चलने का भी। सामाजिक यथार्थ के दृश्यों ने इसे विशुद्ध दार्शनिक आध्यात्मिक वृत्तान्त बन जाने की मोहलत नहीं दी। यही निर्मल वर्मा के 'अन्तिम अरण्य' से इसकी भिन्नता का कारण है। जीवन के पतझर में यह अरण्य रोदन नहीं बसन्त का आह्वान है।

खंड-3

और अन्त में

हाशिये पर : कुछ नोट्स

प्रसंग-एक : 'हम हशमत' : 1-2

कुछ रचनाएँ कथा नहीं होतीं, कथात्मक होती हैं। उनकी बनत चरित्र-प्रधान कहानीनुमा होती है। अंग्रेज़ी में इन्हें 'पैन पोर्ट्रेट्स' कहा जाता है और हिन्दी में रेखाचित्र या शब्द-चित्र। व्यक्तियों के इन शब्द-चित्रों को गढ़ने में रचनाकार की स्मृति और पर्यवेक्षण-क्षमता की महत्त्वपूर्ण भूमिका रहती है। ऐसी स्थिति में जब विषय रचनाकार के सन्निकट अतीत का हिस्सा न रहा हो, ये शब्द-चित्र संस्मरणात्मक हो जाते हैं।

इनके विषय चूँकि रचनाकार के सम्पर्क में आनेवाले व्यक्ति होते हैं इसलिए जीवन में उनसे निकटता या दूरी उनके प्रति रचनाकार की वस्तुनिष्ठता की राह में निर्णायक भूमिका निभाती है। ज़रूरी नहीं होता कि आपका विषय आपसे किसी रूप में या किसी हद तक सम्बद्ध रहा हो। ज़रूरी सिर्फ़ इतना होता है कि उसने आपको कुछ ऐसी गहराई तक प्रभावित किया हो कि स्मृति में संरक्षित उस अनुभव को आप शब्दों में उतारकर खुद अपने और अपने पाठकों के लिए पुनर्जीवित करने की ज़रूरत को शिद्दत से महसूस करें।

शब्द-चित्रों के विषय के साथ रचनाकार की निकटता और दूरी, उसके साथ सम्बन्ध की प्रकृति जो रागात्मक के अलावा लाभ-हानि, शत्रुता-मित्रता या तटस्थता किसी रूप में हो सकती है, ऐसी रचनाओं पर अपनी छाप छोड़ती है। यह ऐसी विधा है जिसमें पूरी वस्तुनिष्ठता की साधना ही की जा सकती है, सिद्धि का दावा नहीं। इन शब्द-चित्रों का मुख्य आकर्षण किसी विषय को सहृदय रचनाकार की संवेदनीयता और सृजन क्षमता की राह से ग्रहण करने

में निहित रहता है। यदि विषय पाठक के परिचय के वृत्त में हो तो ये रचनाएँ कभी-कभी विषय की नई पहचान या अलक्षित पक्षों के उद्‌घाटन से चमत्कृत करने की भूमिका भी निभाती हैं। रचनाकार के साथ सहमति-असहमति की सम्भावना तो बराबर बनी ही रहती है।

हिन्दी में ऐसे शब्द-चित्रों का आदर्श कभी महादेवी वर्मा ने कायम किया था। दर्जनों ऐसे व्यक्ति जो नियमित या अनियमित रूप में उनके सम्पर्क में आए, उन पर अपनी छाप छोड़ी और समय की गति में वियुक्त हो गए। पर लेखिका के शब्द-चित्रों में वे निवर्तमान सत्ता के नहीं, सजीव जीते-जागते चलचित्रों के रूप में पाठक की कल्पना में साकार उपस्थित हो जाते हैं। संयोग भर नहीं कि उन्हें संकलित किया गया—'अतीत के चलचित्र' और 'स्मृति की रेखाएँ' और 'पथ के साथी' जैसे शीर्षकों के अन्तर्गत।

कृष्णा सोबती ने जब इस विधा पर कलम उठाई तो 'हम हशमत' नाम से उन्होंने अपने समकालीनों को विषय बनाया। इस अर्थ में वे उनकी स्मृति के नहीं प्रत्याक्षानुभव के विषय हैं। कुछ उनके हमउम्र और हमसफ़र। इनमें से पहले भाग में निर्मल वर्मा, भीष्म साहनी, कृष्ण बलदेव वैद, महेन्द्र भल्ला जैसे कथाकार, नागार्जुन जैसे कवि और दूसरे भाग में साहित्य की नामचीन हस्तियों में नामवर सिंह, अज्ञेय, अश्क, नेमिचन्द्र जैन, मंटो, बलवन्त सिंह, राजेन्द्र सिंह बेदी, उमाशंकर जोशी, कमलेश्वर जैसे वरिष्ठों के साथ अपेक्षाकृत कम उम्र के अशोक वाजपेयी, प्रयाग शुक्ल, मनोहरश्याम जोशी, मंजूर एहतेशाम, सत्येन कुमार, स्वदेश दीपक, नासिरा शर्मा और गोविन्द मिश्र जैसे रचनाकार शामिल हैं।

सिर्फ़ लेखक बिरादरी के लोग ही नहीं शीला सन्धू और अरविन्द कुमार जैसे प्रकाशक मित्रों और कन्हैयालाल नन्दन जैसे लेखक-सम्पादक ने भी इन संस्मरणों में जगह पाई है। इनमें कुछ नाम ऐसे भी हैं जिन पर अलग-अलग कारणों से कुछ कहना कृष्णा जी को ज़रूरी लगा। इनमें मंटो पर एक संक्षिप्त टीप, बलवन्त सिंह और राजेन्द्र सिंह बेदी के महत्त्व की तरफ़ इशारा एक बातचीत के हवाले से 'उमाशंकर जोशी' की वैचारिकता के एक पक्ष पर रोशनी डालने की कोशिशों का उल्लेख किया जा सकता है।

इन संस्मरणों को कलमबन्द करने के लिए कृष्णा जी ने अपनी निजता को 'हशमत' नाम के एक नाट्‌य-चरित्र (ड्रमेटिक पर्सोना) की भूमिका दे दी।

यह युक्ति विषय से एक वाजिब दूरी बनाए रखने के लिए इस्तेमाल की गई है। बाद में भी वे गाहे-बगाहे इस चरित्र की ओट लेकर काफ़ी कुछ रचती कहती रहीं, और मियाँ 'हशमत' लेखकीय दुनिया में उनका पर्याय हो गए।

'हम हशमत' के दोनों भागों के रचना समय के बीच लगभग बीस वर्ष का फ़ासला है। समय के इस अन्तराल ने दोनों की शैली में भी एक फ़र्क पैदा किया है। पहले भाग की रचनाओं में रेखाचित्र की विशेषताएँ कुछ ज़्यादा दिखाई पड़ती हैं। जनाब 'हशमत' से विषय की दूरी या निकटता का अहसास भी ज़्यादा स्पष्ट रूप में होता है जबकि दूसरे भाग के अधिकांश संस्मरण 'क्रिटीक' की शैली में रचे गए हैं। कहा जा सकता है कि विषय से लेखकीय दूरी बनाए रखने की सायास या अनायास प्रवृत्ति से उनमें वैसी संलग्नता, अनुभूति की घनता नहीं महसूस होती जैसे 'हम हशमत-1' की रचनाओं में।

इन संस्मरणों में उनके कथाकार व्यक्तित्व के साथ आलोचक व्यक्ति का भी सुखद मेल हो गया है। अन्दाज़ नहीं लगाया जा सकता कि किस घटना का ज़िक्र करते-करते वे व्यक्तित्व या लेखन की किस खूबी या खामी पर सटीक टिप्पणी करके आगे बढ़ जाएँगी–अक्सर चुहलभरे अन्दाज़ में। कभी-कभी व्यंग-विनोद की मुद्रा में वे चरित्रों की ऐसी बखिया उधेड़ती हैं कि जिस पर पड़ी हो वह न रो सके, न शिकायत कर सके। तरीका ऐसा कि दाद देने का मन होता है क्योंकि उसमें आपको बदनीयती की शिकायत करने की गुंजाइश शायद ही मिले। सब कुछ बेतरतीब, टुकड़ों में, पैनी, ताड़नेवाली पर सकारात्मक दृष्टि से परत-दर-परत कथनी और करनी के पेचोखम को जैसे दोस्ताना अन्दाज़ में कोई खोलता चला जाए। यह बात अलग है कि कोई अपनी अतिरिक्त संवेदनशीलता और तुनकमिजाज़ी के चलते गिला-शिकवा करने के लिए मौका फिर भी तलाश कर ले। सुना था कि ऐसा कुछ निर्मल वर्मा के साथ घटित हुआ था गोकि पाठकों की राय कृष्णा जी के ही पक्ष में थी। यूँ भी उनका मानना है कि : "लेखकों के झगड़े न झगड़े होते हैं और न दोस्तियाँ, दोस्तियाँ और न दुश्मनी, दुश्मनी। सब कुछ कह, कर लेने पर फिर वही कहानी-कविता और उपन्यास। कभी बाज़ार के भाव गिरे, कभी चढ़े।" पर यह भी तो सच है कि बिरादरी की समानधर्मा हस्तियों की नज़र चोरी-छिपे एक-दूसरे के बाज़ार भाव की चढ़ती-उतरती पर बराबर चौकसी से

तैनात रहती है और दोस्ती का तापमान भी उसी के अनुपात में उतरता-चढ़ता रहता है।

यह संयोग नहीं है कि 'हम हशमत' के दोनों भागों में जिन दो संस्मरणों को एकमत से बेहद सराहा गया वे भाग-1 में संकलित 'मियाँ नसीरुद्दीन' और 'सरदार जग्गा सिंह' पर लिखे गए थे। लेखकीय राग-द्वेष, दोस्ती-दुश्मनी के रिश्तों से मुक्त ऐसे इंसान जिन्होंने एक कथाकार की सर्जनात्मक ऊर्जा को उद्वेलित किया और रचनाकार ने कहानी के ताने-बाने से बुनकर दो ऐसे सजीव पात्र खड़े कर दिए जिनकी गिनती इस विधा की अनुपम सृष्टियों में की जाएगी।

'हम हशमत' में संकलित संस्मरणों को पढ़ते हुए एक तिलिस्म की-सी गिरफ़्त में कुछ परिचित, कुछ अल्प-परिचित या अपरिचित व्यक्तियों के साथ नए सिरे से पहचान कायम करने का सुख होता है। जिन्हें आप अपने ढंग से जानते पहचानते रहे हैं, उन्हें भी एक दूसरी आँख की रोशनी में नए सिरे से चीन्हना होता है। अपनी पहचान में कुछ सही-गलत करते हुए या फिर कुछ ऐसे विस्मय के भाव से कि यह तो हमने जाना या पहचाना ही नहीं था।

बड़ी सतर्कता से वस्तुनिष्ठता को बनाए रखने के बावजूद इन संस्मरणों में विषय के प्रति लेखकीय मनोभाव की झलकियों को पाठक आसानी से रेखांकित कर लेता है। ऐसा होना स्वाभाविक भी है। देखनेवाली आँख, आभ्यन्तर अनुभव के रूप में आत्मसात करनेवाली चेतना और इन अनुभवों को भाषिक लिबास देनेवाली कलम सभी का मालिक आख़िर व्यक्ति रचनाकार ही तो होता है।

प्रसंग-दो : 'एक कहानी यह भी'

वर्तमान सदी का पहला दशक स्त्री-विमर्श के शोर-शराबे का दशक है। इस सरोकार से प्रेरित होकर युवा कलाकारों ने बड़ी संख्या में कहानियाँ लिखीं और कई वरिष्ठ लेखिकाओं की आत्मकथाएँ सामने आईं। इसी क्रम में मन्नू भंडारी ने अपनी लम्बी चुप्पी को जब 'एक कहानी यह भी' लिखकर तोड़ा तो उसका पाठ उनकी आत्मकथा के रूप में किया जाने लगा। गोकि मन्नू ने कहीं यह दावा नहीं किया कि यह उनकी पूरी या अधूरी आत्मकथा है।

जैसा नाम से स्पष्ट है यह एक पूरक रचना है–'यह भी', किसी 'वह ही' के जवाब में। बहुत-सी घटनाओं और सन्दर्भों का उनका अपना पाठ। जिस रचना का यह पूरक पाठ है वह है राजेन्द्र यादव की 'मुड़-मुड़कर देखता हूँ' शीर्षक से प्रकाशित अपने विगत जीवन की दास्तान–उतनी भर जितनी वे अपने ढंग से पेश करना चाहते हैं। ज़ाहिर है वह भी पूरी या अधूरी आत्मकथा नहीं है। वर्णित घटनाओं की सच्चाई के सवाल को दरकिनार करके देखने पर भी यह अधूरी आपबीती की पुनर्रचना कर उसे सच के रूप में प्रस्तुत करने और शायद जीने का भी अद्‌भुत कौशल या खूबसूरत आत्मछल है।

बहरहाल, यह दीगर बात है। यहाँ प्रासंगिक सिर्फ़ इतना है कि अपनी इस सुनियोजित हरकत के अलावा भी अपने सम्बन्धों को लेकर साक्षात्कारों या फुटकर टिप्पणियों के रूप में वे जो कहते रहे हैं, मन्नू की यह 'कहानी' उन्हीं के बारे में उनका अपना बयान या खुलासा है। ज़ाहिर है जिन घटनाओं या प्रसंगों को इस 'कहानी' में चुना गया है, वे कहानी कहनेवाले का अपना चुनाव नहीं है। यह चुनाव तो उसका है जिसकी अधूरी या पूरी गलतबयानी से पैदा होनेवाले भ्रम की सम्भावना को निर्मूल करने के लिए लेखिका ने उनके बारे में अपना खुलासा प्रस्तुत किया है। इस अर्थ में यह रचना नहीं प्रति रचना है। स्वभावतः इसकी प्रेरणा रचनात्मक उतनी नहीं जितनी प्रतिक्रियात्मक है।

किन्हीं घटनाओं या प्रसंगों से जुड़े तथ्यों या उनके परिप्रेक्ष्य को सही करने के इरादे से की गई इस रचना में न प्रतिक्रियाजन्य आवेश है, न विवादात्मक तल्खी और न ही चुनौती की मुद्रा। खासे निरावेग ढंग से गलत को सही करके प्रस्तुत करने का आग्रह भर है। सीधे-सादे ढंग से पारदर्शी शैली में अपना पक्ष प्रस्तुत करने का यह प्रयास किसी भी तरह की आत्मश्लाघा से अपने कद को ऊँचा साबित करने की चेष्टाओं से पूरी तरह मुक्त है।

सीधी बात को बेबाक सीधे ढंग से प्रस्तुत कर देना मन्नू की शैली का गुण है। कोई चाहे तो इसे सपाटबयानी में शुमार कर सकता है गोकि यह बयान वैसा सपाट भी नहीं होता जैसा इसे समझने का भ्रम हो सकता है। सच कहने का अपना तेवर होता है और ईमानदारी की अपनी ठसक जिसका

कलात्मकता से कोई विरोध नहीं होता। पर ऐसी शैली कल्पनाजन्य साज-सज्जा से मुक्त, बेलौस और पारदर्शी होती है। जिसमें कथ्य और पठ्य के बीच कोई पर्देदारी नहीं रहती और रचनाकार और पाठक के बीच सीधा-सादा 'वन-टू-वन' वाला रिश्ता कायम होता है।

ऐसी रचनाओं का प्रभाव उनकी विश्वसनीयता में होता है, सम्मोहकता में नहीं। पाठक पढ़े तो लगे कि 'क्या ठीक कहा,' न कि 'क्या खूब कहा'। मन्नू भंडारी की 'एक कहानी यह भी' ऐसी ही रचना है जो 'कहानी' कहने भर से कहानी नहीं हो जाती। आत्मकथाओं की तरह उसका कथ्य भी आपबीती पर आधारित है। पर साहित्य की श्रेणी में दाख़िल होने के लिए आत्मकथाओं में भी घटनाओं के विन्यास और अभिव्यक्ति की युक्तियों के निवेश के लिए जिस कल्पनाशीलता की अपेक्षा की जाती है, इस आत्मकथा में उसके आसार कहीं नहीं दिखाई देते। इसी तरह वह चतुराई या साहसी तेवर भी नहीं जिसका सहारा कई कथाओं में अपनी दुर्बलताओं पर परदा डालने, अपनी निष्कलंक छवि प्रस्तुत करने या फिर हवाई तलवार भाँजने के नारीवादी मुखौटों और ललकारों के रूप में लिया गया है।

यह रचना एक आहत स्त्री मन की निजी पीड़ा की अभिव्यक्ति है जो अपने गलत समझ लिये जाने की आशंका से अपना पक्ष प्रस्तुत करने के लिए लेखनी का सहारा लेती है। इसमें करुणा-द्रवित करनेवाला हाहाकार नहीं, बल्कि सन्तुलित विवेक और पूरी पारदर्शिता, आत्मविश्वास और सधी कलम से अपना पक्ष प्रस्तुत करने का आग्रह भर है। इसे उसी रूप में पढ़ा जाना चाहिए। इससे अधिक की अपेक्षा से निराशा ही हाथ लगेगी।

अन्त में : को बड़ छोट कहत अपराधू

इस पुस्तक की प्रेरणा के दावेदार पुरातन मित्र राजेन्द्र यादव हैं। उनका तर्क था कि उनकी तीन समकालीन यशस्वी महिला कथाकारों पर यदि कोई समकालीन महिला पाठक कलम उठाए तो शायद कुछ दिलचस्प घटित हो।

उनका यह कहना सही है कि हम सब एक ही दौर के, एक ही यथार्थ के साक्षी रहे हैं, पर उसे आत्मसात करने का ढंग, प्रतिक्रियाएँ तो अपनी-अपनी होती हैं, वही वैशिष्ट्य की निशानदेही करती हैं। एक सच्चाई यह भी है कि तीनों से मेरी मित्रता का इतिहास भी लगभग पाँच दशक पुराना है। उषा प्रियंवदा के लम्बे प्रवासी जीवन के बावजूद मित्रता का सूत्र बरकरार है। शायद इसीलिए मैंने इनमें से किसी के समग्र कृतित्व पर कभी विशेष रूप से नहीं लिखा। बस पढ़ा और जज़्ब कर लिया।

छिटपुट लेखन में 'अकार' के सम्पादक गिरिराज किशोर के आग्रह पर मन्नू भंडारी की कहानियों पर एक लेख। भीष्म साहनी के आदेश पर 'आपका बंटी' की एक समीक्षा। कृष्णा सोबती पर 'कथा' द्वारा आयोजित कार्यक्रम में प्रस्तुति के लिए 'दिलोदानिश' पर एक आलेख और स्वेच्छया 'ज़िन्दगीनामा' का एक आकलन। उषा प्रियंवदा के एक छोटे-से कहानी-संकलन की संक्षिप्त भूमिका। यह लिखना कोई खास लिखना नहीं कहा जा सकता।

इसलिए इस योजना के लिए जब इनकी रचनाओं को दुबारा पढ़ना शुरू किया तो वह नए सिरे से पढ़ना था। पुरानी स्लेट पर कोई इबारत नहीं थी। मन में दो ही सवाल थे। पहला—कि इनके लेखन में ऐसी क्या खासियत है जो उन्हें अप्रासंगिक नहीं होने देती, परवर्तियों की लाख मनौतियों के बावजूद। दूसरा यह कि क्या महिला कलम की कोई पहचान इन्हें समकालीन पुरुष-लेखकों से अलग और विशिष्ट बनाती है। साथ ही यह भी कि क्या लेखिका

होने के नाते इनमें भाषिक या सरोकार सम्बन्धी समानताएँ रेखांकित की जा सकती हैं? कुछ ऐसा जिसे 'महिला-लेखन' के नाम पर अलग वर्गीकृत किया जा सके?

अपनी बात कहूँ तो मैंने इन रचनाओं को सिर्फ़ पाठक की मानसिकता से पढ़ा, 'नारी-भाव' से नहीं। वैसा करने पर ही 'वादी' होने के खतरे और पूर्वनिर्धारित नज़रिए और प्रतिमानों के उपयोग—दोनों से बचाव हो सकता था। एक समस्या और थी। एक ही दौर में, लगभग एक जैसी उम्र की, एक वर्ग (मध्य) की, और एक ही समाज (नागर) से सम्बद्ध होने के कारण यह उम्मीद की जा सकती थी कि अपने-अपने ढंग से रचने के बावजूद इनका रचना-संसार बहुत कुछ एक जैसा होगा। पर ऐसा हुआ नहीं। आपसी समानताओं की बात तो दूर, इनकी अपनी रचनाओं में भी यह सम्भावना नहीं के बराबर थी कि समानताओं के आधार पर उनका वर्गीकरण किया जा सके। बहुत विविधता है इनकी रचनाओं में, इनके सरोकारों में, इनके शिल्प में। कुछ अपवादों को छोड़कर, दोहराव की शिकायत इनके लेखन से नहीं की जा सकती। इन रचनाओं की लोकप्रियता और दीर्घजीविता की यह बड़ी वजह है। इनके लेखन के बारे में पाठकों की उत्सुकता आज भी बरकरार है।

समानता के नाम पर एक ही ऐसी विशेषता का उल्लेख किया जा सकता है, जो इनके कथा-साहित्य का केन्द्रीय सरोकार भी है और इनके महिला होने की पहचान भी। अनुभूति की प्रामाणिकता की कसौटी भी। तीनों की अधिकांश रचनाएँ स्त्री-जीवन पर केन्द्रित हैं। जितना यह सच है उतना ही यह भी कि उनमें अद्भुत विविधता है। इसलिए कोशिश करने पर भी उन्हें किन्हीं वर्गों में बाँटकर उनका विश्लेषण करना सम्भव नहीं हुआ। कहानियों के प्रसंग में तो यह पद्धति कुछ दूर तक कारगर हो गई पर उपन्यासों पर विचार करते हुए यह सही नहीं लगा। उदाहरण के लिए न तो 'मित्रो मरजानी' और 'सूरजमुखी अँधेरे के' जैसे उपन्यासों को एक साथ नत्थी किया जा सकता था, न 'पचपन खम्भे...' के साथ उषा प्रियंवदा के किसी भी दूसरे उपन्यास को। उनका 'अन्तर्वंशी' ज़रूर 'शेष यात्रा' की समस्या का ही कुछ हटकर एक दूसरा चेहरा सामने लाता है। पर उसमें भी दोहराव नहीं है। यह बात अलग है कि एक बार अमेरिका में बस जाने के बाद, उषा प्रियंवदा का पूरा कथा-साहित्य वहीं बसे प्रवासी भारतीयों के जीवन पर केन्द्रित हो गया। पर उन्हें उस बात

का श्रेय दिया जाना चाहिए कि जिस विविधता और संवेदनशीलता से उन्होंने उस जीवन का चित्रण किया, वैसी भाव-संलग्नता और अभिव्यक्ति-क्षमता शायद ही किसी दूसरे प्रवासी भारतीय रचनाकार में दिखाई पड़ती हो।

मन्नू भंडारी ने परिमाण में अपनी सहयात्रियों से कम लिखा—ढाई उपन्यास और पचास से एकाध ऊपर कहानियाँ। पर जब भी लिखा गहन अन्तप्रेरणा के दबाव में लिखा। 'आपका बंटी' के वर्षों बाद जब उन्होंने 'महाभोज' की रचना की तो अपने सरोकारों और अभिव्यक्ति में वह पहले उपन्यास से इतना भिन्न था कि यह पहचानना मुश्किल हो गया कि दोनों का स्रोत एक ही लेखनी है। सिवाय इसके कि उनकी भाषा की पारदर्शिता, कथन-भंगिमा, बातों को कहने का एक सहज तेवर उन्हें बाकी दोनों सहकर्मियों से अलग करता है। मन्नू को इस बात का खेद ज़रूर रहा कि स्वास्थ्य गिर जाने के कारण उनकी रचनाशीलता बाधित हो गई, पर उनकी बहुत बड़ी शक्ति अपनी सीमाओं की पहचान थी। अन्त में उन्होंने जब 'एक कहानी यह भी' नाम से एक आत्मकथानुमा रचना की तो कुछ इस भाव से कि मुझे भी कुछ कहना था, सो मैंने कह दिया—बस। आत्मकथा के नाम पर जब एक जानी-मानी कथाकार की इस निरापद सी रचना को एकाध पाठ्यक्रमों में जगह मिल गई तो उनकी प्रतिक्रिया विस्मयमिश्रित प्रसन्नता की तो हुई, आत्ममुग्धता की नहीं। यह विवेक किसी भी रचनाकार के विकास के लिए बहुत गुणकारी होता है। उसी तरह जैसे लिखने के लिए लिखना आत्मघाती होता है।

इनकी रचनाओं को पढ़ते हुए आरम्भ से ही इसके बारे में नज़र क्रमशः साफ़ होती चली गई कि इनके बीच कोई महत्त्व-क्रम निर्धारण करने या तुलनात्मक अध्ययन करने का प्रयास गैर-ज़रूरी, लगभग निरर्थक और आत्मघाती हो सकता है। इसलिए जब उषा प्रियंवदा ने एक निजी पत्र में सावधान करते हुए मुझे लिखा कि इस पुस्तक के कारण तीनों में से किसी एक से मेरे निजी सम्बन्ध खराब होने का खतरा है क्योंकि जिसे भी मैं कमतर आँकूँगी वही नाराज होगा, तो उन्होंने इस सम्बन्ध में मेरी धारणा को पुष्ट ही किया।

यह प्रयास इन तीन लेखिकाओं के तुलनात्मक अध्ययन का दावेदार नहीं है। जहाँ तक इनके महत्त्व का प्रश्न है—वह आधी शताब्दी के दौरान इनके पाठकों ने तय कर दिया है। इन्हें इस बात की न चिन्ता है, न भ्रम कि इनका महत्त्व उन प्रायोजित शोध-प्रबन्धों की गिनती से तय होगा जो तमाम छोटे-बड़े

विश्वविद्यालयों में तोल के भाव लिखे जा रहे हैं। इसकी तो जानकारी भी इन्हें तभी होती है जब कोई जिज्ञासु अपेक्षित सूचनाओं के लिए इनसे सम्पर्क करता है। पत्रिकाओं में थप्पन-उथप्पन की मंशा से जिन समीक्षाओं की अब प्रत्यक्ष-अप्रत्यक्ष व्यवस्था की जाती है, वह भी किसी से छिपा नहीं।

इसलिए उनके बारे में भी मैंने इन्हें कभी उत्कंठित नहीं देखा। इस पूरे सन्दर्भ में सबसे खूबसूरत बात इनके आपसी सम्बन्ध हैं। कोई ईर्ष्या नहीं, प्रतिस्पर्धा का कोई भाव नहीं। एक-दूसरे की रचनाओं के बारे में बस आदर-मिश्रित जिज्ञासा और स्वास्थ्य और पारिवारिक हिताहित की मित्रवत् चिन्ता। और तो और, एक-दूसरे की उपलब्धियों और सफलताओं पर खुशी, जिसे ज़ाहिर करने में भी कोई कोताही या संकोच नहीं। यह बात मैं इसलिए पूरे विश्वास से कह सकती हूँ क्योंकि इनके बीच मेरी भूमिका अक्सर एक योजक कड़ी की रही है। आचरण के इस मॉडल का निर्वाह इनकी विरासत में नहीं हुआ।

इनकी कृतियों को दुबारा पढ़ने के अनुभव में मुझे पाठकों से साझेदारी की अपेक्षा है। ज़रूरी नहीं कि सहमति ही हो। असहमति की स्थिति में कुछ और पाठ सामने आएँगे। अगर रचनाओं के मेरे विश्लेषण से कुछ और राहें खुले तो सन्तोष ही होगा और इस क्रम को कुछ और रचनाकारों के सन्दर्भ में आगे बढ़ाने का उत्साह भी।

कुछ तुलनात्मक निष्कर्ष मन में आते रहे हैं। एक नमूना पेश करके अपनी बात खत्म करती हूँ, इस प्रस्ताव और उम्मीद के साथ कि इसके वजन पर पाठक चाहें तो कुछ सूत्र और ढूँढ़ निकालकर इस सिलसिले को आगे बढ़ाएँ :

मन्नू भंडारी की रचनाओं में सहज पारदर्शिता है, उषा प्रियंवदा में ललित प्रांजलता और कृष्णा सोबती में बहुमुखी प्राणवत्ता।

फिलहाल—इति अलम।

❑❑❑